国家社科基金项目"社会主要矛盾转变背景下被征地农民社会保障供给优化研究"（18BGL196）

国家社科基金项目"M-health导向下农村公共卫生服务供给侧创新研究"（16BGL179）

国家社科基金项目"基于双层效率评价的农村公共产品与服务供给模式研究"(13CGL084)

湖南农业大学公共管理学科博士点建设专项资助（HNNDbx2018001）

乡村振兴战略下
中国农民工社会保障研究

江维国 于勇 周贤君 著

中国社会科学出版社

图书在版编目（CIP）数据

乡村振兴战略下中国农民工社会保障研究/江维国，于勇，周贤君著. —北京：中国社会科学出版社，2018.10

（乡村振兴战略下中国农村社会保障研究）

ISBN 978 - 7 - 5203 - 3404 - 4

Ⅰ. ①乡…　Ⅱ. ①江…②于…③周…　Ⅲ. ①民工—社会保障—研究—中国　Ⅳ. ①F323.89

中国版本图书馆 CIP 数据核字（2018）第 242904 号

出 版 人	赵剑英
责任编辑	刘晓红
责任校对	孙洪波
责任印制	戴　宽

出　　　版	中国社会科学出版社
社　　　址	北京鼓楼西大街甲 158 号
邮　　　编	100720
网　　　址	http：//www. csspw. cn
发 行 部	010 - 84083685
门 市 部	010 - 84029450
经　　　销	新华书店及其他书店

印　　　刷	北京明恒达印务有限公司
装　　　订	廊坊市广阳区广增装订厂
版　　　次	2018 年 10 月第 1 版
印　　　次	2018 年 10 月第 1 次印刷

开　　　本	710 × 1000　1/16
印　　　张	19.75
插　　　页	2
字　　　数	241 千字
定　　　价	86.00 元

凡购买中国社会科学出版社图书，如有质量问题请与本社营销中心联系调换
电话：010 - 84083683

作者简介

江维国，湖南益阳人，管理学博士，硕士研究生导师。湖南农业大学公共管理与法学学院副教授、高级经济师，湖南农业大学"1515"人才培养团队核心人员，主要从事农民社会保障与农村公共管理研究。主持在研国家社科基金项目 1 项，作为主要研究人员参与完成国家社会科学基金项目 1 项，主持完成省级科研项目 1 项、厅级科研项目 2 项。近五年在《华南农业大学学报》（哲学社会科学版）、《马克思主义与现实》、《现代经济探讨》等CSSCI 来源期刊上发表论文 10 篇，在其他中文核心期刊上发表论文 12 篇，在省级期刊上发表论文 21 篇，在湖南人民出版社、上海交通大学出版社等出版社出版专著 5 本。

于勇，湖南永州人，博士。现就职于湖南农业大学公共管理与法学学院，硕士生导师，湖南农业大学"1515"学术骨干人才。主要研究领域：农村健康服务、卫生信息管理、卫生资源配置等。近年来主持国家社科基金项目"M－health 导向下农村公共卫生服务供给侧创新研究"，主持、参与多项省厅级项目，公开发表论文 10 余篇，在上海交通大学出版社出版专著 2 本。

周贤君，湖南长沙人，博士。现为湖南农业大学公共管理与法学学院讲师，硕士生导师。主要从事农民健康与农村经济发展、医疗保障、数据统计与分析等研究。近年来，主持有湖南省哲学社会科学基金重点项目、教育厅优秀青年基金项目等 10 项课题，在清华大学出版社、上海交大出版社、北京理工出版社等出版教材专著 4 部，在重要学术期刊公开发表论文 10 余篇。

总　序

务农重本，国之大纲。习近平总书记多次指出："重农固本，是安民之基""没有农村的小康，特别是没有贫困地区的小康，就没有全面建成小康社会""中国要强，农业必须强；中国要美，农村必须美；中国要富，农民必须富。"农业、农村、农民问题是关系国计民生的根本性问题，"三农"问题也是全党工作的重中之重。2017 年 10 月 18 日，习近平总书记在党的十九大报告中提出乡村振兴战略，全面解决"三农"问题的战略蓝图应运而生。作为多年研究"三农"问题的学者，我对此深感欢欣鼓舞！

当前，中国特色社会主义建设进入一个新时代，我国的社会主要矛盾已经转化为人民日益增长的美好生活需要和不平衡不充分发展之间的矛盾。乡村振兴作为国家战略，是新时代做好"三农"工作的新旗帜，是从根本上解决城乡差别、乡村发展不平衡不充分问题的总抓手，它关系到中国整体发展的均衡，关系到城乡统筹一体化的可持续发展。乡村振兴战略的总要求包括"产业兴旺、生态宜居、乡风文明、治理有效、生活富裕"，其中，生活富裕是最能体现农民群众获得感的根本，关系着农民群众最关心最直接最现实的利益问题。因此，从根本上看，乡村振兴战略的实施需要坚持"以人为本"宗旨，造福于民；乡村振兴战略实施的关键在于积极培育农村人力资源，保障民生，丰富优质的农村人力资源是振兴乡村的原动力。2018年中央一号文件《中共中央国务院关于实施乡村振兴战略的意见》对战略的实施进行了宏观布局，要求加强农村社会保障体系建设，其主要内容包括：完善城乡居民基本养老保险制度，构建多层次农村养老保障体系，创新多元化照料服务模式；统筹城乡社会救助体系，完善最低生活保障制度，做好农村社会救助兜底工作；完善统一的城乡居民基本医疗保险制度和大病保险制度，做好农民重特大疾病救助工作；将进城落户农业转移人口全部纳入城镇住房保障体系；健全农村留守儿童和妇女、老年人以及困境儿童关爱服务体系；加强和改善农村残疾人服务，等等。这些内容也体现了我国农村社会保障体系建设的重点和方向。

湖南农业大学公共管理与法学学院劳动与社会保障系的教师，专注于农村社会保障研究，笔耕不倦，持之以恒。此次，他们在李立清教授带领下，发扬团队合作精神，共同撰写"乡村振兴战略下中国农村社会保障研究"系列丛书6部，包括《乡村振兴战略下中国农村贫困人口社会保障研究》《乡村振兴战略下中国农村老年人社会保障研究》《乡村振兴战略下中国农村儿童社会保障研究》《乡村振兴战略下中国农村妇女社会保障研究》《乡村振兴战略下中国农民工社会保障研究》和《乡村振兴战略下中国农村残疾人社会保障研究》。这些著作紧扣中央一号文件关于农村社会保障建设主旨，详细论述了在乡村振兴战略下重点人群社会保障体系的完善工作。这套系列丛书以习近平新时代中国特色社会主义思想为引领，具有研究选题的前沿性、研究内容的系统性、研究方法的规范性、学术观念的创新性等特点，每本著作既相对独立，六部著作合成又体现出农村社会保障建设的完整体系，洋洋百万余字，为我校公共管理一级学科博士点社会保障方向的发展立下新功，可喜可贺！

　　尽管这套系列丛书仍然存在有待进一步完善之处，但作者们立志学术、奉献"三农"、服务社会的精神令我甚感欣慰！故而，应邀为之作序，祝愿他们在中国农村社会保障领域取得更加丰硕的成果！

李燕凌

2018 年 8 月 18 日于长沙勺水斋

序

自改革开放以来，中国城镇化进程不断加快。改革开放元年的1978 年，中国城镇化率约为 17.9%，截至 2017 年年底，中国城镇化率已经达到 58.5%。城镇化率的提高，意味着城镇建设规模的不断扩大，也意味着越来越多的农村劳动力转移到城市，其中有很大部分就成为了农民工。《2017 年农民工监测调查报告》显示，2017 年中国农民工总量达到 28652 万人，比 2016 年增加 481 万人。带着美好的期望，离开家乡来到城市谋求出路，农民工在获得一定报酬的同时，也面临着比城镇职工高出很多的生活、职业风险。然而，现有的社会保障机制却难以帮助农民工这个特殊的群体有效化解现实和潜在风险。这种局面的存在与延续，将不但损害农民工群体的切身利益，也违背了以人为本新型城镇化的初衷，更将影响到中国共产党"让人民共享发展成果"执政理念的实现。

然而，中国社会经济结构长期以来存在的"二元化"格局，导致了其城乡社会保障制度的二元化属性，而城乡社会保障制度的差异，不仅使中国农村居民基本保障权益受到损害，成为社会收入分配扭曲的具体表征，也使农民工等特殊群体的社会保障制度建设面临重重困难。被称为城市"边缘人"的农民工群体，其享受的社会保障项目残缺不齐、水平也非常低，这无疑严重制约了农民工返乡创业、参与乡村振兴进而促进中国二元经济向一元经济转变的作用的发挥。

正是基于此，本书作者综合运用人口学、社会学、管理学等学科知识，在城乡统筹发展、城乡公共服务均化、社会主要矛盾转变、乡村振兴等重大战略思想以及国外社会保障理论、劳动力转移理论、政府职能理论、福利经济学理论、公平效率理论以及马克思主义社会保障思想等的指导下，综合运用文献研究法、社会调查法、案例分析方法等研究方法，围绕"乡村振兴战略下中国农民工社会保障"这一核心议题展开研究，以期为完善中国农民工社会保障制度、顺利推进乡村振兴，进而促进社会和谐发展提供理论参考与实践指导。全书布局合理，结构严谨，叙述清晰，论证有力，文笔流畅。

本书的贡献主要有：第一，以农民工社会保障和劳动力市场良性互动为目标，以发挥农民工社会保障人力资本效应和迁移效应等为核心主题的研究，有利于完善流动人口社会保障理论、农民工返乡创业理论和劳动力市场经济理论，进而为富有中国特色的社会保障理论体系建构作出了一定的贡献；第二，为地方政府、用人单位等相关决策主体提供农民工社会保障完善的操作指南，有序促进农民工市民化及农民工返乡创业、共享发展成果，维护社会稳定和实现公平正义；第三，加快城市化、工业化进程以及乡村振兴步伐，从根本上解决"三农"问题。

该著作者团队是一支长期坚持奉献"三农"、牢牢守护农村公共管理研究阵地的中青年学者群体。特别是江维国博士，社会保障理论知识深厚、研究经验丰富、学术功底扎实，近年来，他主持国家社科基金课题专注于农村社会保障研究，取得了丰硕成果，为我校公共管理一级学科博士点社会保障方向做出了突出贡献。江维国博士关注乡村、关注社会保障、关注农民工，大爱无疆，大道无垠，其学风与精神都令我十分欣慰与敬佩。期待他出更多学术精品，为中国农民工社会保障事业建设与发展做出更大贡献！

是为序！

李燕凌

2018 年 8 月 22 日于长沙勺水斋

目　　录

第一章　绪论

第一节　研究背景

自改革开放以来，我国城镇化进程不断加快。1978 年，中国城镇化率约为 17.9%，截至 2017 年年底，中国城镇化率已经达到 58.5%。城镇化率的提高，意味着城镇建设规模的不断扩大，也意味着越来越多的农村富余劳动力转移到城市，其中有很大一部分就成了农民工。《2017 年农民工监测调查报告》显示，2017 年中国农民工总量达到 28652 万人，比 2016 年增加 481 万人。带着美好的期望，离开乡村来到城市谋生、谋求出路，农民工在获得一定报酬的同时，也面临着比城镇职工高出很多的生活、职业风险。然而，现有的社会保障机制却难以帮助农民工这个特殊的群体有效化解现实和潜在风险。这种局面的存在与延续，不但损害了农民工群体的切身利益，也违背了以人为本新型城镇化的初衷。

在比较利益的驱使下，农村劳动力向城市流动，向非农产业的转移，这是一个国家或地区经济发展中的必然现象。作为世界上最大的发展中国家，中国的二元经济结构现象较长时期以来都非常显著，甚至成为中国国民经济结构的基本特征。中国要破除长期以来存在的二元经济现象，实现向城乡一体的现代经济的转变，要从落后的农业国家转变为具有现代化工业与城市体系的国家，农村劳动力的有效转移及其市民化无疑是其关键所在。[①] 然而，中国社会经济结构长期以来的"二元"格局，固化了其城乡社会保障制度的二元属性，而城乡社会保障制度的差异，不仅使中国农村居民基本保障权益受到损害，成为社会收入分配扭曲的具体表征，也使农民工等特殊群体的社会保障制度建设面临重重困难。

但有一个事实不可回避，那就是在"二元"经济向"一元"经济转变的进程中，农民工这一特殊群体的社会保障问题是一个重大的社会问题。换言之，农民工社会保障问题是否能够有效解决，不仅直接影响城镇化、工业化的历史进程，也事关中国共产党"让人民共享发展成果"执政理念的实现。但事实却有点尴尬，被称为城市"边缘人"的农民工群体，其享受的社会保障项目却残缺不齐、待遇水平也非常低，农民工群体甚至成为中国新时代社会发展中的"不平衡"表现载体。[②] 从制度之本质来说，农民工群体的社会保障是在农村劳动力向城市转移过程中（也包括从城市返回乡村），如何实现从土地保障为主的传统乡村保障模式向现代化社会保障制度转换的问题。

这个问题解决得好，无疑会大大促进农民向城市的有效转移，释放更多的农村劳动力，加快中国城市化、工业化的进程，进而逐步结束中国社会城乡分割状态，日益形成城乡协调发展的局面。可见，为中国农民工这个特殊、庞大的群体提供合理的社会保障，既

①　许经勇：《从农民进城就业到落户的艰难历程》，《福建论坛》（人文社会科学版）2017 年第 11 期。

②　赵迎军：《从身份漂移到市民定位：农民工城市身份认同研究》，《浙江社会科学》2018 年第 4 期。

是经济社会发展到一定阶段的应然结果，也是政府有效解决"三农"问题、打赢脱贫攻坚战、全面实现小康社会、化解新时代社会主要矛盾的必然选择。从该角度来看，对农民工社会保障问题展开理论与实证相结合的综合性研究，无疑是具有战略意义和现实意义。

从战略角度来看，城镇化建设需要大批各种类型的劳动力，工业化发展同样也离不开劳动力，而农村剩余劳动力合理、有序、持续转移，可以为城镇化建设和工业化发展提供源源不断的劳动力；同时，随着农民进入城市，成为农民工，其中的部分农民工日益演化为市民，促进了城市人口规模的扩张，推动了城市化进程；而且，农村劳动力从比较收益较低的农业领域转移到劳动生产率较高的非农部门，增加了劳动收入，进而有利于减小城乡收入差距、打赢脱贫攻坚战和推进城乡一体化发展。与此相反，如果农村剩余劳动力转移问题解决得不够好，过多劳动力长期被迫滞留在农村，做一些效率很低、收入也不高的工作，一方面会造成劳动力资源浪费，加深贫困，甚至影响社会秩序，扰乱社会治安；另一方面，缺乏农村剩余劳动力参与的工业化、城市化，其进程明显会受阻，城乡一体化建设工作也不可能会有实质性突破。而农民工社会保障的健全和完善，既有助于从根本上解决农民工的后顾之忧，促进其永久性地乡城迁移，激发城市发展活力，同时也有助于提升农民工群体城市生活的安全感，有效缓解其在工业化、城市化参与过程中可能面临的一系列风险。可见，在新时代，中国社会主要矛盾转变的时间窗口，农民工群体社会保障问题是我国城乡一体化建设进程中需要从战略高度予以重视的重大议题。

从经济社会的实际情况来看，因我国受发展中国家不可避免的城乡二元结构的长期影响，伴随大量农村剩余劳动力转移到城市，城市中已经形成了一个既为城镇建设做出特殊贡献，但又难以享受市民待遇的新社会群体——农民工。从职业角度审视，农民工因在城市工作理应属于城市工人，但从身份角度来看，农民工却是名副其实、地地道道的农民。正是因为这种职业身份与户籍身份的严重不统一，使其在城市中处于极其尴尬的地位，这种尴尬的地位也使其难以真正融入城市的正式结构体系之中。① 相反，农民工群体正在被逐渐演变成为一个被边缘化的弱势群体。无论从哪个角度来看，这种情况都是违背社会公平与正义的基本规则的。因而，如何健全制度体系，逐步完善农民工群体社会保障制度、吸纳其进入城乡一体化的社会保障网络，进而使其获得合法的身份，享受到市民待遇的问题已经超越了这个群体本身的利益诉求，上升为当前我国社会发展的焦点问题之一。

第二节　研究意义

作为符合时代需求的研究，本书既具有重要的理论意义，有利于中国特色社会保障理论体系的建设与完善，又能为中国社会保障事业的建设提供实践参考。

一　理论意义

第一，从发达国家发展历程来看，完善的社会保障制度体系是劳动力市场正常运转的强力支撑。一个国家或地区的社会保障制度如果不完善，就无法真正解除劳动者和用人单位的后顾之忧，这无

---

① 石智雷、朱明宝：《农民工社会保护与市民化研究》，《农业经济问题》2017 年第 11 期。

疑将会影响社会的生产与再生产，并最终影响劳动力市场的有效运行，从而制约劳动力市场功能的发挥。众所周知，现代社会保障制度已经超越传统意义上的社会保障范畴，其内涵与边界都得以大幅延展，不再是为国民提供基本生活保障收入的一种再分配形式。现代社会保障制度在生产、消费等领域发挥着重要的作用，能促进资源有效配置和经济发展。因此，从该角度来看，现代社会保障制度是现代劳动力市场正常运转的重要前提，一个完善的社会保障制度或制度体系，是劳动力商品化的关键保障，社会保障制度或制度体系越完善，越能促进劳动力资源合理流动，越能提升一个国家或地区的人力资本存量的整体水平，进而提高人才的整体竞争能力。

第二，劳动经济学所探讨的传统主题之一是劳动力的供需问题。劳动力市场通常根据效率优先准则向劳动者提供由市场定价的报酬，竞争机制在劳动力供需及其资源优化配置过程中占据主导地位。然而，因为先天生成和后天养成的不同，不同的劳动者之间在理念、意识、能力等禀赋方面存在差异，竞争是残酷的，必然出现优胜劣汰，进而引发贫富差距问题，这实际上就是公平与效率难以兼顾的矛盾。当市场出现失灵的时候，必须通过市场以外的力量来加以矫正。因此，以劳动者保障为中心主题的社会保障制度，通过收入再分配功能，能够为劳动力市场的供给方及其相应的家庭成员提供维持基本生存的生活保障，进而在一定程度上促进了禀赋不同劳动者在起点、机会和结果方面公平的实现。同时，社会保障促进了劳动力素质的提升，劳动力供给质量的提升能在一定程度上提高劳动力市场的就业水平，而就业水平的提高本身又能促进社会保障供给资金的增加，进而改善政府调节经济社会运行的能力，最终促进全社会长期消费和投资能力的提升。也就是说，社会保障制度的完善，能矫正劳动力市场的缺陷，拉动社会总需求，引致劳动力需求扩张，增加社会就业。

综上所述，社会保障制度与劳动力市场两者之间是一种相互依赖、相互支撑的关系，劳动力就业是社会财富积累和增加的基础与前提，同时也是社会保障制度建立和健全的经济基础；而社会保障制度又是劳动力市场有效运行的制度前提，能保障劳动力市场的有效运行，对劳动力本身的人力资本存量的增加、水平的提升和就业的促进都能产生显著的积极作用。因此，在社会保障理论和社会保障政策的研究中，不应把社会保障制度和劳动力市场运行两者区别对待，而是要深入探究两者之间的协调机制与互动机理。

然而，从目前已有文献来看，国内学者喜欢或者说是擅长从社会学、公共管理学的视角来剖析农民工社会保障问题，这显然难以突破西方同类研究的边界，永远无法在社会保障领域建言立说。因此，以农民工社会保障和劳动力市场良性互动为目标，以发挥农民工社会保障人力资本效应和迁移效应等为核心主题的本书的研究，无疑有利于完善流动人口社会保障理论、农民返乡迁移理论和劳动力市场经济理论，进而为富有中国特色的社会保障做出一点贡献。

二 现实意义

第一，为相关决策主体提供决策指南。本书基于农民工的社会保障需求，针对现实供给中存在的问题，并基于形成统一的劳动为市场、促进农村劳动力有序转移、合理回归等目标，提出了完善其社会保障制度的具体措施与对策建议，丰富了相关决策主体的可选项，可为地方政府、用人单位等相关决策主体提供决策指南。

第二，促进社会和谐稳定。随着城镇化、工业化进程加深加快，农民工这一特殊的社会群体必然会较长期、大量存在。在目前国家全面深化改革的新时代，研究农民工社会保障问题，为作为社会减压阀和稳定器的社会保障制度的完善提供参考建议，这对于有序促进农民工市民化以及农民工返乡创业，进而维护社会稳定和实现公平正义无疑具有十分重要的现实意义。

第三，促进农民工共享社会发展成果。毋庸置疑，在我国工业化和城市化推进进程中，农民工无疑担负着重要的责任，应该让这一群体共享改革发展成果。有关农民工社会保障的本书的研究，能促进农民工城市就业和返乡创业，保障其享受基本公共服务，维护其合法权益，促进其社会融合，持续提升其市民化水平，进而可以增强他们在城镇的劳动积极性和城市归属感，或者提高其返乡创业的成功率，促进农民工共享社会发展成果。

第四，有利于"三农"问题的解决。在农民工群体的重要性日益凸显的新时代，通过社会保障制度的健全和社会保障供给的优化，弱化农民工群体对传统家庭保障或者传统土地保障模式的过度依赖，无疑将非常有力地促进该群体向城镇的合理、有效转移，进而加快城市化、工业化的进程，也有利于促进农民工返乡创业，最终实现全面小康社会的目标，从根本上真正解决"三农"困境。

第三节　国内外研究现状

在西方发达国家的城镇化和工业化进程中，农村转移人口的社会保障问题基本上没有被区别对待，他们与城镇其他类型的流动劳动者一样，享受了大体相同的社会保障待遇，西方发达国家并没有形成类似于中国"农民工"这样的一个特殊群体。因此，在国外相关可查询的文献中，直接以农民工社会保障为核心议题的研究文献非常稀少。但是，我们仍然可以通过对西方学者有关农村劳动力转移、城乡社会保障及其差异、困难群体社会救助等相关领域的研究进行梳理，获取解决我国农民工社会保障问题的相关启示。

一 国外相关文献综述

（一）农村劳动力转移的研究

1. 农村劳动力转移二元结构模型

1954 年，美国著名经济学家阿瑟·刘易斯（Lewis，W. A.）在其经典作品《劳动力无限供给下的经济发展》一文中提出了在劳动力无限供给条件下二元结构的传统部门向现代部门转化的理论模式。阿瑟·刘易斯认为，在具有二元经济结构特征的社会体系之中，劳动力供给具有完全弹性（这是经济学中一个理想化的状况，也就是假设商品价格稍微有所变化，商品需求量就会因此而发生极大的改变，这种商品在现实经济中是很难找到的。或者说，是根本不存在的），只要工业部门具有高于农业部门维持生计的固定工资水平，工业部门就可以获得无限供给的劳动力。① 工业部门吸收农业部门无限供给的劳动力资源对资本进行代替，投资者所获超额利润则被用于再投资以进行新的资本扩张，进而吸引更多的农村剩余劳动力进行转移。在农村剩余劳动力不断向城市工业部门转移的过程中，传统农业部门中的剩余劳动力被逐渐释放、越来越少，农业劳动边际生产率因投入劳动的减少而日益提高，农业部门也因低效率状态的摆脱而开始获得全新的发展机会。② 到这个阶段时，原来的二元结构经济开始向一元经济真正转变。

2. 拉尼斯—费景汉人口流动模型

针对刘易斯二元结构模型中关于劳动力供给具有完全弹性等假

---

① Lewis, W. Arthur, "A Model of Dualistic Economics", *American Economic Review*, No. 36, 1954, p. 48.

② Lewis W. A., *Reflections on Unlimited Labour*, New York: Academic Press, 1972, pp. 75 – 96.

设的不足，美国发展经济学家拉尼斯（John C. H. Fei）和费景汉（Gustav Ranis）于 1961 年在其合作的论文《经济发展理论》中提出了拉尼斯—费景汉人口流动模型，对二元结构模型进行了初步的修正与扩展。1964 年，拉尼斯和费景汉又在《劳动力剩余经济的发展》一文中对其人口流动模型做了系统阐述，使模型进一步简单明了，更容易被人理解和接受。拉尼斯和费景汉放宽了"劳动力无限供给"的假设条件，把农村剩余劳动力转移划分为有可能受阻的三个阶段。即农村劳动力边际生产率等于零阶段、农村劳动力边际生产率大于零但小于农业平均固定收入阶段以及农业边际生产率大于不变制度工资的阶段。[①] 第一阶段，因劳动力没有得到充分利用，剩余劳动力在农村比比皆是，此阶段的转移会畅通无阻，不会受到任何阻碍；第二阶段，因为农村劳动力的转移已经进行了较长时间，农村劳动力结构已经发生了变化，劳动力转移会受到农业总产出下降的影响；第三阶段，因农村劳动力已经大幅转移，农业边际生产率开始大于不变制度工资，劳动力转移不再畅通无阻。在此基础上，拉尼斯和费景汉确立了由美国经济学家利本斯坦于 1957 年提出来的"临界最小努力"发展准则。

3. 乡村—城市劳动力转移模型

1970 年，美国发展经济学家托达罗（Todaro，M. P.）系统阐述了其乡村—城市劳动力转移模型，也就是农村劳动力向城市迁移决策和就业概率劳动力流动行为模型。作为一个改进模型，托达罗的研究出发点是针对发展中国家出现的这样一种情况：发展中国家的城市的失业普遍存在，且人口是在农村劳动力没有剩余的条件下

---

① Gustav Ranis, John C. H. Fei, "A Theory of Economic Development", *American Economic Review*, Vol. 51, No. 4, 1961, pp. 533 – 565.

进行流动的，而流动的结果却是"两败俱伤"，不仅导致了城市失业人口的进一步增加，同时也导致了农村劳动力严重不足，无论是工业还是农业，其发展都因此而受到了不利的影响。基于上述判断，托达罗得出的结论是要控制农村劳动力向城市的迁移。在托达罗看来，农村剩余劳动力转移同时受城乡预期收入差异、城市就业率和失业率的综合影响。也就是说，如果在乡村获得的收入低于到城市谋求工作的预期收入，乡村人口向城市的流动就会在利益的驱使下继续进行，毕竟理性的劳动者都会追求自身报酬的最大化；当人口流动、劳动力供给继续增加进而迫使城市工资下降，或迫使城市就业难度增大、失业率不断上升，使在乡村获得的收入与城市的预期收入相等时，乡村人口向城市的流动就会自然停止，因为此时在乡村或在城市工作获得报酬并没有差别，利益动机事实上已经不存在；当在乡村获得的收入大于城市预期收入时，已经在城市的劳动力就会向农村"回流"。[①] 我国当前出现的农民工返乡创业现象，正是一种劳动力"回流"。实际上，托达罗模型对为什么农村劳动力向城市移民的过程中会不顾城市失业和隐蔽失业的存在而继续进行做了回答，从而对刘易斯—费景汉人口流动模型进行了补充。

4. 二元经济发展模型

1967 年，美国经济学家戴尔·乔根森（D. W. Jogenson）发表了《过剩农业劳动力和两重经济发展》一文。在该文中，乔根森借鉴新古典主义的分析方法，提出了"农业产量的盈余对经济增长具有决定性作用"的观点，进而创建了乔根森模型，即二元经济发展模型。乔根森延续了刘易斯等人的部门分类思想，仍然把发

---

① Todaro, M. P., "A Model of Labor Migration and Urban Unemployment in Less Developed Countries", *American Economic Review*, Vol. 59, No. 1, 1961, pp. 138 – 148.

展中国家的经济分为落后的农业部门与现代化的工业部门两个部门。与他人不同的是，乔根森假定农业部门不存在资本积累，而农业生产只需要投入劳动和土地两种要素，但土地的投入是固定不变的，因而农业产出就变成了劳动的唯一函数；工业产出是资本与劳动的函数，土地不再被视为投入要素，因为技术进步，工业和农业部门的产出随时间也会自动增加。因此，乔根森得出了如下结论：因技术进步和资本积累率的提高是社会发展的必然规律，而工业部门的工资率是由技术水平和资本累计率共同决定，因而工资水平是不断上升的。概括而言，乔根森模式的基本结构可以描述为：人口增长受制于人均粮食的供给，如果人均粮食的供给是足够的，那么人口增长就必然出现并达到人类的生理最大值；当人口增长率比人均粮食供给增长率小时，农业剩余就会因此而产生；而农业剩余一旦产生，农业劳动力就将开始向工业部门转移，于是工业部门因劳动投入增加而开始增长；农业剩余越大，劳动力转移规模将会相应越大。[1]

5. 其他有关农村劳动力转移的研究

第一，家庭经济学。1964 年，美国经济学家加里·S. 贝克尔（Gary S. Becker）运用微观经济学分析方法在《人力资本：特别是关于教育的理论与经济分析》一文中，对许多社会学问题进行了探讨。贝克尔引入了时间机会成本概念，广泛探讨了生育、婚姻、劳务分工等家庭行为，进而形成了颇具特色的家庭经济学理论。在贝克尔看来，家庭作为一个整体，跟其他经济人一样，具有同样的理性；通常情况下，类似于投入与产出的生产决策，在家庭中每天

---

[1]　D. W. Jogenson，"Surplus Agricultural Labor and the Development of a Dual Economy"，*Oxford Economic Papers*，*New Series*，Vol. 19，No. 3，1967，pp. 288 – 312.

都会发生，家庭有关资源的配置，均以实现家庭成员的最大满足为出发点，实际上也就是促进家庭生产效用的最大化；根据贝克尔的逻辑，家庭劳动力资源的配置与调整，如部分劳动力迁移到城市，在非农领域谋求就业，是家庭追求最大满足的一种理性决策。①

第二，新迁移经济学。20世纪80年代，在西方微观经济学不断发展的影响下，Stark O. 和 Taylor J. E.（1991）提出了新劳动力转移学说。新劳动力转移学说提出：劳动力迁移决策是由相互关联的人所构成的诸如家庭等较大的单位所做出的，而不是由相互孤立的个人行为主体所单独做出的决策；在这种特定的单位里，人们通过集体决策和集体行动，以谋求集体预期风险的最小化或者预期收益的最大化，进而缓解与除劳动力市场之外的各种各样的市场失败相关联的各种约束。从新劳动力转移学说来看，集体决策下的家庭成员迁移具有以下好处：从经济角度来看，能促进家庭绝对收入的增加并减少长期收入可能面临的波动；从社会角度上来看，能促进家庭社会地位的提高，且能一定程度上有效回避农业生产风险。②

第三，人力资本理论。1960年，西奥多·W. 舒尔茨（Thodore W. Schults）在美国经济协会的年会上做了题为《人力资本投资》的演说，同年在其《改造传统农业》一书中进一步提出了"人力资本是当今时代促进国民经济增长的主要原因"的观点，并从人力资本投资角度对劳动力迁移行为进行了解释。舒尔茨认为，人力资本是体现在人身上的一种特殊资本，也就是对劳动者进行教育、职业培训、保健、迁移等方面的支出及其在接受教育、职业培训时的机会成本的总和；蕴含在个体身上的各种生产知识、劳

---

① Gary S. Becker, *Human Capital*, New York: Columbia University Press, pp. 45 – 54.

② Stark O., Taylor J. E., "Migration Incentives, Migration Types: The Role of Relative Deprivation", *Economic Journal*, Vol. 101, No. 408, 1991, pp. 1163 – 1178.

动技能、管理本领以及健康体魄等的存量的总和，就是个体的人力资本；迁移，是一种人力资本投资形式，因人力资本投资都要支付一定的成本，所以只有迁移所支付的成本小于预期收益时，劳动力的迁移行为才可能在不同地区间发生，比如乡村与城市之间。①

（二）农村流动人口社会保障的研究

伴随着工业革命的兴起和城市化进程的不断加快，西方国家农村地区被征地农民和少地农民迅速增加，加上在预期收益增加的驱使下，西方社会的人口流动速度明显加快，特别是农村人口不断涌入城市。此时，西方社会成员面临的风险类型开始悄然变化，自然风险日益转变为次要风险，社会风险逐渐占据主导地位，贫困、失业以及漂泊流浪等不和谐现象变得日益普遍化。于是，社会上的道德失范、抢劫、犯罪等行为或问题不断增多、日益严重，造成了社会动荡、影响了经济社会的发展秩序。为摆脱工业化和城市化进程中的这种负面影响，西方国家采取了众多的社会保障措施，以恢复社会正常秩序。

19 世纪上半叶，为应对受经济危机影响而引发的农业工人失业等问题，使失业者、贫困者能得到最低生活保障，维持基本的生活，在德国城市中已经出现了具有自发性质的援助照料活动，这应该说是一种具有援助性质的社会保障形式，因为其已经突破了家庭责任的边界。19 世纪 80 年代，德国政府相继颁布了《疾病社会保险法》《工伤保险法》《老年和残障社会保险法》等一系列法令，规定了政府在社会保障中所应该承担的责任，从而建立了全球第一个完整的社会保障体系。应该说，德国的社会保障体系对欧美乃至

----

① Theodore W. Schultz, " Capital Formation by Education", *Journal of Political Economy*, Vol. 68, No. 6, 1960, pp. 571 – 583.

全世界都产生了重大的影响。

1935 年，为建立与工业化大生产相适应的社会安全保障，稳定社会秩序，英国罗斯福政府颁布了《社会保障法》。该法的核心是为失业者和老年人提供救济金、养老金等社会保障，保证这些群体能维持最低生活。为应对当时困扰整个资本主义世界的经济危机，英国经济学家约翰·梅纳德·凯恩斯（John Maynard keynes）于 1936 年在其不朽名作《就业、利息和货币通论》一书中提出了许多旨在解决有效需求不足的社会保障思想。凯恩斯认为：政府完全可以凭借公共福利支出的增加、公共基础设施建设扩大等途径，以解决社会中普遍存在的有效需求不足问题，因为这些途径可以刺激需求增长，进而促进充分就业。凯恩斯还提出了累进税制、最低工资制等具有社会保障思想的观点，这些观点甚至成为第二次世界大战后西方国家重建社会保障制度的主要理论依据，当前不少国家实行的个人累进税制度以及劳动者保护的最低工资制度，实际上也是源于凯恩斯的上述观点。①

1942 年，时任英国社会保障委员会主席的威廉姆·贝弗里奇（William Bbeveddge）发表了题为《社会保障及其有关服务》的报告。在此报告中，贝弗里奇所用的"社会保障"是指：当因失业、疾病和突发事故等出现而收入中断时能保证有一项收入以取代它，当年老退休和因另一个人死亡而失去抚养时能保证其获得一项收入，当生育、死亡和结婚等需要额外支出时能保证其获得一项收入。② 贝弗里奇还在报告中指出，社会保障计划应由三部分组成，

---

① Keynes, J. M., *The General Theory of Employment*, *Interest and Money*, London：Macmillian, pp. 122 – 138.

② ［英］威廉姆·贝弗里奇：《贝弗里奇报告——社会保险和相关服务》，华迎放等译，中国劳动社会保障出版社 2004 年版，第 23 页。

具体为满足居民基本需要的社会保险、在特殊情况下需要的社会救济和收入较高者的自愿保险。1948 年，英国政府正式颁布《国家救助法》，该法规定某些特殊群体可以通过领取国家救助的方式享受国家援助，以摆脱困境。

（三）城乡社会保障及其差异

20 世纪末开始，国外有少量学者开始关注中国城乡社会保障差异和农民工社会保障问题，虽然此类研究文献并不是很多，但其对于本书的框架搭建依然具有重要的借鉴意义。换言之，此类研究虽然不多，但在整个农民工社会保障问题的研究中，依然具有重要的价值和意义。

来宾斯（Kenneth Lieberthal）（1995）提出，中国当时独立运行的城乡社会保障制度具有多层次或者说多元化的显著特征，中国多层次的社会保障制度是其经济社会良好运行的稳定器，在这方面，中国多层次的社会保障制度无疑值得肯定。但来宾斯同时也指出，社会保障事业建设的未来方向应该注重城乡统一性和全国规范性，方能真正提高共济功能，促进社会保障制度与生产力发展水平相适应；与此同时，中国政府还应不断挖掘商业保险的潜力，发挥商业保险在多层次社会保障体系中的重要补充作用。①

怀特（White）（1998）基于当时中国二元化的城乡经济社会特征，对农村居民与城镇居民在社会保障方面的差异进行了分析。其研究结果认为：受城乡分治思维的影响，中国政府在社会保障制度供给方面具有明显的非均衡性，政府在社会保障资源配置方面明显地倾向于城镇居民，特别是公共教育保障、医疗卫生保障更是如

---

① Kenneth Lieberthal, *Governing China*：*From Revolution Through Reform*，New York：W. W. Norton，1995，pp. 101 – 103.

此；与此同时，中国农村居民却主要靠家庭保障或社区保障（如"五保户"、合作医疗）以满足养老、医疗等方面的保障需求；正是因为社会保障供给的不均衡性，又反过来进一步加剧了中国城乡发展的不平衡性。

索林格（Solinger）（1999）的实证调查结论表明，相对日本、德国而言，中国对外来务工人员的市民化存在严重的歧视或者说是不作为，城镇中的外来务工人员的权利和待遇显著地比市民的待遇差很多。[①] 尼科拉斯·拜尔（Nicholas Barr）（2003）指出了中国社会保障存在的诸多问题后，对中国流动人口社会保障进行了简要分析并提出了相关建议。[②] 凯瑟琳·米尔斯（Catherine Mills，2010）分析了养老保障对于农民工人力资源开发的重要作用，指出了养老保障有助于加速农民工迁移，且这种作用非常显著。[③] 基于上述原因，Lieberthal（1995）指出，中国应建立统一的社会保障政策，规范社会保障实施的管理，这对中国社会主义市场经济的稳定十分重要，同时中国还要把商业保险作为社会保障体系的有力补充。[④] 斯蒂格利茨建议中国的老年保障制度采用个人账户制度，并提出中国很有必要建立全国性的基本养老保险监管体系，这当然也蕴含了对中国农民工社会保障制度建设的建议。

（四）流动人口与和谐劳动关系

因为劳动力市场的部分或者局部失灵，自第二次世界大战开

---

① Solinger, Dorothy J., "Citizenship issues in China's Internal migration: Comparisons with Germany and Japan", *Political Science Quarterly*, No. 3, 1999, pp. 455 –478.

② ［英］尼科拉斯·拜尔：《福利国家经济学》，郑秉文、穆怀中译，中国劳动社会保障出版社 2003 年版，第 56 页。

③ Catherine, Mills, "Contesting the Political: Butler and Foucault on Power and Resistance", *Journal of Political Philosophy*, Vol. 11, No. 3, 2010, pp. 253 –272.

④ Kenneth Lieberthal, *Governing China: From Revolution Through Reform*, New York: W. W. Norton, 1995, pp. 154 –157.

始，西方发达国家陆续采取了系列措施对劳动力市场进行干预，以保证劳动力市场的有效运行，进而形成了一套较为规范的劳动关系调整机制。这些调整机制对劳动力的再生产、和谐劳动关系的形成以及资本主义市场经济的稳定都做出了积极的贡献。如德国、英国、法国、瑞典等欧洲福利国家在"二战"后逐步完善社会保障制度和提高社会福利水平，构建集体谈判制度和劳动关系三方协商机制，这些举措都对"第二次世界大战"后各国社会稳定和经济繁荣产生了深远的影响。

在该时期，不少国际性的组织和西方学者对产业与劳动关系的协调、劳动者的就业保障、劳动力市场的灵活性与安全性等和谐劳动关系问题进行了深入的探究，并且取得了一系列具有代表性的成果。关于国际组织的研究成果，最重要的无疑是国际劳工组织精心推出的国际劳工标准。作为国际劳工组织处理全球范围劳工事务的各种原则、规范、准则的统称，国际劳工标准截至2008年年底时颁布的公约和建议书分别达到了188项和199项。国际劳工公约和建议书尽管都属于国际劳动立法文件，但其法律效力却是不一致的。国际劳工公约经国际劳工大会通过后，提交成员国批准，公约一经批准，成员国都须无条件地遵守和执行。而建议书则是提供成员国制定法律和采取其他措施时的参考文书，不具有强制遵守和执行的特征。

国际劳工标准的核心和宗旨是确立和保障全球范围内的工人所应该享有的权利。国际劳工标准的内容涉及劳动和社会保障领域诸多方面的问题。第二次世界大战以前，国际劳工标准首先关注的问题主要是：劳动条件的改善、工人健康的保护，如对工作时间进行限制、禁止妇女和未成年人做夜工、对最低受雇年龄进行强制规定以及防止工业灾害、禁止使用有毒原料等事项；其次关注的问题主要是：工人社会保险、工人损失赔偿，如规定工伤和职业病赔偿、疾病保险、失业保险以及工人赔偿的最低标准和争议处理等事项。在第二次世界大战以后，国际劳工标准开始向基本人权的维护转向，以进一步促进工人劳动、生活条件的改善和充分就业。目前，国际劳工公约和建议书主要内容可概括为以下八个方面。

第一，基本人权。具体包括结社自由和有效承认集体谈判权利；废除强迫或强制劳动；禁止童工劳动；工人不分种族、肤色、性别、宗教、政治观点、民族和社会出身，在就业和职业上一律机会均等和待遇平等。

第二，就业政策与人力资源开发。具体包括充分的、生产性的和自由选择就业政策的促进和实现；鼓励建立健全免费职业介绍机构；组织职业指导和职业培训，促进就业服务体系的进一步完善。

第三，劳动行政管理与劳动监察。具体包括劳动的行政管理、劳动监察制度的构建、劳动统计的规范以及实现三方协商促进履行国际劳工标准。

第四，劳资关系调整。具体包括在雇主和雇员之间建立集体谈判机制，签订集体合同；劳动争议的调解、仲裁和司法诉讼；企业、产业和全国一级的协商与合作；企业内部的工人与其管理者间的沟通和协商，以及在企业内关注和审议工人的不满。

第五，一般就业条件。具体包括规定最低工资、工资保障；规定工作时间、限制夜间工作时间、每周休息时间、带薪休假和带薪脱产学习等。

第六，职业安全和卫生。具体包括制定和实行保障工人职业安全与健康的国家政策，建立相应的职业卫生设施；预防重大工业性事故，避免工业性灾难，对一些容易发生工伤事故和有毒有害的工作环境、产业部门，制定相应的职业安全与卫生的专业标准，确保职业安全和卫生。

第七，社会保障。具体包括有关雇员的医疗保险、养老保险、失业保险、工伤保险，并对社会保障的最低标准进行相应规定。

第八，弱势劳工群体的保护。具体包括对童工、未成年工人、女工、残疾工人、移民工人、年龄较大的工人、非全日制工人、家庭工等弱势劳工群体的保护，保障其与普通工人就业机会均等和待遇平等。

关于劳动者的就业保障，近些年来一些西方学者从不同视角对此进行了颇有成效的探讨。Horst Feldmann（2008）以诸多发展中国家和具有代表性的发达国家的劳动者为调查样本，对劳资双方合作关系的改善与失业率之间的变动规律进行了探索。① Feldmann 的研究结论表明：在劳资关系较为和谐的地区或国家，其就业率会得以提高，特别是年轻人和妇女的失业现象会得以明显减少。Shigeru Fujita（2010）提出，目前的研究对保险制度对人力资本的影响的关注明显不够，但这却是一个值得深入探讨的议题。② 因此，Shigeru Fujita 以失业保险制度所产生的经济效应为切入点对此进行了研究，并指出失业保险制度会对劳动者的人力资本积累水平产生影响，因为失业保险不仅对失业者具有救济功能，能分散就业风险，保障其失业期间的正常生活，更重要的是失业保险具有就业促进功能。

受国际劳工标准有关集体谈判和集体合同制规则的深远影响，近些年来，西方有关集体谈判和集体合同制的研究成果与日俱增。

---

① Horst Feldmann, "Peter Bernholz and Roland Vaubel（eds.）: Political competition and economic regulation", *Public Choice*, Vol. 135, No. 3 – 4, 2008, pp. 501 – 503.

② Shigeru Fujita, "Economic Effects of the Unemployment Insurance Benefit", *Business Review*, No. 4, 2010, pp. 20 – 27.

Goldsmith 等（2004）指出，作为劳动关系的重要调节机制和调和形式，集体谈判和集体合同制对劳动力市场供给与需求双方的力量对比产生了较大的影响，使劳动者的谈判能力和市场地位得以提升。[①] 戈德史密斯等学者的研究还发现，如果雇主对雇员存在明显的就业、保险、福利等方面的市场歧视，那么劳动供给就将因此而减少。而曼宁的研究（Manning）（2003）则表明：劳动力市场的地域性和劳动力供给之间存在相关性。其作用机理是：因劳动者长距离寻求工作和就业必然会产生较高的成本，如通勤成本、输入地居住成本、日常生活成本等，因而当劳动力输出地的经济开始发展而使其就业环境日益改善时，许多劳动力会选择"回流"或者选择就近择业。[②] 可见，劳动力市场的需求方（雇主）在市场选择方面的权力并没有想象的那么巨大，因为劳动力供给方（雇员）大多不会在付出高昂代价的前提下去进行非理性的就业。我国近些年来有关"民工荒""工人荒"等现象实际上是对曼宁的研究结论所做出的印证。

国外还有学者借助社会融入理论对流动人口与和谐劳动关系展开了研究。R. E. Parker（1987）认为，如同移民一样，农民工到城市要经历定居、适应和同化三个阶段；在农民工刚迁移到城市时，因语言、文化、生活习惯以及价值观念与取向等条件的差异，农民工与市民的交流与沟通并不多，因而农民工非常容易出现被边缘化的情况；当该情况出现时，农民工或者移民通常会产生五种类型的适应反应与心理反应，即被动接受或被同化、攻击他人和暴

---

① Goldsmith, Arthur H., Sedo et al., "The Labor Supply Consequences of Perceptions of Employer Discrimination during Search and on - the - job: Integrating Neoclassical Theory and Cognitive Dissonance", *Journal of Economic Psychology*, No. 25, 2004, pp. 15 - 39.

② Manning, Alan, "The Real Thin Theory: Monopsony in Modern Labour Markets", *Labor Economics*, No. 10, 2003, pp. 105 - 131.

力、以集体抗议的形式传递自己内心不满、通过自我隔离来寻求内心的某种保护机制、顺利被同化；而被同化就是实现了风俗习惯、文化理念、生活和习惯等与城市居民的趋同。①

二 国内相关文献综述

从 20 世纪 90 年代末开始，随着我国农民工问题的日益显性化，学界有关该问题的探讨日益增多。概括来说，国内相关文献主要围绕农民工社会保障及其特殊性、农民工社会保障现状、农民工社会保障权益缺失、农民工社会保障模式以及农民工社会保障完善对策而展开。

（一）农民工及其社会保障的特殊性

1. 农民工的特殊性

20 世纪 80 年代，全中国陆续开始实行土地承包经营，农民生活"脱贫致富"的目标因此而日益成为现实。土地承包经营无疑促进了农民群体生存地位的提升，但也导致了农民群体"贫困与富裕"的分化。因当时中国人口的主体是农村人口，因而这一分化对以后中国经济社会的发展产生了巨大的影响。② 20 世纪 90 年代开始，中国开始深化市场化改革，市场化改革促进了农民生存方式"种地与打工"的分化。而且，随着市场化步伐的加快加深，打工收入开始成为农民的主要收入来源。农民工的特殊性主要体现在：身份是农民而职业却是雇工。农民工一方面有一定的土地保障，另一方面进城流动也因此受到歧视性对待，而且农民工除了出卖劳动力外没有任何体制性保障。可见，农民工问题的复杂性主要

---

① ［美］R.E. 帕克：《城市社会学——芝加哥学派城市研究文集》，宋俊岭、吴建华译，华夏出版社1987年版，第178页。

② 莫光辉：《少数民族地区农民创业与农村扶贫研究》，博士学位论文，武汉大学，2013年，第23页。

根源于其身份的矛盾性。很长一段时期以来，在中国城乡分割的户籍制度的影响下，不公正的二元制度决定了中国农民工在身份地位、社会经济地位和未来发展前途等方面的特殊性。从身份地位的角度看，农民工是国家通过城乡隔离的户籍制度将国民划分为城市与农村两种截然不同的身份，并以此为标准分别实施两种截然不同待遇的必然结果；从社会经济地位角度审视，农民工自然而然地继承和延续了传统农民的"低贱"地位，且这种"低贱"地位具有制度锁定性；从发展前途窥视，因禀赋差异、资源获取能力差异以及不同制度下的待遇差异等原因，农民工的未来发展前途同样不容乐观。① 从总体上看，作为农民和工人结合体的农民工，虽然具有农村户口，但却跻身在城镇从事非农业生产；虽然与城市工人在同一城市生活和工作，但却得不到同等的工资待遇和社会地位待遇。②

2. 农民工社会保障的特殊性

因为农民工的特殊性，导致其在参加养老、失业、工伤、医疗和生育等方面的社会保障时面临许多困境。农民工在城市主要集聚在技术含量比较低、工资比较少、劳动强度比较大的行业，而且经常受到不平等对待，许多农民工为寻找更为理想的工作而始终处于频繁流动状态之中。因而，农民工的频繁流动不仅给劳动保障部门缴费基数核定带来了困难，也对监察执法等部门的工作产生一定阻碍③，这是农民工社会保障的特殊性之一。农民工工作的单位多为民营企业、个体工商户，这些用工单位为实现自身利益的最大化，

---

① 柳建平、孙燕飞：《论中国"农民工"的特殊性》，《兰州商学院学报》2014年第2期。

② 王淑梅：《农民工的特殊性及其社会保障》，《财会研究》2009年第14期。

③ 肖红梅：《新型城镇化背景下新生代农民工就业稳定性研究》，博士学位论文，首都经济贸易大学，2015年，第34—38页。

总是千方百计地减少用工成本，主观上不愿意为农民工缴纳自身应该承担的社会保险资金，其常见的理由是企业技术含量非常低，产品附加值也不高，企业仅能维持低成本竞争，无力负担农民工的社会保障支出，等等[1]，这是农民工社会保障的特殊性之二。因我国现行的养老保险制度规定按月享受基本养老金的最低缴费年限是 15 年，而农民工工作的特殊性导致其流动的频繁性，使工作经常处于不连续的状态之中，多数农民工实际上很难达到 15 年的年限标准。部分地方还曾有过退休前 5 年必须在本地参保的规定，这无疑是把农民工的养老保险问题排除在现有保障体系之外。因此，农民工对中国现行的社会保险制度缺乏应有的信任，对自己以后能否享受养老等社会保障待遇也明显存在后顾之忧[2]，这是农民工社会保障的特殊性之三。当然，农民工社会保障还存在制度衔接困难、项目供给不全、用人单位责任不明确、待遇水平偏低等其他方面的特殊性。[3]

（二）农民工社会保障现状

为掌握农民工的社会保障现状，国内不少学者对农民工参加各类保险的参保率、参保项目以及农民工自身对社会保障的需求意愿、农民工社会保障地区实践情况等进行了实地调查与研究。艾诗颖等（2017）对四川省内农民工以及川籍外地打工农民工的调查结果显示：农民工养老保险、医疗保险、工伤保险、失业保险、生育保险的购买人数分别占总样本数量的 16.5%、14.8%、11.9%、

---

① 夏燚：《新生代农民工的社会保障权益问题研究——基于苏州 328 名新生代农民工的调查》，《中国农学通报》2014 年第 17 期。

② 王爱华：《基于领取系数的农民工养老保险城乡转续路径研究》，博士学位论文，辽宁大学，2015 年，第 67—68 页。

③ 咸星兰：《中国新生代农民工就业歧视与收入不平等问题研究》，博士学位论文，东北师范大学，2016 年，第 32—36 页。

8.9% 和 1.5%，而缴纳公积金的人数仅占总样本的 0.5%。[①] 可见，农民工社会保险的购买人数所占比例是非常低的，特别是失业保险、生育保险和公积金这三个项目更是低得出奇。凌云等（2016）的全国性调查显示，2013 年农民工工伤保险参保率为28.5%，居各类险种参与率之首，按参与率从高到低排序，其他依次是医疗保险、养老保险、失业保险和生育保险，其占比分别为17.6%、15.7%、9.1% 和 6.9%。[②] 吴玉锋等（2015）对陕西、青海、贵州 3 省的问卷调查数据表明：年龄、婚姻、学历、政治资本、就业地区、养老预期、政策知晓度是影响新生代农民工养老保险参与意愿的主要因素。[③] 王爽（2017）利用 Logistic 模型对河南新乡 4 个县（市、区）1000 名农民工调查数据的研究表明：年龄、学历、收入、保险政策了解程度以及企业对农民工参保的鼓励程度与农民工社会保险参与意愿有显著影响且呈现出正相关。[④] 当前，我国农民工社会保障的重要特征之一就是地区差异。从各类社会保险参加的整体情况来看，东部地区明显比中、西部地区要好；东部地区农民工参加养老、医疗和工伤保险的比例分别为 35.18%、34.87% 和 40.25%，各项目参加比几乎为中、西部地区农民工参加比例的 2 倍；从分省的数据来看，农民工在社会保障上的地区差异则更加明显、差异巨大；以养老保险为例，情况最好的是参加比例高达 63.73% 的上海市，而情况最差的是西部地区的甘肃省，其

---

① 艾诗颖、刘艺薇、曾颖等：《体面就业视角下的农民工社会保障制度创新研究》，《四川劳动保障》2017 年第 S2 期。

② 凌云、徐爱荣、李鹏：《农民工社会保险参与的博弈分析》，《统计与决策》2016 年第 13 期。

③ 吴玉锋、张忠业：《新生代农民工社会养老保险参与行为及影响因素实证研究》，《社会保障研究》2015 年第 6 期。

④ 王爽：《农民工社会保险参与意愿及影响因素研究——以河南省新乡市为例》，《中国劳动关系学院学报》2017 年第 4 期。

参保比例仅为 5.62%，两者之间的差距超过 10 倍；而且各省在医疗保险和工伤保险参保比例方面同样存在巨大的差距①（王冉等，2008）。

（三）农民工社会保障权益的缺失

中国农民工的社会保障制度存在诸多有待完善的地方，如养老保险接续困难重重，工伤保险覆盖率极其低下，医疗保险的作用非常有限，失业保险从来没有被重视，生育保险几乎不存在，住房公积金购买者寥寥无几，这些情况的存在实际上是农民工社会保障权益的严重缺失。农民工社会保障权益严重缺失的背后有着较为复杂的社会经济背景，既与农民工收入水平低下、就业流动性较大等客观因素密切相关，也与政策不完善、制度适应性不强等体制性原因紧密相连②（王桂新等，2015）。为方便农民工养老保险关系的异地转移与接续，2010 年 1 月 1 日起施行的《城镇企业职工基本养老保险关系转移接续暂行办法》（国办发〔2009〕66 号）规定：农民工养老保险关系跨地区转移时，个人账户资金可进行全部转移，但社会统筹资金却只能转移 12%，其中的 8% 必须留在务工所在地，因此农民工务工所在地和养老金最后支付地之间的不公平问题依然存在，这种不公平实际上同样是农民工社会保障权益缺失的体现。王继云（2012）对新生代农民工的研究结果表明，改革开放以来，为数众多的新生代农民工进入城市谋求生存和发展，对原有城市社会保障体系形成了一定的冲击，而新生代农民工社会保障权益仍然没有改观，与第一代农民工相比，在一定程度上反而越来

---

① 王冉、盛来运：《中国城市农民工社会保障影响因素实证分析》，《中国农村经济》2008 年第 9 期。

② 王桂新、胡健：《城市农民工社会保障与市民化意愿》，《人口学刊》2015 年第 6 期。

越严重，新生代农民工社会保障现状不容乐观，其原因主要有：现行社会保障制度不适应新生代农民工频繁流动的工作状态，企业不重视新生代农民工社会保障权益维护而仅仅考虑成本效益，劳动合同签约率低影响了新生代农民工应有的劳动权益的实现等。[①]

（四）农民工社会保障模式

总体上来看，在实践中，我国农民工社会保障形成了"城保模式""双低模式""综合保险模式"以及"农保模式"四种模式。"城保模式"是将农民工直接纳入城镇职工社会保险体系，保障项目包括养老、医疗、失业、工伤以及生育等内容。[②] "城保模式"下农民工与城镇职工同等缴费，享受同等待遇，这显然有利于城镇社会保险制度的平稳运行并消除地区之间、企业之间、群体之间不公平性，但该模式只在广东等一些经济较为发达的省份被采用。"双低模式"是在现行城镇职工社会保险制度的基础上根据农民工特点进行微调，以适当降低农民工的参保门槛，实现了低缴费水平与低社保待遇的"双低"。[③] "双低模式"按照"先工伤、后医疗、再养老"的理念安排各险种的建设顺序，辅以户籍制度改革以及就业服务与管理的加强，取得了一定的进展。尽管"双低模式"具有费率较低、与城镇社会保险制度容易衔接等优点，但其依然存在保障水平过低、非缴费性社会救助与社会福利项目基本缺失以及地区之间、企业之间、群体之间公平性较差等严重不足。实行"双低模式"的地区主要有北京、浙江、深圳等地。"综合保

---

① 王继云：《新生代农民工社会保障现状成因及对策分析》，《咸宁学院学报》2012 年第 7 期。

② 袁金勇：《基于流动视角的农民工社会保障管理模式探究》，《农业经济》2015 年第 11 期。

③ 吕学静、王增民：《对当前我国农民工社会保障模式的评估》，《劳动保障世界》2008 年第 2 期。

险模式"是专门针对农民工特点,将农民工的养老、医疗、工伤等多种风险放在一个制度框架下统一承办的一种社会保障方式。"综合保险模式"具有费率较低、适应性强以及简单易行、管理成本低等优点,但也存在与城保和农保制都不衔接以及养老待遇偏低等不足。[①] 该模式首先在上海实行,随后被成都、大连等地相继借鉴。"农保模式"是指基于农民工流动性强和将来返乡回老家的可能,从而直接将农民工纳入农村社会保障体系的一种社会保障方式。[②] "农保模式"下农民工缴纳的费率通常比较低,且拥有土地、家庭、社区等可以普遍享有的社会保障资源,但该模式的保障水平同样非常低下且保障项目残缺不全,全国各地区在乡镇企业就业的农民工基本上是实行的该模式。

(五) 返乡创业农民工的社会保障

城乡发展统筹过程中,提升农民工返乡创业能力,加快其返乡创业进程,不仅可以带回资金、技术和先进的管理理念,还可以带回发达地区新的市场经营理念和经营管理经验。关于农民工返乡创业能力的提升,地方政府要从政策扶持保障、人力资本投入保障、立体化培训保障、资源整合保障、制度设计保障等入手,强化各类保障机制的作用。[③] 同时,要改革现行养老保障制度,建立健全养老保障体系;要建构完善的医疗保障制度,让返乡农民工看得起病;要强化子女教育保障,让返乡农民工子女获得平等的受教育机

---

① 李迎生、袁小平:《新型城镇化进程中社会保障制度的因应——以农民工为例》,《社会科学》2013 年第 11 期。

② 任辉、傅晨:《农民工社会养老保险制度改革与农民工市民化》,《西北人口》2014 年第 5 期。

③ 田书芹、王东强、牟芷:《新生代农民工返乡创业能力的多中心治理模式研究》,《济南大学学报》(社会科学版) 2014 年第 2 期。

会。① 关于返乡创业农民工社会保障续接，当地政府应制定相关政策，将其纳入农村社会保障体系。返乡创业前在务工地参加了社会保险的农民工，可以选择按照《社会保险法》的转移和接续程序，将其基本养老保险、基本医疗保险权益记录和资金分别转入户籍所在地的新型农村社会养老保险和新型农村合作医疗制度，并折算缴费年限；也可以选择比照城镇同类人员，一次性领取其社会保险账户内的资金，从而结束之前的社会保险关系。对于结束了之前社会保险关系和在务工地未参加社会保险的返乡农民工，当地社会保障部门要积极向其推荐新型农村社会养老保险和新型农村合作医疗制度，并给予相应的政策支持，做到应保尽保。②

（六）农民工社会保障的完善对策

我国社会保障体系仍然处在发展阶段，不完善的地方还有很多，且随着社会发展和人民社会保障需求的高级化，还将有许多不足之处日益显化，而农民工社会保障制度的建构基本上还处于起步阶段，可谓任重道远。农民工社会保障制度建设的主要困境是"城乡两难"，即农民工因收入较低无力承担参加城镇各类缴费性社会保障项目所需的费用，也因身份的尴尬而无法享受城镇各种非缴费性社会保障项目；与此同时，农村现行社会保障制度根本无法满足农民工群体应对工业化生产各种风险的社会保障需求。因此，农民工社会保障的完善对策主要是遵循社会保障制度的发展演变规律，构建独立的农民工社会保障制度，并且分阶段、分层次地逐步

① 王彦：《社会保障视角下返乡农民工就业问题研究》，硕士学位论文，云南财经大学，2015年，第16页。

② 吴彬：《返乡农民工就业保障存在的问题与对策研究》，硕士学位论文，湘潭大学，2011年，第23页。

推进，进而实现社会保障制度的城乡一体化。① 通过城乡社会保障制度一体化建设以化解农民工社会保障困境已经成为学界的共识。我国现行的城镇社会保障制度缺乏共济性，农民工等特殊群体基本上被排斥在制度体系之外。其原因主要是：二元结构下的户籍制度形成了严格的城镇社会保障制度体系，二元结构下的就业制度导致农民工难以承担城镇社会保障的个人高投入，二元结构下的政策规定和行政手段更是难以维护农民工的社会保障权益。② 因而，要维护好农民工的社会保障权益，就必须大力推进一元化的户籍制度改革，明确农民工社会保障建设的目标方向，健全城镇社会保障制度，建立有效的农民工社会保障的转移、转换机制，逐步将农民工完全纳入城镇社会保障体系之中。然而，为何在各界对农民工社会保障问题的重要性认识以及建设方向高度一致的情况下，但农民工社会保障制度的建设在实践中却推进得如此艰难呢？操家齐（2017）基于对农民工社会保障的历史考察发现：因地方政府、用人单位、农民工等多元主体之间基于不同目标，互相之间既有抵牾冲突也有合作共谋，进而形塑了当前我国农民工的社会保障现状；这种多元主体之间的冲撞、互构与共谋制约了农民工社会保障权均等化进程的快速推进。因此，在进一步推进农民工社会保障权均等化的努力过程中，既要兼顾各方利益，实现多方利益均衡，也要有效抑制强势方的利益固守，以形成农民工社会保障权益实现的新型制度框架。③

---

① 樊晓燕：《农民工社会保障制度的困境与出路》，《现代经济探讨》2015 年第 2 期。

② 何宏莲、陈文晶、徐嘉辉：《我国现行社会保障制度与农民工城市化的冲突与融合》，《学术交流》2014 年第 10 期。

③ 操家齐：《农民工社会保障权均等化推进迟滞的深层逻辑》，《社会科学战线》2017 年第 7 期。

三 国内外相关文献述评

(一) 国外相关文献述评

国外学者在系列严格假设条件之下对发展中国家农村剩余劳动力转移问题进行了深入分析，形成了一定的分析范式，但这些模型的假设大都与中国实际国情相偏离。然而，随着这些模型与理论的拓展，许多限制条件开始逐步放宽甚至取消，尽管这些模型仍然存在理想化的不足，但其对中国农村剩余劳动力转移问题的解决具有日益增强的指导价值。

刘易斯模型是在资本主义自由市场竞争前提下对农村剩余劳动力转移进行的阐述，模型暗含假定现代部门吸收劳动和创造就业的速度与现代部门资本积累的速度成比例，也假设城市当中处于一种充分就业状态，还假设工人工资在农村剩余劳动力没有完全被吸收之前是固定的，这些过于严格的假设显然与中国实情不相符。[①] 但刘易斯模型对农村剩余劳动力转移过程的阐述与发展中国家的实际情况颇为相似，这无疑为中国农村剩余劳动力转移的研究提供了分析思路。拉尼斯—费景汉模型假定农业劳动者的工资不会随着农业生产率的提高而提高，这无疑偏离了事实真相，但该模型对农村剩余劳动力转移需要农业剩余的突出强调，具有客观性和现实性。[②] 引进"期望收入"概念的托达罗模式较好地对发展中国家农村人口向城市化大规模转移与城市高失业率并存现象进行了解释，但该模型对农村不存在剩余劳动力的假定，却又偏离了发展中国家的实际情况。[③] 乔根森模型的优点在于其对农

---

① 张川川：《中国的产业政策、结构变迁和劳动生产率增长 1990—2007》，《产业经济评论》2017 年第 4 期。

② 郭熙保：《发展中国家人口流动理论比较分析》，《世界经济》1989 年第 12 期。

③ 敖嫩：《农村劳动力转移几种理论模式的比较》，《前沿》2001 年第 11 期。

业发展和技术进步进行强调，对市场机制在劳动力转移过程中的作用较为重视，但其对存在农业剩余时粮食需求收入弹性为零的假设，并不符合事实。

贝克尔的家庭经济学具有一定的新颖性，较为合理地分析了农村剩余劳动力转移的内因，这对研究单个个体剩余劳动力的转移具有重要的启示意义，但家庭经济学以经济人为假设的前提，并不符合许多家庭的实际情况。尽管迄今为止尚没有形成系统性和结构性，但新迁移经济学的若干假设和观点为研究发展中国家劳动力转移问题提供了崭新的思路，也能在较大程度上合理解释中国农村剩余劳动力的流动。舒尔茨的人力资本理论影响非常深远，详尽地阐述了发展中国家农业剩余劳动力转移与农村经济发展之间的关系，为农业剩余劳动力转移提供了重要的理论支撑。

综上所述，在强化理论自信的新时代，我们应清晰地感受到在中国农村劳动力转移相关研究领域明显存在理论创新的紧迫性和重要性。这种理论创新的任务并不是单纯在更深层次上、更加全面地分析几个因素的影响那么简单，而是涉及更为基础层面的理论创新，也就是应该在什么样的农村劳动力转移理论框架下分析包括与制度相关的一系列问题在内的中国农村劳动力乡城转移问题，为中国农村劳动力转移提供富有中国特色的理论支撑。

而且，现代社会保障制度是在解决工业化给产业工人所带来的经济、社会、职业、健康等风险问题的过程中建立健全起来的，发达国家社会保障制度发展至今，已经呈现出了广覆盖、多支柱以及高水平的国民保障特征。① 在世界各国工业化和城镇化的进程中，

---

① 张太宇：《中国农民工社会保障制度研究》，博士学位论文，辽宁大学，2014年，第78—82页。

农民工社会保障问题的产生是诸多历史渊源、制度障碍和现实困境等因素共同作用的结果。因国情、传统、风俗、价值取向以及所处经济发展阶段的差异，中国农民工及其衍生的社会保障问题与西方发达国家甚至其他发展中国家的情况并不完全一致。而且，在目前的国外相关研究中，有关乡城迁移劳动力社会保障问题的制度性成因的探讨是非常稀缺的，且从社会保障与劳动力市场互动关系视角出发对劳动力迁移进行剖析的研究成果也不多，特别是农民工返乡创业的研究更是犹如凤毛麟角，这实际上为富有中国特色的农民工社会保障的建言立说留下了具有开创性的空间。

（二）国内相关文献述评

从有关农民工社会保障的研究成果与专业性论文与日俱增的可喜现状可以看出，该议题已经引起国内学界、政界以及社会其他组织的高度关注和高度重视，特别是进入新世纪以来，中国学者在国内外刊物上发表的有关农民工社会保障的论文数量明显增加，且研究视角也越来越宽，研究内容日益深化，政策建议也日趋全面，这无疑为今后有关中国农民工社会保障制度的研究奠定了坚实的基础。然而，从整体上看，国内学界对农民工社会保障的探讨主要还停留在问题表面，即注重于对现象进行描述，而对现象背后隐藏的深层原因缺乏深入挖掘。尽管农民工社会保障问题几乎与改革开放同步出现，在我国由来已久，甚至是老生常谈，但从当下呈现的研究氛围来看，有关该议题的重点、难点、未来方向以及研究方法创新等方面的论争还非常薄弱；从研究内容来看，目前研究主要的着眼点还非常笼统，重复研究的文献比较多，分化和细化的研究文献还十分不够，尤其是缺乏对中国乡村振兴战略的响应。

第四节　研究方法与可能的创新

一　研究方法

（一）文献研究法

文献研究法主要是指搜集、鉴别、整理文献，并通过对文献的解读或者研究形成对事实的科学认识的一种研究方法。本书将通过中国知网、万方数据库、读秀网、EBSCO 数据库、人民网等工具，收集和查阅公共管理学、社会保障学、劳动经济学、福利经济学、制度经济学、人口学等方面的相关文献和电子、纸质书籍。通过对上述文献、资料的归纳、整理、研读和提炼，课题组将总结出已有文献的主要观点和该领域的研究发展趋势，并对有关学术观点进行述评。在此基础上，找出本书的切入点，形成了指导框架和分析思想。

（二）多重理论借鉴法

通常来说，理论都是在实践中形成并经过实践反复检验了的人类直接经验，经验一旦经过提炼而上升为理论，便具有了普遍意义和普遍性价值。但无论理论体系有多么完善，都只能借鉴，绝对不能照搬。我国社会保障基础理论的探索和建设时间还非常短，还有许多需要完善的地方，而西方社会保障及其相关理论经历了 100 多年的探索，已经自成体系、较为完善，值得借鉴。本书将广泛借鉴西方社会保障理论、西方劳动力转移理论、马斯洛需求层次理论、政府职能理论、福利经济学理论、公平效率理论以及马克思主义社会保障思想，采用多重理论借鉴法进行理论迁移和理论建构。

（三）社会调查法

社会调查法是指在自然状态下，采用科学的手段和方法，有目的、有计划、系统地搜集特定信息的一种研究方法。社会调查法是进行一手材料收集、整理、分析、归纳和比较的常见方法。在实践中，最常用的调查方法主要有普遍调查（如人口普查）、抽样调查、典型调查、个案调查等。社会调查法获取信息的工具主要是调查设计的调查问卷。调查问卷为自填式问卷和访问式问卷两种形式。前者是将问卷交给被调查者自己填写；后者是由调查者根据访问情况自行填写。本书中，课题组成员分组对湖南、广东、贵州等地，在建筑业、制造业、采掘业等行业的农民工，就其基本禀赋、工作时间、收入状况、接受教育程度、社会保障等内容行了深入细致的自填式问卷调查，对不识字的农民工，则采用了访问式问卷调查。

（四）多重计量分析法

计量分析法通常是指利用或构建特定的数学模型，通过定量分析与计算进行评价和方案选择，进而作出某种决策的一种研究方法。计量分析法又被称为"硬"的研究方法，甚至有人将其直接称为数学研究方法，主要适用于常态化的程序性决策之中，而且通常需要与定性分析相结合才能得出有价值的结论，或者进行有说服力的解释。20世纪50年代以来，随着科学的日新月异，大量新技术被不断开发和广泛地应用，计量统计手段也在不断更新，计量分析方法也变得日益完善，在各类学科的研究中被广泛使用。多重计量分析法则是指在研究中根据需要综合运用两种或两种以上的计量分析法。本书中，不仅通过构建计量模型对农民工的社会保障水平进行多维度的统计描述，也将采用回归分析法对农民工的社会保障需求进行实证探究。

（五）案例分析方法

案例分析方法又称为案例研究法，是最传统的研究方法之一。案例分析方法的特点是对已经发生的、真实的、具有典型意义的事例，通过广泛收集各种可能的资料，以资料为基础探究其背后可能隐藏的内因，透析其可能具有的某种演化规律。本书中，在对农民工迁移中可能面临的就业风险、医疗保障风险、公共卫生风险、子女教育风险、身体健康风险以及其他社会风险进行理论分析之后，都呈现了具有典型性和代表性的案例。

二　可能的创新

（一）研究视角较新

近年来，有关农民工社会保障问题的研究并不罕见，但这些文献大多侧重于政策、法规、制度的设计等方面的研究，而基于乡村振兴战略下的研究并不多见。本书以乡村振兴战略为切入点，结合中国农民工社会保障现状和存在的问题，深入分析问题产生的原因，并在此基础上从多维视角提出相对较完善的对策建议，因而本书的视角相对较新。

（二）研究内容拓展

当前国内学者主要从社会学、公共管理学、人口学等视角对农民工社会保障问题展开了有一定深度的探讨，但从农民工社会保障和劳动力市场良性互动以及农民工社会保障人力资本效应和迁移效应等视角进行探究的文献非常少见，特别是有关社会保障促进农民工返乡创业参与乡村振兴的研究文献还极其稀少。因此，将农民工社会保障制度经济效应的理论分析建立在劳动力市场供求理论的经典框架之上，并突出对农民工社会保障对劳动供给和劳动需求作用机理进行考究的本书，无疑延展了该议题的研究边界。

（三）研究方法的创新

本书除运用文献研究法、社会调查法、案例分析方法等传统研究方法外，还将广泛借鉴西方社会保障理论、西方劳动力转移理论、马斯洛需求层次理论、政府职能理论、福利经济学理论、公平效率理论以及马克思主义社会保障思想，采用多重理论借鉴法进行理论迁移和理论建构，并通过构建计量模型对农民工的社会保障水平进行测算，也将运用独立样本 T 检验、方差分析法、多项式回归方法对农民工的需求进行分析。这在同类研究中，具有明显的研究方法创新。

第五节　主要研究内容

本书共分为八章，具体安排如下：

第一章　绪论。本章在介绍了本书的研究背景、理论意义与现实意义之后，从农村劳动力转移、农村流动人口社会保障、城乡社会保障及其差异、流动人口与和谐劳动关系、农民工及其社会保障的特殊性、农民工社会保障现状、农民工社会保障权益的缺失、农民工社会保障模式、返乡创业农民工社会保障等角度介绍了国外、国内相关研究，并对其进行了简要评述。本书的研究方法主要有文献研究法、多重理论借鉴法、社会调查法、多重计量分析法、案例分析法。本书的创新之处主要体现在研究视角、研究内容、研究方法三个方面。

第二章　基本概念辨析与基本理论阐述。本章主要对与乡村振兴战略下农民工社会保障相关的基本概念和基本理论进行了辨析与阐述。辨析的基本概念有：传统城镇化与新型城镇化、农民与农民工、农村剩余劳动力与农村剩余劳动力转移、社会保障与农民工社会保障、美丽乡村建设与乡村振兴。阐述的基本理论有：西方社会保障理论、马克思主义社会保障思想、马斯洛需求层次理论、福利经济学理论以及古典自由主义的公正理论、平均主义的公正理论、罗尔斯的分配正义理论、哈耶克的"保守"自由主义正义理论等社会公正理论。从理论阐述中获得的启示主要有：要拓展中国特色社会保障制度理论研究视野、要创建中国特色社会主义社会保障经济学、要重视商业保险对社会保险补充作用的研究、要重视基本社会保障建设的法制化研究、要为农民工提供多层次的社会保障。

第三章 我国农民及农民工社会保障问题的演变历程。本章首先以时间为轴，从古到今对我国社会保障，特别是有关农民的社会保障思想与实践进行了回顾。在介绍了先秦时期的社会保障思想与实践之后，从社会优抚、社会福利、社会救济三个维度剖析了两汉时期的社会保障思想与实践，从仓廪制度日益完善、官办常设性福利机构大量涌现、民间慈善事业日渐成熟三方面分析了唐宋时期的社会保障思想与实践，从荒政建设、日常社会福利与救助以及民间慈善事业三方面探究了明清时期的社会保障思想与实践，并从覆盖面、保障水平、规范性等角度简要评述了我国古代社会保障思想与实践。接着从"五保"供养和集体依托、家庭生产保障和社会化发展三个阶段阐述了中华人民共和国成立后我国农民社会保障问题的演变历程，并从社会化、政府作用等维度对其进行了评述。最后，在将我国农民工社会保障问题演变历程划分为萌芽、初始建立、日益完善三个阶段后，对各个阶段的主要制度内容进行了回顾与评述。

第四章 农民工进城务工面临的主要风险。本章在介绍了风险、风险的产生以及农民工进城务工及其风险的产生之后，分别介绍了农民工进城务工面临的职业安全风险、身体健康风险、居住环境风险、公共卫生风险、失业风险、收入风险、家庭失和风险以及子女教育风险，深入剖析了农民工各类风险产生的内在原因及其特殊性，并以农民工面临的各类风险的经典案例进行了补充说明。

第五章　乡村振兴与农民工社会保障的内在关联。本章首先从乡村振兴的背景、科学内涵以及主要任务对中国乡村振兴进行了较为全面的剖析，中国乡村振兴战略是马克思主义中国化的新实践，标志着中国村镇化与城镇化双轮驱动模式的开启以及乡村全面现代化对农业产业现代化的替代，中国乡村振兴的主要任务为振兴乡村产业、振兴乡村文化、振兴村容村貌、振兴乡村治理。接着，探讨了农民工返乡创业对乡村振兴之人力资源集聚、产业兴旺、治理有效、乡风文明、生态宜居以及生活富裕等方面的促进作用。最后，从社会保障制度的完善能消除农民工返乡创业的后顾之忧、增厚农民工返乡创业的人力资本、增加农民工返乡创业的流动投资以及提高农民工返乡创业的风险抵御力四个维度分析了社会保障制度的完善对农民工返乡创业的促进。

第六章　社会保障对农民工参与乡村振兴意愿影响的实证分析。本章在介绍了问卷制作、调查区域选定、调查方法确定、调查实施过程以及人、财、物的配置等前期准备工作后，对调查量表、变量赋值进行了说明。调查量表共分为六个维度，即农民工基本情况、农民工进城务工基本情况、农民工家乡创业环境、农民工基本社会保障、农民工返乡创业保障以及农民工返乡创业意愿。接着，在对实证调查进行概述后，从上述六个维度对调查数据进行了统计描述。最后，在介绍了 Logit 模型基本原理、Logistic 回归系数的意义等基本知识后，对乡村振兴背景下社会保障对农民工返乡创业意愿的影响进行了 Logit 回归分析，并对其主要结论进行了简要阐述。

　　第七章　乡村振兴背景下农民工社会保障制度的完善。本章首先从金融支持保障、财税支持保障、创业培训保障三个维度阐述了农民工返乡创业保障制度的完善。其次，从养老保障、医疗保障以及其他基本社会保障的视角，阐述了农民工基本社会保障制度的完善。最后，从高度重视农民工返乡创业、切实推进乡村振兴战略、强化农民工返乡创业的示范作用三方面剖析了其他保障机制的进一步完善。

　　第八章　研究结论与展望。本章主要总结了"中国农民工群体逐渐演变成为一个被边缘化的弱势群体，这与其社会保障制度不完善具有一定的内在关系"等八个方面的研究结论，并从"完善建议的实践检验"等角度做了研究展望。

第二章　基本概念辨析与基本理论阐述

概念是理论推演的基本前提，理论创新往往源于概念突破，理论体系的缺陷也常与概念模糊有关，准确把握研究对象的相关概念有利于真实思维交集与一致解决方案的形成。理论是科学研究的重要指导，科学理论指导下的研究成果能最大限度地接近真理，缺乏科学理论指导的研究结论会不可避免地表面化。[①] 基于上述逻辑，在对乡村振兴战略下农民工社会保障问题进行深入探讨之前，有必要对与之相关的概念进行解读与甄别，并对与之相关的基本理论进行阐述。

第一节　基本概念辨析

与本研究相关的核心概念主要有：传统城镇化与新型城镇化、农民与农民工、农村剩余劳动力与农村剩余劳动力转移、社会保障与农民工社会保障、美丽乡村建设与乡村振兴。接下来，根据本书的逻辑框架并借鉴他人研究成果对上述概念进行辨析与界定。

---

① 江维国：《新型城镇化中失地农民社会保障问题研究》，博士学位论文，湖南农业大学，2017年，第36页。

一　传统城镇化与新型城镇化

(一) 传统城镇化

为了便于区分，自 2007 年提出新型城镇化概念以来，以往的城镇化就被学界统称为传统城镇化。按照通常的界定，传统城镇化是指在比较收益吸引下农村劳动力持续向城镇非农产业转移、在聚集效应向心力作用下第二、第三产业不断向城镇集中，从而使城镇数量与规模日益增加与扩大的历史过程。也就是说，传统城镇化实际上强调了三个要义：土地、人口城镇化以及产业非农化。[①] 换言之，传统城镇化强调的是乡村地区转变为城镇地区、农民转变为市民以及农业转变为非农产业。传统城镇化的不足主要体现在：传统城镇化 "重城轻乡" "重工轻农"，导致农村萧条与大城市病共存；区域间不平衡性加剧且区域之间合作机制缺失；城市过度发展导致资源消耗过大和环境严重破坏；城镇创新能力明显偏弱，进而影响了产业结构调整、升级以及区域的可持续发展。[②]

(二) 新型城镇化

新型城镇化是指在科学发展观理论精髓指导下，不以牺牲生态环境和粮食安全为代价，切实遵循城镇建设基本客观规律，以促进城镇质量全面提升为导向，突出坚持以人为本理念，自始至终强调城乡统筹、社会和谐、集约发展、结构合理的全新城镇化发展模式。[③] 这是目前国内比较认可的对新型城镇化的界定，本书也采用该界定。与传统城镇化相比，新型城镇化融入了可持续发展、以人

---

① Chen A. , "Urbanization and Disparities in China: Challenges of Growth and Development", *China Economic Review*, Vol. 13, No. 4, 2002, pp. 407 –411.

② 张车伟、蔡翼飞：《中国城镇化格局变动与人口合理分布》，《中国人口科学》2012 年第 6 期。

③ 盛广耀：《新型城镇化理论初探》，《学习与实践》2013 年第 2 期。

为本以及科学发展观等现代发展理念。① 总体上，传统城镇化与新型城镇化在指导思想、发展目标、发展内容、发展动力以及发展可持续性等方面存在明显区别（见表2-1）。

表2-1 传统城镇化与新型城镇化的区别

区别点	传统城镇化	新型城镇化
指导思想	区位理论、非均衡发展理论	可持续发展、科学发展观和五大发展理念
发展目标	城市发展	城乡一体化发展
发展内容	以土地、人口和产业为核心的城镇化	以人为本、法制化、制度创新的城镇化
发展动力	依靠工业发展推动城镇化	"四化"协调推动，政府与市场联合推动
可持续性	以经济发展和城镇扩张为主	人与环境、经济与社会以及城镇布局与结构全方位协调发展

二 农民工与农民工返乡创业

（一）农民工

"农民工"一词，最初由社会学家张玉林教授在1983年提出。随后，在不同的文献中，不同的学者尝试着对其进行界定，但截至目前，学界并没有形成一个被广泛认可的释义。总体上来看，农民工是相对城市产业工人来说的，是社会发展到一定阶段的特殊产物。农民工通常是指从农业劳动领域游离出来，愿意到城镇提供劳务输入以获取非农收入的人群。农民工有广义和狭义之分，广义的农民工是指户籍身份依旧为农民、在农村居住地有承包土地，但主要从事非农产业、以工资为主要收入来源的"离农"人员；狭义

---

① 董晓峰、杨春志、刘星光：《中国新型城镇化理论探讨》，《城市发展研究》2017年第1期。

的农民工主要是指进城做体力活，在建筑工地上打工的那一类农民。① 如果从广义的角度来看，农民工不仅包括人们通常认为的建筑工人、企业一线生产工人，也包括在城市企业中的白领、管理层人员。换言之，只要具有农村户口，离开户籍地，不再从事自有农业的生产者，都是广义上的农民工。

依据不同的分类标准，可对农民工类型进行有效区划。按年龄标准进行分类，可将农民工分为第一代农民工和第二代农民工（也称为新生代农民工）；按群体标准进行分类，可将农民工分为失地农民工、夕阳（高龄）农民工、政策性移民农民工、普通打工者以及农村大学生等。在本书中，农民工特指具有农民户口但在城市生活，且与城市中用人单位或雇用者形成劳务关系、在法定年龄内的非农业从业者，如建筑工地上务工的农民。因此，在本书中所探讨的农民工，既有从城市外流入的农村劳动力，也包括长期以来已经在城市内流动的农村劳动力。总体来看，农民工大都具有吃苦耐劳、任劳任怨、文化水平不高、遭受不公平待遇、生活较为清苦、生活质量较为低下、男性多女性少、法律意识薄弱以及小农思想浓厚等特征。

第一，吃苦耐劳与任劳任怨。大部分农民工都属于中国收入最低层的阶层，他们往往来于生活条件较差的地区甚至是深度贫困的山区。同时，大部分农民工都是家里的顶梁柱，渴望拥有稳定的工作和稳定的收入，以期改善自己及亲人的生活水平和社会地位。因此，农民工基本上都能吃苦耐劳、任劳任怨，在城市里从事最脏、最累、最险的工作。

第二，文化水平不高。因我国二元户籍制度的深远影响，加上

---

① 王祥兵：《农民工社会管理创新研究》，中国工人出版社 2013 年版，第 76 页。

城乡经济发展的长期性不均衡，农村教育资源配置远比城市要差。因此，绝大部分农民工接受教育的年限都比较短，文化程度普遍较低，特别是第一代农民工更是如此。有研究指出，我国农民工群体平均受教育的年限不足 8 年。

第三，遭受不公平待遇现象普遍存在。二元户籍制度下，农民工在城市务工缺乏正式身份，导致该群体在就业、居住等方面受到诸多限制。农民工进入企业，却不得不接受与城镇职工同工不同酬的遭遇，方能生存；在岗农民工无法享受城镇职工普遍享受的"五险一金"；城镇职工能享受全额免费职业技能培训的待遇，而大多数用人单位的农民工只能享受定额的职业技能培训甚至根本就没有培训；从事建筑行业、体力活的农民工更是要经常遭受社会公众的歧视；特别是农民工子女若在公办学校就读，还需缴纳一笔难以负担的择校费，若入读私校，则每年都要负担昂贵的学费，同样是"只能随便想想"；至于在城市买房，农民工更是"想都不敢想"，唯一的办法就是在简易出租房拥挤。①

第四，生活清苦。"起得比鸡早，睡得比猫晚，干得比驴累，吃得比猪差。"这是绝大多数中国农民工生活与工作的真实写照。农民工的工资收入中的绝大部分都寄回了家乡，很小部分用于吃、住，维持基本生存，有时连看病的钱都没有，只能"小病拖、大病扛"。

第五，生活质量低下。因经济收入极其有限，农民工衣食住行的基本需求都难以得到满足。农民工穿的衣服基本上是最便宜的路边货；农民工吃的大多是路边摊档的垃圾食物；农民工住的通常是几平方米的简陋房间或者工棚。大部分农民工，特别是建筑工地上

---

① 邹晓美、高泉：《农民工权利研究》，中国经济出版社 2010 年版，第 254 页。

的农民工，每天重复着工地劳动、填满肚子、呼呼大睡"三部曲"，简单而枯燥地重复度日。

第六，男多女少。现在社会上存在两代农民工。第一代农民工，基本上是年轻力壮时外出打工，留下"386199 部队"，也就是老、弱、妇、孺在家种田。新一代农民工基本没有务农经历，对农村生活难以适应，向往城镇生活，希望与城市人同步发展。因此，年青一代农民工一踏入劳动年龄，他们就迫不及待进入城市打工。尽管新一代农民工群体中女生比例有所增加，但男多女少的群体性别特征并没有明显改变。有调查显示，中国农民工的男女性别比大约为 2∶1，在全部农民工中，男性大约占 70%，女性大约占 30%。

第七，法律意识薄弱。因农民工文化水平普遍不高，接触的法律问题和学到的法律知识极其有限；简单而枯燥地重复度日，难以接收外界的宣传信息；业余时间也主要在麻将、酒桌上度过。在遭遇受工伤或者是用人单位拖欠工资等不公平待遇时，农民工往往因缺乏法律知识，不知道如何有效维权、如何有效自我保护。[1]

第八，小农思想浓。农民工多数来自经济不发达的地区甚至偏远的山区，其小农思想根深蒂固。农民工来城镇工作的主要目标是试图摆脱贫农生活，因此只要能留在城市，在城市里打工，也就满足了。而且，农民工存在"小富即安、小进则满"的思想。[2] 正是这种思想导致其不求创新、不求进步。在城镇生活融入方面，农民工有着深厚的乡亲关系，打工、居住都与亲戚、老乡在一块儿，生活上遇到困难也只会向他们求助，这种源于小农思想的自我封闭，也导致了该群体无论在城镇生活多少年，却始终是城市的游客。

---

[1]　宋博纳：《我国农民工法律意识提升问题研究》，《农业经济》2015 年第 11 期。

[2]　郑红友、俞林：《论美丽乡村建设与新生代农民工返乡创业互动机制》，《继续教育研究》2018 年第 2 期。

（二）农民工返乡创业

从 20 世纪 90 年代开始，一部分进城务工农民工经过一段时间的打拼，又陆续返回家乡，利用务工过程中积累的人力资本、资金与信息，在家乡的农村、小城镇创办实体。农民工的这种逆向回流，打破了农村劳动力向城市单向流动的传统模式，日益形成了农村劳动力在城乡间双向流动的新格局。进入 21 世纪以来，沿海地区劳动密集型产业开始向中国内陆地区和劳动力成本更低的东南亚国家转移，特别是在新农村建设、城乡统筹发展、乡村振兴战略下农村创业环境的日益改善，农民工返乡创业进程进一步加快。农民工这种从"城市打工者"嬗变为"乡村创业者"的现象，在学界被称为农民工返乡创业。[①]

然而，截至目前，学界尚未形成被广泛认可的"农民工返乡创业"的概念。有研究者将其定义为：农民工进城务工或者在城市积累了一定的经商经验以及资金、技术、熟知家乡经济环境，为了个人和家乡的发展而回乡创办工、商等企业的行为。另有学者认为，农民工返乡创业是指部分农民工在非农化过程中从农村转移出来，通过进城务工积累了技术、经验、人力、社会资本之后，最终又回到家乡创业的行为。还有人将其描述为：在城镇务工、经商中，开阔了眼界、增加了胆识、积累了一定资金，还受到内外部主、客观因素双重影响的农民工，利用在城市中掌握的新技术和管理经验，在政府政策的支持和引导下，返回家乡创办新型农业经营主体或工、商企业，带领家乡农民发家致富的过程。[②]

---

① 李炎：《中西部农民工返乡创业现状、障碍与对策》，硕士学位论文，苏州大学，2015 年，第 22—25 页。

② 赵浩兴、张巧文：《内地农民工返乡创业与沿海地区外力推动：一个机制框架》，《改革》2011 年第 3 期。

　　综上不难发现，农民工返乡创业是一个跨领域的概念，既涉及社会学、经济学、心理学和人口学等学科领域，也涉及产业规划发展与创业者个体决策等宏、微观问题。本书结合农民工返乡创业的具体情景与创业的四要素，将农民工返乡创业作如下定义：在农村剩余劳动力向发达地区和城市跨区域流动务工、经商的进程中，农民工面对外部环境变化带来的机遇及在城市务工所面临的生存压力，出于生计、自我发展、家乡发展等方面的动机，利用自身在务工过程中积累的人力资本（专业技术、企业管理经验、迁移经验）、资金和信息等资源，返回原来所在的乡村、小城镇创办实体，发展工商服务业，投资商品性农业等活动。

　　外出务工农民基于外部环境施加的压力（如城市生活成本上升、不平等待遇的事实存在、就业难度日益加大）和提供的机遇（新农村建设、城乡统筹发展、乡村振兴等战略实施下农村创业环境的改善，政府支持力度不断加大）与自身资源和条件（务工积累的资金以及技术、经验等人力资本）的权衡，在理性心理的驱使下作出的决策。显然，返乡创业的农民工必须具有"识别机会的能力"，也就是创业信息获取与把握能力，在此基础上，"根据已经控制的资源获取机会"，并利用这种机会创造财富；在决策实施过程中，作为创业者的农民工必须具备一定的"首创精神、想象力、灵活性、创造性"，这无疑是农民工创业成功的关键要素之一[1]；最终，农民工返乡创业的结果，就是通过新实体促进了乡村产业发展、社会效益增加和乡村崛起（见图 2 - 1）。这实际上就是农民工返乡创业的形成机理。

---

　　[1]　黄晓勇：《基于结构化视角的农民工返乡创业研究——以重庆为例》，博士学位论文，重庆大学，2012 年，第 56 页。

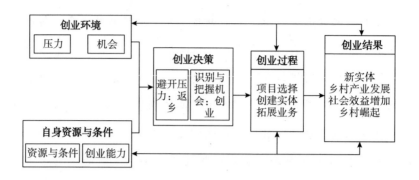

图 2-1　农民工返乡创业的机理

三　农村剩余劳动力与农村剩余劳动力转移

（一）农村剩余劳动力

按照古典经济学派的观点，农村剩余劳动力是指劳动边际生产率等于零或者无限接近零，即使将其从农业部门转移出去，农业总产量也不会因此而减少的那一部分农村劳动力。该界定在古典学派和新古典学派之间曾引发广泛争论。以刘易斯为代表的古典学派坚持认为，无限丰富的剩余劳动力在农业部门是事实存在的，把农村剩余劳动力转移到城市非农部门中去，农业总产量不会因此减少，其原因是这部分劳动力的边际生产率非常低，几乎接近于零。然而，以舒尔茨为代表的新古典学派却极力否定任何剩余劳动在农业部门中的存在。新古典学派的观点是，在现有生产条件下，农业生产要素配置已经达到最优状态，从农业部门中将劳动力转移，毫无疑问将会造成农业总产量的减少，因为劳动投入减少了。至于两派之间的观点为何截然相反，李太勇（1997）认为，其根本原因是没有严格区分劳动者的边际生产率和劳动时间的边际生产率：如果劳动日的长度固定不变（如限定劳动时间为 8 小时/天），且劳动者的边际生产率为正，那么从农业部门转移出劳动力无疑将会造成农业总产量的减少（此时的总产量＝劳动时间×劳动力数量）；如果劳动日长度非恒定，可通过劳动时间的延长以补偿转移出的劳动力，即使劳动者的边际生产率为零，劳动力的转移也不会导致总产量的减少。[①] 国内关于农村剩余劳动力的观点主要有以下几点：

第一，农村剩余劳动力是指边际收益低于非农业劳动的农业劳动力。持有此观点者认为，农村劳动力剩余的判断关键是农民务农收益与从事非农工作收益的对比。尽管该观点突破了静态局限，富有动态思维，但许多国家的事实已经表明，农村劳动力转移并不完全是农业边际收益与非农业边际收益两者相比较的结果（有许多农民是因为看重城市便捷的生活、良好的教育资源、健全的医疗体系等），农村劳动力的非农收入比农业收入低的情况在现实生活中普遍存在。与此同时，现实生活中根据比较收益所转移的农村劳动力也不完全是剩余劳动力。[②] 而且，该界定同时暗含着这样的逻辑：农民能在农村和城市、农业和非农业之间自由择业，但因制度壁垒、技术门槛、交通条件制约等原因，该逻辑在现实生活中并不完全具备。所以，该界定容易导致农村剩余劳动力数量的高估。

第二，农村剩余劳动力是指当一个国家或地区因人均耕地面积长期下降而出现的农业剩余劳动力。[③] 应该说，该界定为农村剩余劳动力的判断提出了全新的标准，其着重点在人均耕地面积的长期变化上，同样富有动态思维。尽管因为数据相对容易获取，该界定比较容易判断一个国家或地区农村剩余劳动力是否存在，该界定也

①　李太勇：《农业剩余劳动力转移的动态因素研究》，《当代财经》1997 年第 2 期。

②　毛隽：《中国农村劳动力转移研究》，博士学位论文，复旦大学，2011 年，第 45 页。

③　郭熙保：《农业剩余劳动及其转移问题：理论思考与中国的经验》，《世界经济》2002 年第 12 期。

突破了古典学派定义中技术不变的苛刻假设，使剩余劳动力的判断与现实更为贴近。然而，这种主要借助于农业劳动力与耕地面积直观关系而非劳动力要素本身特点来界定剩余的方法，其缺陷就显而易见了。所以，该界定并没有引起广泛共鸣，并不适合作为农村剩余劳动力的概念，特别是在人口负增长和老龄化情况严重的国家就更加不适合了。

第三，农村剩余劳动力是与劳动力资源实现最佳配置后在农业中的多余劳动力。[①] 该界定借助微观经济学思维，基于单个农户的最优决策来判定农村剩余劳动力，应该说与实际非常切合的。但是，要根据测定单个农户最优决策进而判断家庭剩余劳动力，并以此对一个国家或地区农村剩余劳动力进行测定，其难度无疑非常大。按照该界定来判断农村剩余劳动力时，其唯一的途径就是借助宏观劳动力最优配置的判断方法，而众所周知，整体最优对单个农户来说并非一定是最优选择。因此，根据此界定对农村剩余劳动力进行测定不太合理，也不具有可行性。

第四，农村剩余劳动力是已经离开农村或必然离开农村的剩余劳动力。[②] 该界定中的"必然离开农村"虽然具有一定新意，但显然找不到合适的标准对此进行判别。而且，"已经离开农村"的判断标准也不具有稳定性，农民工返乡创业、失业回流情况在任何国家或地区都屡见不鲜。因此，该界定对于农村剩余劳动力的测定不具有现实意义。

（二）农村剩余劳动力转移

发达国家的发展规律表明，随着农业生产技术和农业装备水平

---

① 刘建进：《一个农户劳动力模型及有关农业剩余劳动力的实证研究》，《中国农村经济》1997 年第 6 期。

② 喻德坚：《我国农村剩余劳动力数量测算方法的数理分析》，《南昌大学学报》（工科版）2001 年第 1 期。

的提高以及农村各产业的不断发展，农业生产中已经不需要在技术和装备水平较低条件下那么多劳动力，农村剩余劳动力因此而产生。由此可见，所谓农村剩余劳动力转移，是指农业人口从农业生产中游离出来，进而从农村转移到城镇，从农业领域到非农业领域，实现"身份"转换的过程。农村剩余劳动力转移的实质是"农村人口的非农化"。农村剩余劳动力转移的具体方式主要包括产业转移与区域转移。产业转移主要是指农村剩余劳动力从第一产业向第二、第三产业转移，也就是从农业向工业和服务业进行的转移。区域转移主要是指农村剩余劳动力从生产率较低的地区向生产率较高的地区进行转移，也就是农村地区向城镇地区的转移。农村剩余劳动力转移是一个国家或地区经济社会不断发展的必然结果和客观规律。

总体上来看，农村剩余劳动力转移的内涵主要体现在空间转换、职业转换、身份转换和生活方式转换四个方面。[①] 第一，空间转换，农村剩余劳动力在地域上从农村转移到城镇，或者从以农业为主要特征的地区向以非农业为主要特征的地区转移，这是物理空间的转换。第二，职业转换，农村剩余劳动力转移促进了其在职业上从农民向工人的转变，使其基本上摆脱了对土地及其土地上农业生产活动的经济依赖。第三，身份转换，农村转移剩余劳动力在身份上的变化就是摆脱了农民身份的束缚，能够在理论上具有平等机会参与城市劳动力市场的竞争。第四，生活方式转换，农村转移剩余劳动力在生活方式上的变化主要体现在由农村家族主导的传统生活方式转变为城镇多元融合的现代化生活方式。

---

① 王志刚、刘芳芳：《新型城镇化与农业转移人口社会保障的空间正义向度》，《东南学术》2017 年第 5 期。

自改革开放后，我国农村剩余劳动力出现了大规模转移现象，其原因主要有以下几个：一是1949年中华人民共和国成立后，在绝大多数的年份里，中国人口增长比较快，农村劳动力数量随之不断增长，农村人均耕地等自然资源日益相对不足，如果所有农民再继续在农业领域滞留，已经很难满足扩大再生产的需要，其生活水平也难以提升，因而现实条件在倒逼农村剩余劳动力转移。① 二是随着农业技术进步、农业科学技术普及和农业劳动生产率的提高，土地对劳动力的需求必然会大幅减少，此时农业劳动力过剩情况便自然出现了，这部分劳动力需要谋求出路，需要转移。三是我国长期实行工业优先和城市优先的发展战略，农产品价格被扭曲、价值长期处于背离状态，导致农业产出和农民收益低下，理性的农民为追求家庭收入最大化只剩下向城镇进行转移的唯一选择。四是非农产业的高收入产生了巨大的牵引力，极大地促进了农村剩余劳动力的转移，除城市远高于农村收入水平对劳动力产生强力吸引外，乡镇企业的迅猛发展使农民不离乡、不离土也能进入非农领域就业，进而获得较高的收入，这为农村剩余劳动力的转移创造了良好的外部条件。五是城乡差别的事实存在，剔除收入方面的城乡差别之外，城市丰富的精神生活、多彩的文化生活、良好的教育资源与医疗卫生资源、便利的公共交通、完善的基础设施以及其他各种公共服务均会对农民产生强烈的吸引力，毕竟人往高处走、水往低处流，特别是服务业的快速发展对劳动力的需求不断增加，这些因素共同促进了农村剩余劳动力转移步伐的加快和规模的不断扩大。

---

① 贾明达、郭萍：《中国农村城镇化过程中的农民——国家关系变迁：基于发展干预的视角》，《湖北社会科学》2015年第9期。

四　社会保障与农民工社会保障

（一）社会保障

国内学者根据国家有关重要决定和文件精神，对社会保障进行了多种解释。有学者认为，社会保障是，实行以国家为主体，通过国民收入的分配和再分配，用法律规定对其社会成员因疾病、伤残、年老而丧失劳动能力，或因灾害、不幸事故和失业以及曾为社会尽过义务而生活面临困难者，提供一定的物质帮助以保障其基本生活的制度。① 还有学者结合"以人为本"社会发展目标提出，社会保障是指国家和社会在通过立法对国民收入进行分配和再分配，对社会成员特别是生活有特殊困难的人们的基本生活权利给予保障的社会安全制度。②

总的来看，社会保障的本质是维护社会公平进而促进社会稳定发展。《中华人民共和国宪法》规定："中华人民共和国公民在年老、疾病，或者丧失劳动能力的情况下，有从国家和社会获得物质帮助的权利。"通常来说，社会保障制度随着社会的发展，其内涵变得日益丰富，目前主要包括社会保险制度、社会救助制度、社会福利制度、社会优抚制度等内容，而社会保险制度是社会保障制度的核心，是最基本的社会保障。③

作为衡量文明程度重要指标的社会保障可视为一个国家或地区经济社会发展的稳定器与安全网。本书认为，社会保障是指，国家以立法形式进行规范，广泛动员和充分利用社会各界力量，保证低

---

① 王开发：《论我国社会保障制度的改革》，《中共浙江省委党校学报》1998 年第2 期。

② 彭光灿：《公民社会视域下的中国社会管理创新研究》，知识产权出版社 2016年版，第 166 页。

③ 邹小钢：《中国社会保障创新与发展》，中国地质大学出版社 2009 年版，第 56页。

收入、无收入或者遭受不可抗拒重大灾害的公民能够维持基本生存，保障社会劳动者在出现失业、患病、工伤、生育等情况时的正常生活不至于受到难以承受的影响和冲击，并在此基础上逐步增进与生产社会发展状况相适应的公共福利水平，进而促进社会和谐稳定的保障体系。① 从本质上来看，社会保障是通过经济和非经济相结合的手段来解决社会问题，进而实现特定政治目标的一项制度安排。② 现代社会保障制度是得到了实践检验、在工业化过程中化解产业工人风险的有效制度安排，具有国家依法强制实施的特征，只有充分的强制力才能保证这种具有经济福利性质的制度安排真正惠及每一个社会成员。③

（二）农民工社会保障

显而易见，如同残疾人社会保障、被征地农民社会保障一样，农民工社会保障是一个国家或地区整个社会保障体系的重要组成部分。按照社会保障通用定义演绎，农民工的社会保障是指农民工应该依法享有的，由国家立法机关和行政机关用法律、法规等规范性文件予以肯定、明确的一项公民基本权利。从权利角度来看，农民工的社会保障权以物质给付为主要内容，属于公民社会权利的范畴。

根据中国共产党十四届三中全会通过的《关于建立社会主义市场经济体制若干问题的决定》，当前我国社会保障制度包括社会保险、社会救助、社会福利、优抚安置、社会互助以及个人储蓄保障共计六个方面的内容。其中，前四项被称为正式的社会保障制

① 陈寿灿：《伦理视阈下的老年社会保障》，《浙江学刊》2014 年第 5 期。
② 李素利、张金隆、刘汕：《多维层视角下我国社会保障政策执行效果测度研究》，《管理评论》2015 年第 3 期。
③ 翟绍果、黄国武：《农民工社会保障权利贫困及其治理》，《四川师范大学学报》（社会科学版）2012 年第 6 期。

度，后两项被称为非正式的社会保障制度。从范畴来看，农民工社会保障主要涉及社会保险、社会救助、社会福利三方面的内容（见图2-2）。农民工社会保险理应包括养老保险、失业保险、医疗保险、工伤保险和生育保险，这五项保险是农民工最基本的社会保障项目。农民工社会救助是指国家以资金和实物相结合的方式向不能维持最低生活水平的农民工所提供的、满足其最低生活需求的一种社会保障制度，也被称为最低生活保障制度，该制度的目标旨在帮助农民工克服贫困。农民工社会福利主要包括子女教育保障、保障性住房和技能技术培训保障等。农民工子女教育保障是指国家和社会保障农民工的后代在其居住地区享有平等的初等、中等和高

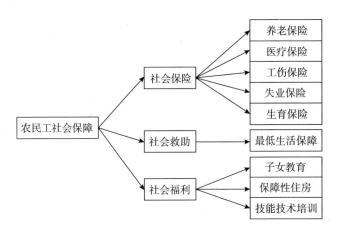

图2-2 农民工社会保障内容

等教育机会的一种教育保障制度。农民工保障性住房是指国家和政府根据国家政策以及法律制度规定，为满足农民工及其家庭的基本住房需求，限定建造标准、销售价格、租金标准，起社会保障作用的住房。① 农民工技能技术培训保障是指根据人才市场需求，由政

① 《中国城市发展报告》编委会：《中国城市发展报告2011》，中国城市出版社2012年版，第67页。

府或政府委托的单位，有针对性地对有意愿的农民工展开实用技术培训，以促进其就业的有关制度安排。

五 美丽乡村建设与乡村振兴

（一）美丽乡村建设

中国共产党第十八次全国代表大会报告明确提出："要努力建设美丽中国，实现中华民族永续发展。"这是我国第一次提出了城乡统筹协调发展共建"美丽中国"的全新概念，特别强调要把生态文明建设放在突出的地位，将其融入经济建设、政治建设、文化建设、社会建设等经济社会建设的各方面和全过程。随后出台以《中共中央国务院关于加快发展现代农业进一步增强农村发展活力的若干意见》为题的 2013 年中央一号文件，依据"美丽中国"的理念首先提出了要建设"美丽乡村"的奋斗目标。"中国要强、农业必须强；中国要富，农民必须富；中国要美，农村必须美"。因此，建设美丽中国，必须建设好"美丽乡村"。

2015 年 10 月召开的中共十八届五中全会上，"美丽中国"正式被纳入国家"十三五"规划，堂堂正正地进入了国家的五年计划。要达成美丽中国之目标，美丽乡村建设既是其不可或缺的重要组成，也是其关键性的切入点和突破口。应该说，美丽乡村建设是美丽中国建设不可或缺的组成，是全面建成小康社会之重大举措、是在生态文明建设全新理念指导下的一次农村综合变革、是顺应社会发展趋势的升级版的新农村建设。美丽乡村建设既秉承和发展了"生产发展、生活宽裕、乡风文明、村容整治、管理民主"新农村建设的主张，又进一步认识和遵循了自然客观规律、市场经济规律、社会发展规律，使美丽乡村的建设实践更加注重对生态环境资源的保护和有效利用的关注，更加注重对人与自然和谐相处的珍视，更加注重对农业多功能的挖掘与利用，更加注重农村农业的可持续发展，更加注重农业文明的保护与传承。① 美丽乡村建设是一项系统工程，强调农村生产、生活、生态"三位一体"，如果仅注重其中的任何一个方面都是不系统的、欠科学的。

（二）乡村振兴

习近平总书记在党的十九大报告中首先提出的乡村振兴战略，引起了社会各界的高度关注与广泛热议。毋庸置疑，自改革开放以来，中国乡村发生了翻天覆地的变化，取得了无与伦比的伟大成就。但因长期城乡二元分治政策及决策的路径依赖，中国城市与乡村发展失衡局面并没有出现根本逆转，差距依然巨大，甚至在"时空压缩"的当前社会转型中显露了继续扩大趋势。僵化的土地制度对土地流转与新型农业经营主体培育的掣肘依然存在②、乡村基础设施和公共服务短缺问题也还非常严重，加上乡村精英不断流失、乡村传统文化断代失传严重、村民自治组织日益涣散以及不少地区村庄规划凌乱、环境不断恶化③，这些因素及叠加效用共同扭曲了乡村社会的自我发展轨迹，加速了中国乡村的衰落。

众所周知，农业丰则基础强，农民富则国家盛，乡村稳则社会安，城市与乡村是一个有机的统一体，唯有相互包容、彼此支撑，方可同频共振、持续发展。因此，在经济发展进入新常态和全面小康社会建成倒计时的关键时间窗口，中国应着重关注乡村发展不平衡、不充分问题，加快乡村建设与振兴。

从词义层面来看，振兴是振发兴举、增强活力的意思，振兴是

①　刘志、耿凡：《现代农业与美丽乡村建设》，中国农业科学技术出版社 2015 年版，第 198 页。

②　詹王镇、陈利根：《我国农村集体土地产权制度困境及其破解》，《西北师范大学学报》（社会科学版）2016 年第 4 期。

③　胡祥苏：《乡村社会的衰败与新生乡村社会的衰败与新生》，《红旗文稿》2013 年第 13 期。

相对衰落、衰退而言的。关于中国乡村振兴，党的十九大报告中的阐述主要有："要坚持农业农村优先发展，按照产业兴旺、生态宜居、乡风文明、治理有效、生活富裕的总要求，建立健全城乡融合发展体制机制和政策体系，加快推进农业农村现代化。"由此可见，中国乡村振兴是指，在马克思主义理论、科学发展观指导下，遵循市场基本规律，以制度改革和政策创新为抓手，通过培育乡村发展内生力量，促进乡村全面复苏，进而实现城乡融合发展的一种发展战略。无论是从理论层面还是从实践层面来看，中国乡村振兴均具有十分丰富的科学内涵（见图2－3）。

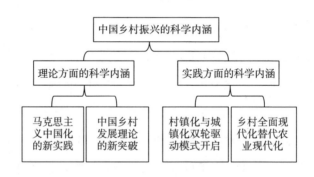

图2－3　中国乡村振兴的科学内涵

从图2－3可知，乡村振兴战略是中国共产党基于新的时代背景，在马克思主义理论指导下，总结提炼中国乡村发展实践、有效响应社会主要矛盾转换的理论创新成果，是马克思主义中国化的新实践。中国乡村振兴战略标志着党和政府对社会主义乡村建设和发展规律的认识达到了一个全新的高度，为进一步推动中国乡村经济社会改革与乡村全面发展提供了理论指南。乡村振兴战略的提出，则彻底打破了靠城镇发展促进或带动乡村发展传统发展思维，标志着中国乡村将成为经济社会发展的主战场之一，城乡两个空间平等发展之旅正式起航,"村镇化"与"城镇化"双轮驱动的新型发展模式将会成为中国经济社会发展的新常态。同时,乡村振兴战略的提出,实际上是对以往乡村发展理念的矫正,意味着乡村全面现代化将替代农业产业现代化。

中国乡村振兴作为乡村全面现代化发展的战略指南,其任务必然涉及乡村经济、政治、文化、社会各方各面的内容。结合中国乡村振兴的科学内涵和乡村发展现实情况,本书认为当前中国乡村振兴的主要任务是"二个振兴"和"二个整治",即振兴乡村产业、振兴乡村文化以及整治村容村貌、整治乡村基层治理。振兴乡村产业旨在促进乡村经济发展,属于根本性任务;振兴乡村文化旨在促进乡村传统文化的传承与繁荣,属于灵魂性任务;整治村容村貌旨在促进乡村社会有序发展,属于条件性任务;整治乡村治理旨在促进乡村政治稳定,属于保证性任务(见图2-4)。

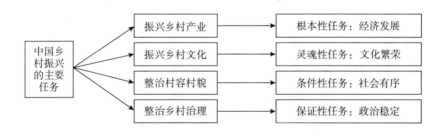

图2-4 中国乡村振兴任务

从图2-4可知:第一,随着新型工业化、信息化、城镇化纵深推进以及新型农业经营体系的初步形成,乡村产业融合发展已经具备一定的基础,因此乡村振兴的首要任务是加快乡村产业融合发展,以振兴乡村产业;第二,中国要在坚守乡村传统优秀文化的基础上,努力寻找现代工业文明与乡村传统文明的契合点,促进乡文化的传承与创新，使其成为指导乡村振兴、适应新形势的新乡村文化；第三，乡村宜居环境建设既是中国乡民平等参与现代化进程的重要条件，也是其共享社会发展成果的重要体现，因而整治村容村貌、强化宜居环境建设必然是中国乡村振兴的重要内容；第四，当前中国的乡村振兴，有必要通过完善乡村基层治理机制，扭转乡村基层治理失序态势，促进乡村社会稳定，从而推动乡村基层治理机制现代化。

第二节　基本理论阐述

理论是人们把在实践中获得的认识、经验加以总结、概括与提炼后形成的关于某一领域的知识体系，其作用在于指导实践和预见未来。作为规范与实证相结合的分析，在本书展开之前，有必要对西方社会保障理论、马克思主义社会保障思想、马斯洛需求层次理论、福利经济学理论、社会公正理论等相关国外经典理论进行梳理，为接下来的研究提供指导或启示。

一　西方社会保障理论

社会保障制度的建立与发展，无疑受到政治、经济、文化等诸多因素的影响。社会保障制度起源并形成于近代西方资本主义国家，因而西方理论界对社会保障问题有较多论述，并形成了理论体系。从时间脉络来看，西方社会保障理论大致经历了早期产生阶段、中期发展阶段和现代多样化改革阶段（见表2-2）。

1. 早期产生阶段的主要理论

第一，亚当·斯密的社会保障思想。主张自由放任主义、坚信经济规律决定价格和要素报酬的古典经济学派代表人物亚当·斯密

表 2 - 2　　　　　　　　　西方主要社会保障思想列表

时期	代表人物或学派	主要理论
早期产生阶段	亚当·斯密，历史学派	英法古典经济学家否定社会救济的意义；德国历史学派提倡国家福利
中期发展阶段	凯恩斯主义，"福利国家"倡导者	凯恩斯主义的福利保障理论；"福利国家"倡导者的社会保障理论
现代多样化改革阶段	新自由主义学派，其他经济学派	新自由主义等学派的社会保障理论

极力否定社会救济的作用。在其看来，价格机制是资源配置的最好办法，市场分配结果是最合理的结果，政府对社会经济任何形式的干预，如对收入进行的再分配，都将会破坏市场运行机制，影响市场效率。因而，在英国 1601 年颁布旧《济贫法》以促进社会保障时，斯密对此进行了猛烈批评。他认为该法严重阻碍了居民的自由流动和劳动者的就业自由选择权。应该说，斯密及大卫·李嘉图、托马斯·马尔萨斯（ThomasMalthus）和约翰·穆勒（John Stuart Mill）等追随者的相关思想与言论实际上阻碍了英国社会保障事业的发展。

第二，历史学派的社会保障思想。历史学派起源于 19 世纪初期的德国，学界通常以 19 世纪 70 年代为界限将其分为新、旧历史学派。旧历史学派代表人物主要是弗里德里希·李斯特（Freidrich Liszt），新历史学派的标志人物主要有谢夫勒（Israel Scheffler）、阿道夫·瓦格纳（Adolf Wagner）等。历史学派产生于德国经济学家们用"国家经济学"与古典学派的"世界主义经济学"进行对抗的过程之中。总体而言，历史学派认为国家除了维护国家安全和社会秩序的职责外，还有促进社会福利发展的使命。新历史学派提出要实行社会改革，倡导通过工会组织化解劳资矛盾以及主张国家制定劳动保险法、孤寡救济法等法规增进社会福利。新历史学派上述具有社会改良性质的主张被俾斯麦政府所接受，进而成为德国实施社会保险的重要理论依据。

2. 中期发展阶段的主要理论

第一，凯恩斯主义的福利保障理论。1936 年，英国资产阶级经济学巨匠约翰·梅纳德·凯恩斯（John Maynard Keynes）撰写、被誉为拯救资本主义的经典著作《就业、利息和货币通论》问世。该书是在萨伊定律"供给可以自行创造需求"面对资本主义国家经济大萧条既无法合理解释，也无法积极响应时，为应对资本主义生产过剩和严重失业所开出的拯救药方。凯恩斯认为，生产过剩的经济危机和非自愿失业均是由"有效需求不足"（Insufficient effective demand）所引致，因而只要使社会"有效需求"水平达到充分就业水平，资本主义现实困境就可迎刃而解。而使总需求与总供给在充分就业水平上均衡的实现路径主要有：政府通过赤字预算，扩大公共事业投资，刺激社会投资欲望；推行适度的通胀政策，增大企业家预期利润并缩小"流动偏好"，激发社会投资需求；通过向富人征税再救济穷人的福利措施，提高社会边际消费倾向，扩大整个社会的消费需求，刺激生产。凯恩斯的"提高社会福利水平"等福利思想反映了社会保障支出并非零和游戏，它对穷人和整个资本主义社会都具有积极的影响。

第二，"福利国家"倡导者的主要思想。"福利国家"的概念出现在"二战"后的英国，它倡导"普遍受益"准则，其倡导者坚持集体主义价值观，认为社会公平仅靠通常调节是远远不能实现的，政府有义务和责任通过建立福利调节制度促进社会公正。1884 年，福利国家理论倡导者在英国成立"费边社"（Fabian Society），其主要成员有乔治·萧伯纳（George Bernard Shaw）、西德尼·詹姆斯·韦伯（Sidney James Webb）等。"费边社"的社会保障思想主要有：社会要形成富有自由、平等、民主和人道主义精神的社会价值观，因而每个社会公民都有权享受最低标准的文明生活；尽管经济是消除贫困最基本的途径，但发达的经济并不会自动消除社会中存在的贫困，因而政府必须承担相应职责，通过再分配的形式，缩小贫富差距，进而在一定程度上实现社会的公正与平等；人是目的而不是手段，通过再分配形式调节收入分配、消除贫困以促进社会整体繁荣的最终目标是为了"使人更成为其人"。①

3. 现代多样化改革阶段的主要理论

进入20世纪70年代末，西方主要资本主义国家纷纷陷入"滞胀"（Stagflation）困境，凯恩斯主义下的国家干预政策既无法解释也无法有效应对新的经济发展困境，因而以"新古典复兴"为标杆的新自由主义借机兴盛起来了。新自由主义分支较多，包括以密尔顿·弗里德曼（Milton Friedman）为代表的现代货币学派、以弗里德里希·冯·哈耶克（Friedrich August von Hayek）为代表的彻底自由主义学派以及以保罗·克雷·罗伯茨（Paul Cray Robers）为标志人物的供给学派等。应该说，新自由主义是市场机制与自由竞争最虔诚的继承者，认为社会保障制度破坏了市场运行机制和市场竞争秩序，因而该学派立场坚定地反对国家干预经济和实行"国家福利"，极力主张社会保障的市场化、私有化。如现代货币学派认为国家除控制货币供应量外，不要通过任何形式去干预经济运行、干预通货膨胀；彻底自由主义者极力主张实行非再分配性、非强制性和非政府性的社会保障制度，旗帜鲜明地反对任何形式的收

---

① 吴必康：《英国执政党与民生问题：从济贫法到建立福利国家》，《江海学刊》2011年第1期。

入平均分配；供给学派以萨伊定律（Say's Law）和拉弗曲线
（Laffer Curve）等为理论工具，强调了生产而不是消费在国民经济
中的重要作用，立场坚定地反对政府通过社会保障制度进行任何形
式的收入再分配。[①] 新自由主义的社会保障思想归纳起来是：社会
保障制度不仅不能减轻贫困，反而会加大贫困。

二 马克思主义社会保障思想

马克思认为，人的需要的层次性和复杂性推动着社会发展和历
史前进，作为化解国民生活后顾之忧和调节社会收入再分配以实现
社会公平重要手段的社会保障，在满足人的需要方面发挥着重要的
作用。梳理和总结马克思主义关于人的需要、社会公平以及社会保
障制度细节等方面的思想与论述，对完善当前我国失地农民社会保
障制度以及提高该制度运行效率等具有重要启示价值。

第一，人的需要的阐述。在《论犹太人问题》和《黑格尔法
哲学批判》两篇重要的文章里，马克思对人的需要进行了深刻阐
述。马克思最初把人的需要看作是人的本质，认为人不仅是一种自
然存在物，更是一种具有生命的自然存在物；而有生命自然存在物
的特点就在于其有自身的需要。在马克思主义系统化并逐渐形成体
系后，他关于人的本质的观点有所改变，不再视需要为人的本质，
转而强调人的本质在于其社会性、历史性和实践性，但马克思仍然
非常重视人的需要的内在作用。此时，他把人的需要谓之"人的
本性"，把人的自然需要称为"人的一般本性"，把人的社会需要
称为"历史地发生了变化的本性"。[②] 马克思还认为，人的需要是

---

① 李迎生、方舒：《中国社会政策改革创新的理论基础》，《人文杂志》2014 年第
6 期。

② 马克思、恩格斯：《马克思恩格斯全集》（第 23 卷），人民出版社 1972 年版，
第 34 页。

分层次的，在低层次的需要获得满足后，更高层次的需要必将会产生。这与马斯洛的需求层次理论具有高度的一致性。同时，马克思特别强调，正是由于人的需要未能得到满足，人类才难以得到全面的解放；而要真正摆脱不公正的社会，就必须满足人类的需要；人的最高层次的需要是实现全面发展，而这只能在共产主义社会方能实现。马克思主义继承者后来对人的需要思想进行过重要的补充与拓展，如恩格斯把人的需要分为生存资料需要、享受资料需要和发展资料需要三个类别。

第二，社会公正的阐述。马克思关于社会公正的阐述主要包括分配公正、平等自由和社会调剂三个方面的内容。

因存在强迫工人延长劳动时间、提高劳动强度等榨取工人剩余价值的现象，资本主义在本质上并没有实现，也不可能实现社会财富的公正分配；建立在生产力水平大幅提高、社会财富极为丰富基础之上的共产主义高级阶段实施的按需分配，满足了社会成员的不同需求，社会公平正义得以彰显；不发生社会结构与社会秩序的本质变革，仅靠具有再分配性质的福利计划工具来促进社会公平正义，只能是纯粹的政治装饰。当然，这也是马克思坚信共产主义必将战胜资本主义的重要缘由。

自进入文明社会以来，平等自由就一直是人们不懈追求的目标和思想理论家们孜孜不倦探索的主题。但平等自由在不同历史时期具有不同内涵与外延，因而不同时代的思想家们往往从不同的维度探究、审视与推动平等自由。为资产阶级服务的思想家们通过论证物质生产领域商品交换形式的平等自由进而为其制度进行了形式辩护，马克思则揭示了资本主义生产关系的本质，指出商品交换属于物质生产领域的本质属性，深刻而无情地批判了资产阶级思想家相信资本主义制度本身能够解决个人利益和普遍利益矛盾的观点。①
马克思认为，平等的政治和社会地位是任何人应有的权利，只有彻
底消灭私有制，平等自由才能真正实现。因此，马克思极力推崇消
灭阶级和消除压迫，大力主张剥夺统治阶级的国家权力，实现人民
良好的自我管理，进而达到人类的平等自由。

实行社会调剂是确保人人共享普遍受益原则实现的重要手段。
为了消除社会中实际存在的不公平现象，马克思主义者认为应注重
社会的普遍调剂，即通过社会财富再分配途径来实现社会公正。马
克思关于社会调剂的观点主要有：在资本主义社会，社会财富趋于
合理的分配主要是通过国家进行社会调剂，将资产阶级榨取的剩余
价值尽可能多地转移给被剥削阶层；劳动产品在共产主义社会初级
阶段也不可能完全按照平等的权利在全体社会成员中分配，只有劳
动者才能参与劳动产品的一次分配；"六项扣除"为社会全体成员
提供社会福利并为丧失劳动能力的人提供社会救济；二次分配必须
考虑"用来应付自然灾害和不幸事故等的保险基金""用来满足学
校与保健设施等共同需要部分""为丧失劳动能力的人等设立基
金"。

第三，社会保障的阐述。马克思关于社会公正分配、平等自由
和社会调剂等的论述，实际上是其社会保障思想的重要源泉。马克
思认为，社会保障制度的根本出发点是要促进社会财富的公正分
配，其最终目标是要实现人与人之间的平等自由，其关注重点应是
在初次分配中处于不利地位的弱势群体；国家和政府应通过其特有
的强制力，以征收高额税收等方式承担实行社会保障的主要责任；
资本主义制度下，资本家榨取了工人的剩余价值，社会保障是满足

① 李佃来：《马克思主义思想的三重意蕴》，《中国社会科学》2014 年第 3 期。

工人基本生活需要的调剂手段；生产资料私有制使人与人之间的完全平等在资本主义制度下不可能彻底实现，对资本家而言承担社会保障责任也是一种被迫的行为，但社会保障也能缩小不同阶级之间的某些差异；在共产主义社会中，社会保障则是最终实现按需分配的工具。马克思还对社会保障基金的实质、社会保障制度的功能、社会保障资金来源、最低工资制度等进行了深入阐述。如马克思认为，资本主义社会保障基金是工人自身创造价值的流出，资本家的财富和利益并未受到实际性的损害；最低工资制度只是资产阶级保护自身利益的道具，是"货币关系掩盖了雇用工人被剥削的本质"。

三 马斯洛需求层次理论

1943 年，美国著名犹太裔人本主义心理学家亚伯拉罕·马斯洛（Abraham Maslow）在其《人类激励理论》一文中提出了反映人类行为和心理活动共同规律的需求层次理论（Maslow's Needs – Hierarchy Theory）。该理论将人类的需求由低到高按层次划分为生理、安全、社交、尊重和自我实现五个层次，并认为低层次的需要得到基本满足以后，其对人类行为的激励作用就会降低，高层次的需要会取而代之成为推动人类行为活动的主要因素[1]，这实际上阐明了人的需要由低级向高级递进发展的规律，这对于研究人类行为、探索激励人类行为的因素有重大的影响。

第一，生理需要。生理需要是指人类生存最基本、最原始、与有机体生存与繁衍相关的需要，是需求层次理论中最低层次的需要，如吃的食物、住的场所、饮用的水、呼吸的空气等。一个时常

---

① Abraham Maslow, "A Theory of Human Motivation", *Psychological Review*, Vol. 50, 1943, pp. 370 – 396.

处于饥饿状态的人，最基本的需要无疑是食物，其努力的主要目标自然就是将肚子填饱。当基本的、最低层次的生活需要被满足后，生理需要就不再是推动人们努力的最强烈的力量，安全需要开始对生理需要取而代之。

第二，安全需要。安全需要是指保护自己免受身体和情感伤害的一种需要。安全需要不具有单一性，在社会生活中的体现是多方面的，如生命安全、劳动安全、社会安全等。反映在工作环境中，员工希望能避免危险事故、保障人身安全、避免失业等都是安全需要。

第三，社交需要。社交需要是包括友谊、爱情、归属、信任与接纳等方面的需要。马斯洛认为，人是一种社会动物，是群居的动物，人们的生活和工作都不是独立进行的，经常会与他人接触，因此人们需要有社会交往、良好的人际关系、人与人之间的感情和爱，在组织中能得到他人的接纳与信任，这就是社交需要的具体体现。

第四，尊重需要。尊重需要包括自尊和受到他人尊重两个方面。自尊是指自己的自尊心，即努力工作不甘落后，有充分的自信心以及获得成功后所产生的自豪感。受人尊重是指自己因工作成绩突出、社会地位提升而得到他人的认可和推崇。尊重需要可概括为自尊心、自信心、威望、地位等方面的需要。

第五，自我实现需要。自我实现需要是指个体向上发展和充分运用自身才能、品质、能力倾向的一类需要，是马斯洛需求层次中的最高层次。马斯洛提出，为满足自我实现需要所采取的途径是因人而异的，没有普世规律。自我实现的需要是努力挖掘自己的潜力，使自己越来越成为自己所期望的人物，能被自己接受，也被他人接受。

其次，关于需求层次，我国先人早就有过类似的阐述。孟子在《生于忧患死于安乐》的开篇中便提到："舜发于畎亩之中，傅说举于版筑之间，胶鬲举于鱼盐之中，管夷吾举于士，孙叔敖举于海，百里奚举于市。"孟子所说的、闻名后世的典故里实际上蕴含着需求层次理论的原理。如百里奚是春秋时期著名的政治家、思想家，因其辅佐秦穆公而闻名天下。但百里奚年少时家境极其贫寒，经常被迫颠沛流离，后在妻子杜氏的大力支持下出游列国以寻求仕途，但一直没有被委以重任，甚至沦为了亡国的奴隶。此时，百里奚的生理需要与安全需要都无法得到满足，可谓是饥寒交迫，纵使他很有学问、本领和胸怀大志，也无法在实现自我价值的道路上迈进一步。后来，秦穆公知道了百里奚的贤能，专门派人以五张黑公羊皮将百里奚换了回来，并拜其为上大夫。直到被秦穆公委以重任，百里奚及其家人的生活与安全才有了保障，其生理需要与安全需要才得以满足。同时，因担任秦国上大夫，这使百里奚有了自己的同僚友人与社交平台，且得到了一国之君的尊重与重用，这使百里奚友爱与归属的需要与尊重的需要也同时得到了满足。此时的百里奚便有可能去追求自我价值的实现了，而且也只能是在前面的四种较低级的需求满足之后，才可能产生最高级的自我实现的需求，百里奚才有足够的时间、人力、物力与财力去实现自我价值，最大可能地释放自己的潜能。最终，百里奚以自己的聪明和才智协助秦穆公内修国政、外图霸业、开地千里、称霸西戎，并使秦国成为春秋五霸之一，为秦国一统天下奠定了坚实的基础。

四　福利经济学理论

20 世纪初期，英国经济不断发展，但国内阶级矛盾和社会矛盾却不断恶化，贫富差距不断扩大，特别是第一次世界大战的爆发和俄国十月革命的胜利使这些矛盾变得更加显性化和尖锐化。在此背景下，以社会福利最大化为研究目标的旧福利经济学应运而生，其标志是 1920 年阿瑟·塞西尔·庇古（Arthur Cecil Pigou）《福利经济学》一书的问世。此后，旧福利经济学在美、法、瑞典等国得以传播与演绎。旧福利经济学开山之祖庇古以基数效用论为分析工具提出了福利的两个基本命题：国民收入总量越大，社会经济福利越大；国民收入分配越均等化，社会经济福利越大。在此基础上，庇古提出了著名的福利措施三准则：不损害资本增值和资本积累；投资福利的收益应大于投资机器的收益；不应实行无条件的补贴。庇古的社会福利思想在一定程度上体现了其通过理性经济政策增进人类福利的愿望。运用"效用序数论""边际替代率""无差异曲线"以及"消费可能线"等分析工具和分析方法，莱昂内尔·罗宾斯（Linoel Robbins）、约翰·希克斯（Hicks，John Richard）以及保罗·萨缪尔森（Paul A. Samuelson）等对旧福利经济学进行了一系列新拓展，并于 20 世纪 30 年代末形成了新福利经济学流派。该流派的福利思想标志是"补偿原则论"（Theory of Compensation Principle）和"福利函数论"（Welfare Function Theory）。以尼古拉斯·卡尔多（Nicholas Kaldor）、约翰·希克斯（Hicks，John Richard）等为代表的补偿原则论派提出：任何经济改革都具有双面影响，它在使部分人获利的时候也会使其他人产生损失，但这并不可怕，如果能通过特定经济举措使获利者对受损者进行有效补偿，且补偿后还有经济剩余产生，那么此时的社会整体福利就能得以提高，这也说明经济举措是有效率的。[1] 以亨利·柏格森（Henri Bergson）等为代表的社会福利函数派则认为，社会福利是

---

[1]　王艳萍：《从诺贝尔经济学奖看现代微观经济学的发展》，《经济纵横》2014 年第 7 期。

有关变量的函数，这些变量包括所有家庭或个人消费的所有商品数量、所有个人从事的每一种劳动数量、所有资本投入数量等。[1] 总体而言，新福利经济学派认为，只有经济效率没有合理分配或者只有合理分配没有经济效率，社会最大福利都不可能得以实现，经济效率是最大福利的必要条件，合理分配是最大福利的充分条件。而合理分配是市场机制不可能解决的，因而作为国家权力机关的政府必须在社会福利领域有所作为。

20 世纪 70 年代，在对福利经济学和传统经济学的批判和反省基础之上，阿马蒂亚·森（Amartya Sen）的"可行能力"（Capability）福利观逐渐形成。阿马蒂亚·森以新颖的视角拓展了福利经济学研究的深度和广度，为其进一步发展开拓了新空间。第一，阿马蒂亚·森对福利主义认为个人与社会福利水平可以通过"一揽子"生产和消费的商品量来进行衡量的观点持否定态度，阿马蒂亚·森认为这是福利主义狭隘性的体现。其原因在于：个人福利完全信息障碍不可能克服，仅通过对收入和财富的比较是不可能对社会福利作出准确而全面的评判。第二，阿马蒂亚·森指出，仅用个人效用指标来衡量社会福利同样不够严谨，因为功利主义将会导致"反公平现象"；阿马蒂亚·森主张用"能力"中心观取代幸福的效用观；并提出了社会福利水平的提高取决于个人能力培养与提高的观点。第三，阿马蒂亚·森认为，因福利主义"价值中立"（Value Free）原则对可资利用的信息进行了不合理预设，使诸如压榨等一些对社会福利影响非常大的非经济因素被阻挡在社会福利函数体系之外，森因此主张把反压迫、追求自由等任何前提下都被认为是正确的"基本价值判断"（Basic Value Judgment）引入福利问

---

[1]　张琦：《公共物品理论的分歧与融合》，《经济学动态》2015 年第 11 期。

题分析框架，并进一步强调，满足基本价值判断的经济福利改善才可视为社会福利的真正改善。第四，传统经济学认为因市场机制和市场竞争所创造的财富必定会使贫困问题得以解决，但阿马蒂亚·森却提出，人均收入增加并不一定会带来社会福利的改善，这实际上反映了阿马蒂亚·森对传统西方经济学"财富万能"观点的质疑和否定。在《以自由看待发展》这本里程碑式的著作中，阿马蒂亚·森把判定社会上所有人福利状态的价值标准定义为发展目标，并认为收入、财富、社会文明与社会现代化等均是为人的福利服务的。同时，阿马蒂亚·森对其提出的"实质自由"（Substance Freedom）进行了具体描述，认为"实质自由"是一种包括"免受诸如饥饿、营养不良、过早死亡之类的困苦以及能够识字、算数、享有政治权益等的可行能力。"[1] 可见，在阿马蒂亚·森看来，福利应包括物质、精神、文化以及政治参与、社会机会和社会交往等人的需要的各个方面，这与马克思关于人的需要的思想具有一定的相似性。阿马蒂亚·森对实质自由的解释无疑有助于人们提升对福利内涵与外延的理解。

五　社会公正理论

西方社会学者一直以来比较注重对社会正义的研究，涌现了许多关于正义的理论著作，形成了诸多的理论流派。接下来重点对古典自由主义的公正理论、平均主义的公正理论、哈耶克的"保守"自由主义正义理论、罗尔斯的分配正义理论进行介绍。

第一，古典自由主义的公正理论。古典自由主义认为，公正只是人类的幻想，因为偏好不同，不可能就社会评价达成共识，所以

---

① 崔顺姬：《人的发展与人的尊严：再思人的安全概念》，《国际安全研究》2014年第 1 期。

唯有法治定义的正义是唯一有价值的。也就是说，作为社会评判标准的唯一有价值的东西是由法治所定义的正义，或更严格地讲，是程序定义；任何其他试图对社会分配结果进行评判的企图都是非正义的。①

第二，平均主义的公正理论。平均主义的公正理论认为，个人应该在权利、财产、机会、教育等方面实现绝对均等化。平均主义的主张符合人类社会最初出现的公正观，即在权利、机会、物质生活资料分配等方面的绝对的平均主义。显然，平均主义的公正理论对原始社会成员、氏族、部落的生存和发展起了重要作用；对于后来受剥削阶级争取生存权的斗争，起了一定的激励和鼓舞作用。但该主张也压抑了强者、能者的积极性和创造性，磨灭人类的开创意识和竞争精神，抹杀了劳动报酬上的任何差别，否认多劳多得的按劳分配原则，把社会化大生产倒退到自给自足的自然经济，这是违背社会历史发展要求的。② 有研究指出，平均主义的思想渊源始于孔子的"不患寡而患不均"以及儒家的"大同"理想。

第三，哈耶克的"保守"自由主义正义理论。哈耶克等对以休谟、洛克等为代表的古典自由主义的正义观进行了当代重述和扩展，因此被称为"保守"自由主义的正义理论。该理论的观点主要有：正义必须以自由为前提，在多种多样的正义价值中，自由是首要的正义；若以正义的名义限制自由，那么所谓的正义，都是不正义的；自由免予强制，但强制不能完全避免，需把"一切强制权限制在实施公正行为的普遍规则之内"；"社会正义"或"分配公正"的施行必然扼杀个人自由，带来政治上的随意专断；旨在

---

① 李培林：《当代中国和谐稳定》，社会科学文献出版社2013年版，第76页。
② 刘汪楠：《廉洁——知耻而后勇》，天津大学出版社2015年版，第243页。

推进"社会正义"的干预行为必然造成社会失序与专权；追求"社会正义"目标不可行、无法实现；市场决定报酬或收入的正义性以遵守"公正行为规则"为前提，凡是行为主体在追求自己的利益的过程中没有涉及盗窃、谋杀、欺骗等非法强制行为，无论造成什么结果，该行为及其结果都是正义的；贫富分化、社会物质不平等是市场秩序自发的结果，正义观念对此结果是不适应的。①

第四，罗尔斯的分配正义理论。罗尔斯的分配正义理论又被称为自由平等主义正义理论。该理论认为，所有的社会价值——自由和机会、收入和财富、自尊的基础——都要平等地分配，除非对其中一种或所有价值的一种不平等分配合乎每一个人的利益。罗尔斯同时指出，正义的主题是"通过建立适当的社会基本制度对公民的基本权利和义务进行合理的安排，以及对社会合作所产生的利益和负担进行合理的分配"。罗尔斯正义理论的核心是两个正义原则："每个人对与所有人所拥有的最广泛平等的基本自由体系相容的类似自由体系都应有一种平等的权利。"（平等自由原则）；"社会和经济的不平等应这样安排，使他们在与正义的储存原则一致的情况下，适合于最少受惠者的最大利益""并且依系于在机会平等的条件下职务和地位向所有人开放。"（差别原则和机会平等原则的结合）。② 罗尔斯理论的出发点是力图对不幸者的命运有所关注——其基本理论的核心，是力图通过制度性安排，把人的自然命运降临的差异所产生的后果尽量驱除，同时安排好福利和负担的分配框架，以使自然差异所造成的社会弱者能够与幸运者分享利益，

---

① ［英］哈耶克：《哈耶克文选》，冯克利译，江苏人民出版社 2007 年版，第 165 页。

② ［美］约翰·罗尔斯：《正义论》，何怀宏等译，中国社会科学出版社 1988 年版，第 321 页。

改善"最不利者"的处境，缩小他们与其他人的差距。

六　理论启示

对西方有关社会保障理论和思想的梳理，有助于我们在培育和践行社会主义公正价值观的过程中，以批判的思维，正确辨析其价值观，合理地吸收其价值文明，进而丰富和深化社会主义公正价值观。有关西方社会保障理论和思想的启示主要有以下几点。

（一）要拓展中国特色社会保障制度理论研究视野

西方学者关于社会保障的理论都是在一定的社会背景下发展起来并为其经济社会发展服务的，中国的社会保障制度研究也不应仅仅局限于应用性研究，而应该在进行应用性研究的同时，加大基本理论问题的研究力度，从元理论层面逐步构建起具有中国特色的社会保障制度理论体系。理论界应尝试从管理学、经济学、社会学、法学等学科交叉的大视野去探索中国社会保障问题，从理论高度把社会保障制度的属性定位、改革创新与经济发展、马克思主义中国化实践有机融合。中国农民工、被征地农民等特殊群体的社会保障事业建设，理应是我国城乡社会保障一体化努力的题中之义，理应成为中国特色社会保障制度理论创立和完善的重要切入点和突破口。

（二）要创建中国特色社会主义社会保障经济学

纵观西方有关社会保障理论和福利经济学理论的发展与演变可知，西方理论界已经形成了较为系统且保持着一定创新活力的社会保障理论体系，指导着西方社会保障政策实践。随着我国经济社会市场化改革步伐加快与进程深入，构建具有中国特色的社会保障制度的重要性和紧迫性正在日益凸显。然而，从理论研究的现实来看，目前尚过分纠缠于政策的设计与论证，明显较为忽视基础理论的研究，导致改革实践中难免出现诸多短视与偏离问题。因而，在社会主义经济建设的重要时间窗口，有必要构建以马克思主义相关社会保障理论为指导、广泛吸纳西方社会保障理论中的有益成分并吸取中国经济思想史中有关社会保障思想精华的中国特色社会主义社会保障经济学。有关农民工社会保障的供给与需求，应该通过经济学的基本原理进行分析，要从经济学的视野考察修订和完善相关制度，为中国特色社会主义社会保障经济学打开突破口。

（三）要重视商业保险对社会保险补充作用的研究

2006 年，国务院颁布的《关于保险业改革发展的若干意见》指出，要发挥商业保险在社会保障体系中的"重要补充"作用，这充分体现了政府对商业保险在社会保障体系建设中的作用的认识。商业保险产品丰富，有养老、医疗、独生子女家庭保险、失能保险、老年人住房反向抵押养老保险等，能够满足广大消费者的个性化需求。消费者可以根据个人经济情况选择不同保障程度的产品。目前，保险公司投资渠道日益增多，很多有实力的保险公司设立资产管理公司、培养有专业素质的投资人，可以获得更稳定和更多的收益。因此，在今后的社会保障理论研究方面，国内学者一定要把"公平与效率"相联系，在理论上既要重视社会保险如何解决社会公平、缓和社会矛盾、实现社会和谐的基础性研究，也要重视商业保险对社会保险补充作用的基础性研究。农民工同样也是一个分化的群体，不同的农民工具有不同的经济基础、拥有不同的保险偏好，商业保险能在一定程度上满足这种不同的偏好。而且，商业保险本身就是社会保障的重要分支，理论界的基础性研究不应该顾此失彼。

（四）要重视基本社会保障建设的法制化研究

社会保障制度的法制化建设是当今西方基本社会保障理论重要研究方向之一。因目前中国有关社会保障的法律法规尚不系统、不健全，这无疑弱化了社会保障作为政府调节社会再分配、维护社会稳定、缓和社会矛盾、促进经济发展的工具的强制力。缺乏法制强制性的社会保障事业建设，部分社会人员不愿意参保、许多用人单位不愿意为雇员缴纳保险金，导致了社会收入差距的不断扩大和群体之间发展不平衡问题日益严重，严重影响了社会公平与稳定和破坏社会秩序。那么，这就要求顶层决策者直面现实，加强社会保障的法律法规建设，强化社会保障法律体系的强制性，促进社会保障制度运行规范化，以法律为工具协调好社会保障实践中的不同利益主体之间的关系。因此，理论界应顺应这种时代的要求，重视基本社会保障建设法制化的基础性研究，为中国社会保障事业的法律法规建设提供强大的理论支撑。

（五）要为农民工提供多层次的社会保障

马斯洛需求层次理论表明，人的需求具有多样性和由低向高转变的层级性。也就是在特定的时间和特定的条件下，人不同的需求的实现具有轻重缓急，在低层次的需求被满足后，更高一级的需求就会随之而来，这也是人类社会不断进步的原始动力。随着农民工经济收入的提高，个人及其家庭人员基本生活的改善，其生存需要已得到保障，重要性随之削减。但与此同时，其安全需要和归属需要就越发强烈。作为能够在人们收入暂时或永久中断时提供帮助的社会保障，在人们遭遇各种危机或风险时能够提供有效帮助、化解危机或风险，能够从根本上保障农民工的安全需要。而且，作为公民权利的体现，社会保障能够增强农民工产生对城镇的依赖感与归属感，进而有利于中国城镇化建设的顺利推进以及农民工返乡创业。事实上，近些年来，农民工的社会保障需求已经变得非常显性化，特别是在新生代农民工逐渐成为农民工群体的主体部分之后，该群体的社会保障意识已经非常强烈，不仅要求与城镇职工在工作方面"同工同酬",而且对社会保障方面与城镇职工"待遇一致"的诉求也越发强烈。因此,从该角度来说,有必要为农民工提供多层次的社会保障。

第三节　本章小结

本章主要对与乡村振兴战略下农民工社会保障相关的基本概念和基本理论进行了辨析与阐述。辨析的基本概念有:传统城镇化与新型城镇化、农民与农民工、农村剩余劳动力与农村剩余劳动力转移、社会保障与农民工社会保障、美丽乡村建设与乡村振兴。阐述的基本理论有西方社会保障理论、马克思主义社会保障思想、马斯洛需求层次理论、福利经济学理论以及古典自由主义的公正理论、平均主义的公正理论、罗尔斯的分配正义理论、哈耶克的"保守"自由主义正义理论等社会公正理论。从理论阐述中获得的启示主要有:要拓展中国特色社会保障制度理论研究视野、要创建中国特色社会主义社会保障经济学、要重视商业保险对社会保险补充作用的研究、要重视基本社会保障建设的法制化研究、要为农民工提供多层次的社会保障。

第三章　我国农民及农民工社会保障问题的演变历程

作为人类社会思想史的重要组成部分，中国古代社会保障思想为中国古代社会的发展起到了重要的保障和推动作用。中国人历来注重亲情、重视家族、遵循孝道，看重邻里关系，这就是一种朴素的社会保障思想。中国古代历史上的仓储后备、以工代赈、优待抚恤等社会保障措施，迄今仍体现着其当代价值和现实意义。中华人民共和国成立以后，虽然发展过程中偶有曲折，但党和政府整体上一直在加强社会保障事业的理论研究力度与实践力度。

第一节　我国古代社会保障思想与实践

从时间脉络看，我国古代社会保障思想的形成与发展大致经历了先秦时期、秦汉到唐宋时期、明清时期三个阶段。

一　先秦时期的社会保障思想与实践

在茹毛饮血的原始社会里，为了战胜野兽和自然灾害以求得生存，人类以血缘关系为纽带而群居，相互扶持、彼此照顾。"凡参加的人，不分男女，各有一份；对于没有参加劳动的困难户或者鳏寡孤独者也分一些毛皮和肉类。"可见，在原始社会时期，人类就已经具有了最古朴的群体保障意识。随着社会分工深入和生产力不断发展，作为统治工具的国家产生了，统治阶层为更好地维护既得利益和统治地位，采取一些安抚被统治阶层的措施和政策，原生态的古代社会保障思想因此而产生。

夏朝时，统治者提出了"先民后神""敬天保民"等利民、保民的政策；商代君王盘庚指出，要"罔不惟民之承""式敷民德"，其意是要顺应民众需求、施德于民。周文王施政时期，推行"怀保小民，惠鲜鳏寡""用咸和万民"，实行惠民政策，得到了人民群众的广泛拥护，其国力日趋强盛。① 周武王时期，进一步提出了"欲至于万年惟王，子子孙孙永保民"的思想，大力提倡爱民政策。但总体而言，先秦时期的社会保障思想主要体现在以临时性的"救灾减灾"为主旨的"荒政"、以稳定社会秩序为目的"恤老慈幼"以及为保护人口生产而对妇孺进行的特殊保护等方面。

值得特别提出的是，此时期儒家的"仁政、忠孝"思想、墨家的"兼爱、尚同"思想、道家的"小国寡民"思想、《管子》和《周礼》中的有关思想、佛教的慈悲观念与因果报应说等对我国古代社会保障产生了深远的影响。如孔子四外宣扬的"节用而爱人，使民以时""养民也惠""调均"等思想与主张；墨子的"视人之国若视其国，视人之家若视其家，视人之身若视其身""老而无妻者有所侍养，以终其寿"以及"有力者疾以助人，有财者勉以分人，有道者劝以教人"等思想；老子的"高者抑之，下者举之""有余者损之，不足者补之""天之道损有余而补不足，人之道则不然，损不足以奉有余，孰能有余以奉天下，唯有道者"

---

① 常士誾：《公民与子民——基于中西方传统文化的比较分析》，《武汉大学学报》（哲学社会科学版）2013 年第 6 期。

等思想。同时，《周礼》中记述了"令五家为比，使之相保……五洲为乡，使之相宾"等社会保障层面的具体措施。《管子》中则提出了从灾前预防到灾后救助的整套机制。如政府设立官职，专门负责社会保障事务；建立荒政制度，实现灾民救助；提出了慈幼、养老、赈穷、恤贫、宽疾、安富等措施，对民众给予普遍的社会救助。①

二　两汉时期的社会保障思想与实践

秦朝因暴政而快速灭亡，这给了汉统治者莫大的教训和启示：民为邦本。诚如《汉书·食货志》所载："夫腹饥不得食，肤寒不得衣，虽慈母不能保其子，君安能以有其民哉？明主知其然也，故务民于农桑。薄赋敛，广蓄积，以实仓廪，备水旱。故民可得而有也。"② 如果百姓吃不饱、穿不暖，又怎能得到其拥护呢？英明的君主应知道，减轻赋税、扩充积蓄、充实粮仓、防备灾害才能得到人民的拥护。汉王朝建立后，在"无为而治，休养生息""罢黜百家，独尊儒术"等思想的指导下，其社会慈善与救助事业得以较快发展，其内容也日益丰富和完善起来，社会优抚、社会福利、社会救济等都有制度安排和政策实践。

（一）关于社会优抚

从功臣和士卒的优抚来看。两汉时期的社会优抚主要有对士卒退伍的安置、国家官吏退休和平民年老的优待等。军功爵制在汉代得以进一步发展，功爵按不同等级享有数量不同的田、宅及经济和政治特权。士兵优抚除军功赏赐外，还有政府对其家庭的照顾和复员安置、死亡抚恤等。如《汉书·高帝纪》所载：高祖二年诏令

---

① 李莉、李金红：《社会工作导论》，中国人民大学出版社 2014 年版，第 43 页。
② 邓拓：《中国救荒史》，武汉大学出版社 2012 年版，第 169 页。

"关中卒从军者，复家一岁""高祖八年十一月，令士卒从军死者，为归其县，县给衣衾棺葬具，祠以少牢，长吏视葬。"官员年老或有病退休在汉代称为"致仕"。①

从官吏的"致仕"来看。汉代规定了"致仕"的"免老"制度。两汉时期的公卿大臣老、病退休后的"免老"待遇一般由皇帝亲自下诏决定，有享全俸者，有享二千石俸者，也有享钱、谷、房舍、车马等一次性赏赐者，但大多数是享原俸的1/3。②

从百姓的免老和养老来看。西汉时期，15 岁以下的百姓免交人头税，23 岁以下者不用负担徭役，56 岁以上者不负担任何徭役和人头税，重症病人和残疾人也不负担徭役。汉文帝之后的皇帝，更是不断加大优恤力度，强调养老意义。如《汉书·武帝纪》载，建元元年诏："春二月，赦天下。赐民爵一级。年八十复二算，九十复甲卒。"

（二）关于社会福利

两汉时期的社会福利与皇帝的赏赐制度有密切关系。史志中可看到有关赐钱帛、牛酒、田宅、棺、衣以及赐爵和赐复等赏赐记载。但总体上看，两汉时期的社会福利主要是对妇女和弱势群体进行的特殊照顾。

从妇女福利来看。两汉政府对妇女的"赐女子百户牛酒"是政府对女性户主家庭的赏赐。诸吕之变被平定后，刘恒帝顺利继位，下诏曰："间者诸吕用事擅权，谋为大逆……赐民爵一级，女子百户牛酒。"从"赐女子百户牛酒"可知，两汉时的女户受到了政府的重视。秦末大乱后，"大城名都民人散亡，户口可得而数裁

---

① 吕洪业：《中国古代慈善简史》，中国社会出版社 2014 年版，第 34 页。
② 王孝俊：《两汉社会保障制度初探》，《河南社会科学》2006 年第 5 期。

什二三"。面对劳动力资源匮乏，统治者推出了面向人口生产承担者妇女的"生养"典制，以保证人口延续和生产所需劳动力。如汉高帝七年《产子复令》的"民产子，复勿事二岁"。[1] 其意思是，老百姓家生了孩子，就可免除两年徭役。两汉继承先秦时期"妇人无刑"精神，西汉景帝后元三年，令"孕者未乳，师、朱儒当鞠系者，颂系之。"也就是说，政府对孕妇持宽容态度，在狱而不加刑具。同时，汉代还专门对贞妇、顺女进行体恤。

从弱势群体福利来看。汉代不仅继承了先秦减轻对残疾人处罚的精神，还向这些群体提供其他福利，如按时赈济日常生活用品。《武威新出王杖诏令策》第四简记载："盲、珠孺不属律人，吏毋得擅征召，狱讼毋得殴。布告天下，使明知朕意。"[2] 也就是说，盲人、侏儒等不是服役对象，官府不得擅自征调；即使犯了官司，也不要捆绑、拘执他们；把这些公告全国，让百姓都知道朕的意旨。《史记》《汉书》以及《后汉书》中都记载着皇帝们救助残疾、丧失劳动力而又无依无靠人的政策，差不多每个汉代皇帝都曾下过"赐高年帛""赐高年米""赐鳏寡孤独帛，贫穷者粟"等类似诏书。

（三）关于社会救济

两汉时期的社会救济主要体现在其仓储制度、赈济、抚恤和灾后安抚与重建四个方面。

从仓储制度来看。汉初，社会动乱、百姓贫困，仓储制度尚未建立。之后，汉文帝接受了大臣贾谊的"夫积贮者，天下之大命也"建议，着手加强了以布帛和粮食为主的仓储制度建设。然而，

---

① 班固：《汉书》，中华书局 1962 年版，第 527 页。

② 甄尽忠：《先秦社会救助思想研究》，中州古籍出版社 2008 年版，第 197 页。

无论是西汉还是东汉，都是通过卖官鬻爵、花钱赎罪免役的办法来筹集物资。《汉书·食货志》载："文帝从错之言，令民入粟边，六百石爵上造，稍增至四千石为五大夫，万二千石为大庶长，各以多少级数为差。"① 这实际上是对官爵明码标价。《后汉书·明帝纪》记载，明帝中元元年下诏："死罪人缣二十匹，右趾至髡钳城旦春十匹，完城旦春至司寇作三匹。"这实际上是对普通百姓做出的赎罪规定。可见，仓储制度虽然对社会安全发挥过一定的积极作用，但也容易影响社会风气、破坏社会秩序。

从赈济来看。两汉时期的赈济主要有移民就食、发粟赈济和临时养恤等。古代移民往往是统治者在天下遭受洪水、干旱等自然灾害时，引导或放任灾民逃荒，其本质是一种最简单和最原始的救灾办法。《汉书·武帝纪》载，武帝建元三年春，"河水溢于平原，大饥……赐徙茂陵者户钱二十万，田二顷"。

从抚恤来看。发粟赈济是两汉政府救灾抚恤的主要项目。《史记·孝文本纪》载，文帝后元六年，"天下旱，蝗。帝加惠：……发仓庾以赈贫民……"② 《史记·汲黯传》则载："河南贫人伤水旱万余家……持节发河南仓粟以赈贫民。"总体来说，两汉政府比较重视对百姓的赈济、抚恤，甚至还开创了"捐输制度"，以鼓励有能力的人参与社会救灾。为尽可能地减少自然灾害损失，使受灾人口得到及时救助，汉政府明确了严格的查灾、报灾、救助制度。这与先秦时期相比，社会救济的制度化和程序化有了很大进步。

从安抚来看，为安抚灾民，稳定社会秩序，汉政府实行"假民公田"或"赋民公田"政策。也就是将国有土地和池苑园囿借

---

① 余全介：《百家致治与儒术独尊》，浙江大学出版社 2014 年版，第 407 页。
② 张宗坪：《社会保障概论》，山东人民出版社 2013 年版，第 194 页。

或赋给灾民，为其提供必要的生产资料。安帝永初元年（107年），因发生水灾、地震、雨雹，安帝诏曰："以广成游猎地及被灾郡国公田假与贫民。"这反映了政府为了安抚灾民将山林沼泽、江河海湖、陂池和公田等借给贫民且不收假税的史实。

三 唐宋时期的社会保障思想与实践

东汉灭亡后，我国进入了长达三个半世纪的动荡分裂期，且由于佛教思想影响，整个社会福祉事业几乎停滞不前，社会保障制度建设当然也就乏善可陈。作为我国封建社会发展史上最鼎盛阶段，唐宋时期的封建制度已发展得相当完备，封建经济也出现了空前繁盛。无论是社会保障内容还是实施保障的方式与手段，都呈现出了鲜明的时代特征，并对当时经济社会发展产生了极大的推动作用。概括地说，唐宋时期社会保障事业较为发达的主要标志有：仓廪制度日益完善、官办常设性福利机构大量涌现以及民间慈善事业日渐成熟等。

（一）仓廪制度日益完善

作为封建社会经济体系中重要组成部分的仓廪制度，是古代中国社会保障事业进步的重要标志。借鉴前人仓廪备荒之经验，唐贞观初年，太宗采纳尚书左丞戴胄"为百姓先做储贮以备凶年"的建议，开始了仓廪制度建设。到唐天宝八年，仓廪备荒出现了"天下义仓无虑六千三百七十余石"的繁荣局面。该制度在宋代得到了进一步发展，常平仓等仓储建设现象相当普遍。宋太祖为仓廪备荒，于乾德初年下令各州县广设义仓。宋真宗和宋仁宗时期，又增设常平仓、惠民仓、义仓等。特别是宋仁宗嘉佑二年，政府还设置了广惠仓。此后，自北宋中期至南宋末的数百年间，除偶有废弛外，仓廪制度一直都得到了较好的执行。①

（二）官办常设性福利机构大量涌现

唐宋时期官办常设性福利机构大量涌现，有"悲田养病坊""福田院""举子仓"等，且这些机构在管理运行方面也比较成熟。"悲田养病坊"一直是我国古代专门针对鳏寡孤独、老弱病残以及其他贫困百姓而设置的慈善救助机构，其社会保障效应明显。从武则天时期开始，唐朝就在长安、洛阳以及地方州道的寺院中设置了"悲田养病坊"，为天下百姓提供救助。唐玄宗时期，政府更加关注社会救助事业，更加注重"悲田养病坊"的社会救助功能，并使之有了进一步发展。宋代初期，除沿袭唐代"悲田养病坊"制度外，用以收养乞丐、鳏寡孤独以及残障人士的官方出资的"福田院"开始在京城周边出现。在北宋嘉佑年间，宋仁宗又诏令各地方州道设立了"居养院"，以米豆、住宅等救济老、弱、病、残。此外，为解决弃子溺婴社会问题，宋代开始设立"慈幼局""慈幼庄"以及"婴儿局"等机构，以收养被遗弃的婴幼儿。应特别指出的是，宋代还设立了官办公墓性质的"漏泽园"，并对买不起棺木、墓地的贫困死者家庭进行救济。

（三）民间慈善事业日渐成熟

唐宋时期经济繁荣，统治者也比较重视发展社会保障事业，这也带动了民间慈善事业的发展。在唐代，民间慈善性质的士大夫宗族救助善举已经不足为奇。至宋代时期，"族田""族产"和"族学"等民间慈善机构日益增多，这些机构给宗族内部人员提供长久性的经济、物质等方面的保障。唐宋时期，以地缘慈善救济为主

---

① 谢忠强、李云：《试论我国古代慈善事业的历史沿革》，《延边大学学报》（社会科学版）2010 年第 2 期。

旨的"乡约"逐渐出现。"乡约"是民间自发形成并自愿共同遵守的互助原则，旨在追求"出入相友，守望相助，疾病相扶持"，其救助内容涉及孤弱、疾病、水火、盗贼、死丧以及贫困等治安、经济、伦理、教育、礼俗等各方各面的问题。作为中华文化的宝贵遗产，乡约在宋代以后正式上升为国家制度。

四　明清时期的社会保障思想与实践

在 2000 多年的封建社会中，明清两朝占了近 1/4。明清把专制主义中央集权的官僚政治推到了全新高度，其社会经济发展远超以往任何朝代。明清在继承前人思想、制度以及经验与教训的基础上，继续推动了我国古代社会保障事业的发展，并使之达到了历史巅峰。

（一）荒政建设方面

经过若干朝代的演绎，明清时期在传统的荒政建设方面已形成了整套的防灾备荒、查灾救灾、灾后安置等机制。明朝建立初始，明太祖朱元璋即在全国推行预备仓政，且在洪武年以后，根据社会发展的实际情况又相继恢复了社仓、义仓和常平仓等唐宋时期已经广泛使用过的仓廪制度。在清代，面对频繁发生的灾荒，清政府在防灾备荒方面花费了更大的力气，并形成了"省会以至州郡俱建常平仓，乡村则建社仓，市镇则设义仓，而近边有营仓之制，所以预为之备者，无出不周"① 的良好局面，其备荒仓储体系可谓是空前完善。

明清统治者比较注重对社会生产力的保护，在临灾救济方面也颇有建树。灾荒发生之后，政府往往通过"蠲免田赋""安辑流民""移民""调粟""赈济""施粥""居养""赎子"等政策与

---

① 苟德仪：《川东道台与地方政治》，中华书局 2011 年版，第 312 页。

制度，及时进行救灾、减灾，以安抚民众，帮助百姓战胜困难，并尽快恢复社会生产。同时，应该说，明清时期官办性质慈善救荒的机构及其运行经过多次修订与校准，其严密程度已经达到了相当高的水准。

（二）日常社会福利与救助

与荒政制度的日益完善相适应，明清时期的日常社会福利与救助事业也取得了长足进步。明朝政府倡导设立了"养济院""育婴堂"等机构，以实现全社会的养老恤孤。清朝政府继承明代的做法，使"养济院""育婴堂"在全国绝大多数州县得以恢复或重建。应特别指出的是，在政府推动下，明清时期在全国各地普遍设立了"惠民药局""栖流所"和"漏泽园"，而这些机构与百姓的病、老、死密切相关。"惠民药局"在南宋嘉定三年虽已经出现，但并未形成规模。明政府于1370年在北京设"惠民药局"，行使全国药业管理职权，各地也相继设立了惠民药局主管当地的药业。《清会典事例·都察院·栖流所》记载："顺治十年覆准，每城建造栖流所……如遇无依流民，及街衢病卧者，令总甲扶入所内，报明该司。"①《清史稿·食货志一》又载："外来流丐，保正督率丐头稽查，少壮者递回原籍安插，其馀归入栖流等所管束。"② 综上可知，"养济院""育婴堂"加上"惠民药局""栖流所"和"漏泽园"实际上已经构成了一套较为完整的、政府关注百姓生老病死的慈善救济体系。

（三）民间慈善事业

作为纯官办机构的重要补充，明清时期，具有民间社会因子的

---

① 苏有全：《中国社会史专题研究》，内蒙古人民出版社2006年版，第631页。
② 谷宇：《轴心制度与帝国的政治体系　中国传统官僚制度的政治学解读》，上海人民出版社2011年版，第248页。

"官督商办""官督绅办"以及完全民办的慈善机构快速扩张。与官办机构不同的是，民间慈善机构无论是经费来源还是其慈善事业的管理、组织与运行都烙上了深深的"民间社会"印记。虽在我国古代历朝历代都有不少个人性质的赈灾济、修桥路、出资办学等慈善行为，但我国古代的民间慈善事业直到明清时期，在劝善书和功过格盛行以及善恶报应、行善积德思想影响下，才真正变得普遍起来，成为官办慈善事业的重要补充。

五　我国古代社会保障思想与实践的简要评述

通过对我国古代社会保障思想及实践的梳理可知：我国古代养老、救济等社会保障制度初步形成于先秦时期，至宋代已经基本发展完备；在继承和发展以往社会保障政策的同时，"民间"性质的救助事业在明清时期快速发展，成为我国古代社会保障事业的重要内容；古代社会保障制度对保障民众基本生活、维持社会稳定和促进社会再生产运行等方面功不可没；然而，充当维护封建王朝及地主阶级统治秩序工具且属于治标之术的我国古代社会保障制度无疑也存在诸多不足。

（一）覆盖面较广，保障水平较低

因生产力发展水平不高、经济势力有限，加上统治阶级政治视野的局限，我国古代社会保障制度呈现出了覆盖面较为广泛，但保障水平较为低下的局面。从保障内容看，我国古代社会保障制度的内容可谓是多样化，涉及人的生老病死，既有资金方面的捐助也有粮食、生产资料等方面支持，既有对婴幼儿的保护也有对死者的抚恤，既有对普通百姓的救济也有对官员的恩泽。但从保障的深度来看，对普通百姓的保障基本局限在最起码的生活层面，也就是局限在现代意义上的生存权的保障。

（二）社会保障制度具有较强规范性

我国古代虽然没有西方现代意义上的完整的法律法规，仅有法律原则、法律精神等方面的内容，但是历代皇帝所颁布的诏书却可视为具有强制性的法律文书。因而，历代皇帝所颁布的有关社会救济、社会福利等方面的内容均具有一定的强制性和规范性，对整个社会都具有较强的约束力。同时，《汉律》《大明律》《大清律例》以及清政府的《育婴堂事例》《普济堂事例》《栖流所事例》《收养孤贫事例》与《矜恤罪犯事例》等文件或条例事实上已经与国家宪法律令类似，且大多对社会保障制度的设计与运行做了明确规定，这无疑对保证国家社会保障制度的实施具有强制性和规范性。

（三）保障待遇存在多方面的差距

受封建思想的影响，我国古代社会保障制度存在多方面的差距或歧视。从社会阶层来看，普通百姓的社会保障与官员的社会保障在待遇上存在天壤之别，历朝历代的养老保障都是如此，即使不同级别的官员之间也迥然不同。从性别来看，从奴隶社会到封建社会，我国都是男权社会，男子从属于家族，女子从属于男子，"男尊女卑"思想观念根深蒂固，这导致了我国古代社会保障中有关妇女的保障无论是数量还是质量都远低于男性所能享受的待遇。而且，这种社会保障思想与制度又反过来进一步固化了男权社会运行机制，成为了"男尊女卑"思想禁锢能延续几千年的重要推手之一。

（四）综合国力决定社会保障水平

经济基础决定上层建筑这一规律在我国古代社会保障思想及其制度的演变过程也体现得淋漓尽致。从先秦到明清，无论哪个强盛的朝代，其社会保障制度往往能得到较快的发展，其社会保障水平也会有较大幅度的提升。如汉武帝时期我国古代社会保障制度的大飞跃和唐玄宗时期养老保障制度的变革都是出现在其国力最为鼎盛的时期。与此相反，从先秦到明清，任何一个动荡或王朝衰微时期，其社会保障制度的发展就会停滞不前甚至中断。明朝的灭亡实际上就是该规律的生动写照：明朝末年，政局动荡，国库空虚，社会秩序混乱，民不聊生，恰好又遇到了气候异常的"小冰河期"，在自然灾害频发、生产遭到严重破坏而政府却无力进行灾害救济的外因驱动下，明王朝湮没在因饥荒导致的农民起义浪潮之中。

（五）官民结合特征明显

综观我国古代社会保障制度及实践不难发现，历代王朝在设办官方性质的社会保障机构时，也注重发动民间力量来提高社会保障能力和保障水平。如宋代的"族田""族产"和"族学"等民间慈善机构就是对官办机构的有益补充，明晴时期"官督商办""官督绅办"以及完全民办的慈善机构也在社会保障方面发挥了重要的作用。

第二节　中华人民共和国成立后我国农民社会保障问题的演变历程

从 1949 年中华人民共和国成立以来，我国农民社会保障制度的历史演变过程大致可以分为五保供养和集体依托、家庭生产保障、社会化改革与发展三个阶段。应该说，发展过程是比较曲折的，每一个阶段都与其特定的经济、社会和政治背景具有必然的内在联系。

一　"五保"供养和集体依托阶段

"五保"供养和集体依托阶段是指从 1949 年中华人民共和国

成立至 1977 年改革开放前夕的这一段时间，我国农民社会保障事业在现代的发展初始阶段。

中华人民共和国成立之初，我国百废待兴，无论城市还是农村，其贫困人口比比皆是，经济尚未步入正常发展轨道，国家的紧迫任务是恢复千疮百孔的国民经济和动荡不安的社会秩序，解决吃饭穿衣和社会生产问题并巩固政权，尚无暇顾及社会保障事业。真正意义上的新中国农民社会保障制度出现在 1954 年颁布的第一部临时宪法《中国人民政治协商会议共同纲领》之中。该法规定："劳动者在年老、疾病或者丧失劳动能力的时候，有获得物质帮助的权利。"自此，以社会救助、社会福利和社会抚置为主要内容的新中国农民社会保障制度开始建立。1956 年，《高级农业生产合作社示范章程》第 53 条规定："农业生产合作社对于缺乏劳动力或完全丧失劳动力、生活没有依靠的老弱孤寡残疾的社员，在生产上和生活上给予适当的安排和照顾……使他们的生养死葬都有依靠。"① 这被普遍认为是我国五保供养制度创建的起源。据统计，在 1958 年实行人民公社制度时，全国办的敬老院超过 15 万所，收养人数超过 300 万，全国有 423 万户，共计 519 万人享受了"五保"供养政策。

1956 年，在政府意志的强力推动下，农业高级合作社在我国普遍建立，这标志着我国农村集体经济制度的基本形成。1958 年，我国开始实行人民公社制度，农村土地和农民的主要生产资料都收归集体所有，农民以记工分的形式参加集体劳动。集体组织通过资源平均分配和对生产队劳动力、物质的无偿调配为农民的生产生活

① 吕世辰：《农村土地流转制度下的农民社会保障》，社会科学文献出版社 2013 年版，第 166 页。

提供相应保障，村庄公共食堂、公共浴堂、红专学校等正是那个年代具有浓厚集体主义色彩的重要标签。1962年，《农业六十条》规定：农村集体经济采取实物分配和价值分配两种形式对个人消费品进行分配；社员口粮采取"人七劳三"或"人六劳四"的基本口粮和按劳分配口粮相结合的方式进行分配；没有劳动能力的年老农民也可以通过集体平均分配获得口粮。上述规定下的分配方式实际上体现了集体对农民的社会保障职能。

与此同时，"五保"供养制度也在此期间得到了进一步的完善。1964年，保住、保医等内容被补充进入"五保"体系。应该说，"五保"供养自此成为集体对无依无靠、无生活来源、无劳动能力的农村老人、残疾人和孤儿等社员进行集体供养的农民社会福利制度。"文化大革命"时期，"大锅饭"体制替代"五保"供养制度，"五保"供养和集体依托的农民社会保障制度陷入了事实上的中断。

二　家庭生产保障阶段

家庭生产保障阶段是指从1978年改革开放至20世纪80年代中期的这一段时间，我国农民社会保障事业重新回归以家庭自我保障为主的阶段。1978年，作为我国改革开放里程碑的中国共产党十一届三中全会召开，家庭联产承包责任制得以确立，农民获得了土地承包经营权，其生产经营积极性大幅提高，社会生产力得到了极大的解放。与此同时，人民公社体制下的农民集体社会保障因组织依托和存在经济基础逐渐丧失而日渐式微，以家庭自我保障为主体的农民社会保障重新回归。农民承包的土地被赋予了社会保障和生产资料的双重功能，农民家庭成为农民社会保障的最后防线。

（一）家庭保障

作为社会最基本的细胞，家庭是基于血缘、婚姻以及收养等关系而形成的社会单位，是具有高度稳定性的社会组织。人民公社体制下，个人能力、禀赋、生产技能以及付出努力的差异无法与其获得的收益直接挂钩，"搭便车"、偷懒等行为层出不穷，特别是当社员退社自由被剥夺后，社员与组织间成为典型的一次博弈，整个组织效率低下，可用来为社员提供社会保障的物质和经济非常有限。家庭联产承包制下，家庭内部可进行合理分工，能实现自我监督，多劳多得驱使下农民的学习积极性也得以提高，这有利于生产效率提升。但家庭联产承包经营后，我国农村集体经济与集体组织大都名存实亡，农村合作医疗也因缺少经济基础而摇摇欲坠。1985 年的调查数据显示，全国继续坚持实行合作医疗的行政村仅有 5%，而 20 世纪 70 年代中期该数值为 90%；到 1989 年，进一步滑落到 4.8%。[1] 在此背景下，以家庭和土地为主要保障载体的农民社会保障模式自然回归，社会保障体系和生产体系自然合体，社会保障和社会生产的组织边界开始具有高度的一致性。

事实上，家庭承包经营后，农村经济被完全激活，农民收入大幅增加，个人家庭可支配收入也相应大幅增加。相关数据统计显示，1978—1997 年，我国农村居民家庭的财富从人均 233 元增至 5940 元，住房面积从人均 8.1 平方米增至 22.45 平方米，年末粮食人均储存量从 64 千克（1980 年）增至 562 千克（1997 年）。[2] 农村经济状况的改善，使大多数农民家庭开始有能力成为我国农村社会保障事业的中流砥柱。

（二）土地保障

自古以来，土地就是农民的生存命脉，其重要性不言而喻。在

---

① 郭小东：《社会保障理论与实践》，广东经济出版社 2014 年版，第 305 页。
② 韩芳：《农村土地养老保障功能研究》，知识产权出版社 2010 年版，第 68 页。

家庭承包制度框架下，我国农村土地被赋予了多种社会经济功能。土地对农民具有多重效应，如所有权经济实现效应、生活保障效应、就业保障效应以及后代继承权效应。[①]

第一，所有权经济实现效应。这里的所有权经济实现效应是指土地对农民的直接经济收益功效。如果农民自己正常生产经营，农民通过付出劳动、耕耘土地、种植庄稼，可获得一定的土地经营净收益。如果把土地出租给他人生产经营，农民可以收取地租，获得收益。因而，无论是农民自己生产经营，还是出租给他人生产经营，其土地的直接经济收益均能得以实现。

第二，生活保障效应。土地的生活保障效应是指土地为农民提供基本生活来源。假如农民只从事农业生产，那么其生活所需要的一切均来自土地，土地为农民提供最基本的生活需要。换言之，此时土地对农民具有生活保障效应。假如农民能从事非农生产，能获得非农收入，那么非农收入就为其提供基本生活必需。但一旦失业，农民尚可"重操旧业"，回归农业，通过耕耘土地获得收益为其提供基本生活必需，不至于因在非农行业失业而陷入生活困境。

第三，就业保障效应。就业是民生之本，安国之基，因而实现全社会充分就业是一个国家宏观经济调控的基本目标之一。然而，农民通过劳动获得收益是要以农民拥有就业机会为前置条件的，因为劳动必须要与其他生产资料有效结合，才能使劳动的价值得以体现。闲置劳动力自身是无法产生积累或储存的，反而会增加社会负担。能在土地上种植和收获，就意味着农民获得了就业保障。因此，从该角度来看，农民对土地进行生产经营，就意味着土地对其

①　王克强、刘红梅：《土地对我国农民究竟意味着什么》，《中国土地》2005 年第 11 期。

具有就业保障效应。如2008年席卷全球的国际金融危机来袭,大量农民因此而失业返乡时,土地对农民的就业保障效应就体现得非常明显。

第四,后代继承权效应。继承权是指公民依照法律的规定或者被继承人生前立下的合法、有效的遗嘱而承受被继承人遗产的权利。[①] 作为集体所有者之一,个体农民无疑有权要求从其所在集体分得一份土地,而该权利的获得,恰恰是从祖宗处继承而来的。反过来看,如果某一农民要到其他集体去承包经营土地,必须要具备两个条件:一是其他集体存在可流转的土地;二是该农民必须支付一定的流转费用。换言之,土地对特定集体的农民具有继承权效应。

三 社会化发展阶段

社会化发展阶段是指从20世纪80年代中期至今的这一段时间,我国农民社会保障事业开始进入社会化发展阶段。

随着我国工业化、城市化的纵深发展以及社会分工的进一步深化,原先的农民社会保障制度日益与社会经济发展形势不相适应。1986年,民政部开始探索建立现代意义的农村社会养老保险制度,并在部分富裕农村地区进行试点。但从总体上来看,因国家财政收入有限,现代意义的社会保障体系当时并没有在全国广泛建立。直到1992年,中华人民共和国民政部颁布了《县级农村社会保障基本方案》,这是新中国历史上现代意义的有关农民的社会保障制度规范。之后,农村社会养老保障制度才在我国农村逐渐推广和完善起来。

---

① 国务院法制办公室:《中华人民共和国未成年人保护法注解与配套》(第3版),中国法制出版社2014年版,第44页。

值得一提的是，在这一时期，"五保"制度和合作医疗制度又被赋予新的生命。1994年1月，国务院颁布《农村五保供养工作条例》，分为七章，共25条。条例对"五保"供养对象、供养内容、供养形式、财产处理、监督管理等做出了明确、全面的规定。如供养对象界定为三大类别，即无法定扶养义务人，或虽有法定扶养义务人，但扶养义务人无扶养能力者；无劳动能力者；无生活来源者。供养内容包括六个方面，即粮油和燃料；服装、被褥等用品和零用钱；符合基本条件的住房；及时治疗疾病，照料生活不能自理者；妥善办理丧葬事宜；保障未成年人者依法接受义务教育。自此，"五保"制度走向了规范化和社会化的道路。

20世纪90年代，农村合作医疗开始在农村地区陆续恢复，并被称为新型农村合作医疗。2002年，中共中央、国务院在《关于进一步加强农村卫生工作的决定》中提出：要"逐步建立以大病统筹为主的新型农村合作医疗制度"；到2010年，新型农村合作医疗制度要基本覆盖农村居民。2009年，国务院办公厅发布《国务院关于开展新型农村社会养老保险试点的指导意见》，其目标是在2020年前基本实现农村社会养老保险的全覆盖。

与原来的农村合作医疗相比较，新型合作医疗制度在筹资机制、资金管理、资金使用以及医疗服务依托单位等方面出现了较大的变化（见表3-1）。卫生部相关统计数据显示，截至2005年6月底，全国范围内已有620个县（市、区）开展了新型合作医疗试点工作，参加人数达到1.56亿人，约占全国农民总数的17%；[①]截至2012年年底，全国有2566个县（市、区）全面开展了新型

---

① 张增国：《对中国社会保障立法的展望——建立农村社会医疗保障制度的构想》，《中国卫生事业管理》2007年第8期。

农村合作医疗工作，参合率高达 98.1%。

表 3-1　　　　　　　　　新旧农村合作医疗制度对比

类别	资金筹集	资金管理	资金使用	依托单位
旧农村合作医疗制度	农民个人集资为主，村集体为辅；属于乡村级范围内的资金统筹	在县卫生局指导下乡（镇）政府成立乡（镇）合作医疗管理委员会直接管理相关资金	扣除基金比例和转院支出等部分外，其余全部用在参合农民治病上；当年全部用完；无论大小病，治疗和医药费用全额报销	乡镇卫生院为主要医疗服务单位，大病允许转院；全额报销各类医院的医疗费用
新型农村合作医疗制度	国家财政支持为主，农民个人为辅，村集体再次之，属于县级范围内的资金统筹	县政府新农合委员会派出挂靠卫生局的合管中心或者合管办在全县范围内统一管理	设起付线和封顶线，药品和诊疗费用分段、分病种设报销比例；筹资全部用于农民治病；资金当年全部用完	乡镇卫生院为主要医疗服务单位，县以上医疗机构的报销比例依次降低

之后，我国农村社会保障制度沿着规范化、制度化和社会化的道路继续前进。1996 年，我国开始在农村实行最低生活保障试点，并且很快就取得了明显成效。截至 1997 年年底，全国 67% 的县市区已经建立起农民最低生活保障制度，约 306 万农民得到了最低生活补助。[①] 2007 年，国务院办公厅颁布《国务院关于在全国建立农村最低生活保障制度的通知》（国发〔2007〕19 号），对农村最低生活保障制度的目标和总体要求、保障标准和对象范围、保障资金管理以及领导机制等做了进一步规范。国家统计局相关数据显示，截至 2015 年年底，我国享受农村居民最低生活保障人数为 4903.2

———————

① 杨晓奇、阚丽娟：《我国养老保障制度的最新发展及问题分析——基于老年人视角》，《兰州学刊》2013 年第 8 期。

万人，但随着我国农村居民可支配收入的增加，享受农村居民最低生活保障的人数近年来下降趋势较为明显。

此阶段我国农村社会保障社会化发展的最重要标志是城乡居民基本养老保险两项制度的合并实施。中国共产党十八大、十八届三中全会指出："要整合城乡居民基本养老保险制度、基本医疗保险制度，推进城乡最低生活保障制度统筹发展。"国务院在总结新型农村社会养老保险和城镇居民社会养老保险试点经验的基础上，依据《中华人民共和国社会保险法》规定，于2014年颁布了《国务院关于建立统一的城乡居民基本养老保险制度的意见》（国发〔2014〕8号）。意见对建立统一城乡居民基本养老保险制度的指导思想、任务目标、参保范围、基金筹集、个人账户建立、养老保险待遇及调整、领取条件、转移接续与制度衔接、基金管理运营与监督、经办管理服务与信息化建设及其组织领导和政策宣传等作出了明确规范，指明了我国城乡养老保险制度的发展方向。

四　中华人民共和国成立后我国农民社会保障制度的简要评述

中华人民共和国成立以来，受经济发展水平和思想观念变化的影响，我国农民的社会保障权益处于不断变化之中，甚至在较长时期内处于缺失状态。但从总体上看，中华人民共和国成立后我国农民社会保障制度处在不断探索和逐渐完善的过程中，在这个过程中也积累了许多经验与教训。

（一）从社区型向社会化发展趋势明显

从本质上看，中华人民共和国成立初期的"五保"供养和集体依托是一种简朴的、初级的农民社会保障形式。"五保"供养制度是社会保障体系中低层次的社会成员间相互救助活动，农村集体依托养老也是以社队作为责任主体，以其收益为经济基础的，至于家庭生产保障阶段的农民保障更是局限在血缘和亲缘范围之内，因而该时期的农民保障制度并非现代意义上的社会保障，只是一种社区型的低级保障机制。进入 20 世纪 80 年代中期，我国农民社会保障制度进入社会化改革阶段，虽然"五保"供养依然得以重视，但新型农村合作医疗制度的完善与创新、最低生活保障制度的确立以及城乡居民基本养老保险制度一体化建设等无不标志着我国农民社会保障制度进入了社会化发展阶段。

（二）政府是主导农民社会保障的设计主体

中华人民共和国成立初期，中国面临着复杂的国内外环境，这决定了政府必须尽快巩固政权，恢复社会生产，稳定社会秩序。在当时的特定背景下，政府最好的选择莫过于加快经济建设，而进行经济建设的理想目标莫过于工业化，特别是加快重工业的发展。于是，我国政府制定了"工业优先，城市优先"的城乡非均衡发展战略，二元体制的城乡社会保障制度也因此而产生。同理，新、旧农村合作医疗制度、最低生活保障制度以及城乡居民基本养老保险一体化建设制度等的试点与推行，都是由政府主导设计，而不是或者不完全是农民的自主抉择。

（三）农民社会保障制度的变迁是政府政策导向的标杆

选择什么样的社会保障制度，不仅受一国或地区生产力发展水平制约，而且受到其政策导向的影响。从 1949 年中华人民共和国成立至 1977 年改革开放前夕，我国农村实际上经历了以个体经济为基础和以集体经济为基础两个发展阶段，政府政策导向也经历了"效率与公平兼顾"和"偏重公平、忽视效率"两个发展阶段。在政策导向下，以个体经济为基础的农民社会保障制度与当时的经济发展互动良好，效率与公平得以兼顾，而以集体经济为基础的农民社会保障制度则效率牺牲代价巨大，社会保障与经济发展之间几乎断裂。而在目前，我国农村经济社会正处在转型发展时期，国家政策导向是想方设法让农村分享经济发展所带来的福利，农民社会保障制度建设也在国家政策导向下得到了前所未有的重视。

（四）农民社会保障制度越发考验社会政策的惠民性

在"五保"供养、集体依托的农民社会保障制度下，政府几乎没有财政压力。并且，在较长时期内，农民养老保险的出资原则也是"以个人交纳为主、集体补助为辅，国家予以政策支持"，但由于缺乏相应法规和管理细则，集体到底补助多大比例，国家到底负多大的责、怎么负责都没有明确界定。因而国家和集体都不出钱，农民依然基本上是"自己养自己"。直到2009年，国务院常务会议决定，中央财政将出资补贴农民养老保险，并将养老金底线初定为55元，中央财政根据地区不同给予补贴，西部地区补贴80%、中部60%、东部20%。对中国农民而言，该政策的意义可与2006年对延续了数千年的农业税的取消相提并论。2014年7月，农村60岁农民的养老金提升到了每月70元。新农保使千千万万的农民真正得到了实惠，可以像城里人一样每月领取养老金。由此可见，从"五保"供养和集体依托保障、家庭养老保障，再到新型农村养老保险，实质上就是从"集体补贴"或农民"自己养自己"到"中央与地方财政共同补贴"的演变过程。而这一过程就是社会政策贴近农民，更具惠民性的变革。

（五）仍需继续扩大覆盖面

经过几十年的努力，针对我国农民主要社会问题的社会保障制度目前已经基本建立，但针对有些特殊社会问题的制度仍需继续完善。换言之，我国有关农民的社会保障制度仍需继续扩大覆盖面。第一，农村养老涉及经济支持、生活照料和情感慰藉三个方面，目前我国农村养老服务的经济支持虽有较大改观，但生活照料和情感慰藉等方面却较为滞后。第二，部分制度设计的天生欠缺限制了覆盖面扩大。如采取自愿参加的新农保，因为农民自身的意识制约，这种"民主"的方式反而不利于该制度覆盖面的扩大。第三，制度对农民工、失地农民等特殊群体的考虑尚欠周全。以农民工为例，虽然农民在农村参加了新农保，到城镇就业后，用人单位有义务替他缴纳保费，个人也要按比例交费，但国家统计局相关数据显示，2012 年，农民工参加社会养老保险率平均水平为 17.47%[1]，2014 年下降为 16.7%。可见，农民工这个特殊群体的社会保障问题并没有得到妥善解决。

第三节　我国农民工社会保障问题的演变历程

我国农民工自产生、形成规模并演变至今，已经有将近 40 年的时间。与此相适应，我国农民工社会保障问题的演变历程也同步经历将近 40 年。从时间轨迹来看，我国农民工社会保障的发展大体可以划分为萌芽、初始建立和日益完善三个阶段。

一　我国农民工社会保障的萌芽阶段

此阶段的起止时间分别为 1978 年和 1992 年。1978 年开始实行的家庭联产承包责任制，极大地提升了农民生产积极性，提高了农村生产力水平，促进了大部分农民温饱问题的解决。随之而来的是，有超过 2 亿农民自此从土地上得以解放，为其进城务工、提高收入创造了有利条件。此时农民工的转移主要以乡镇为中心，不断向外辐射和扩张。农民工的群体规模同步快速扩张，已经从 20 世

---

① 汤兆云：《建立相对独立类型的农民工社会养老保险制度》，《江苏社会科学》2016 年第 1 期。

纪 70 年代末的 200 万人膨胀到了 80 年代末的 3000 万人左右，增加了 15 倍，"民工潮"成为此阶段农民工转移的重要标签，"孔雀东南飞"等农民工转移的时代词语也正是在此阶段出现并被人民广为熟知。

农民工的存在和群体规模的继续发展受到政界、学界等越来越多的人关注，部分农民工接纳较多的地方已经开始对其社会保障进行探索。从国家层面来看，国务院发布的《矿山企业实行农民轮换工制度试行条例》（以下简称《条例》）（国发〔1984〕88 号）是此阶段农民工社会保障探索的标志性成果。《条例》第一条指明了制定本条例的目的：为提高矿山企业的劳动生产率和经济效益，保护劳动者的身体健康。《条例》规定：矿山企业所需的劳动力，除技术复杂的工种以外，应逐步实行农民轮换工制度；农民轮换工，从农村社队招收，在矿工作期间是职工队伍的一部分，政治上应与所在单位的固定职工一视同仁，但其社员身份不变，户粮关系不转。为了保护农民轮换工的身体健康，到期必须轮换，返回农村，不得连续使用；企业招用农民轮换工，可以同县有关单位签订劳动合同，也可以同公社（或乡政府有关单位）签订劳动合同，然后再由县有关单位或公社同农民轮换工签订相应的劳动合同；有的也可以由企业直接同农民轮换工签订劳动合同。企业同县、公社或农民轮换工签订劳动合同后，应到当地公证处办理公证，并报企业主管部门和当地劳动部门备案；劳动合同的主要条款应包括：招用人数、招工条件、使用期限、生产任务、劳动保护、劳动纪律和奖惩办法、工资和劳动保险待遇、违反合同的责任以及双方认为需要规定的其他事项；签订劳动合同，必须正确处理国家、集体和个人三者之间的关系，贯彻自愿、协商一致的原则。劳动合同一经签

订，即具有法律约束力，双方必须严格履行……①

随后，在 1991 年 7 月 25 日，国务院颁布了《全民所有制企业招用农民合同制工人的规定》（以下简称《规定》）。《规定》从招收录用，劳动合同的签订、变更、终止和解除，工资、保险福利及其他待遇，组织管理等方面对全民所有制企业招用农民合同制工人进行了规定。《规定》的许多条款，实际上已经完全体现了社会保障精神。如第四章"工资、保险福利及其他待遇"第十八条中规定：农民工在试用期内享受城镇合同制工人的工资待遇（不含15% 左右的工资性补贴）；试用期满考核合格的，按照国家有关规定定级，工资形式由企业确定；农民工的奖金、津贴、保健食品、副食品价格补贴以及节假日等待遇，与城镇合同制工人相同。第十九条规定：农民工患病或非因工负伤，企业应当根据劳动合同期限长短给予三至六个月的停工医疗期；停工医疗期间的医疗待遇和病假工资与城镇合同制工人相同；停工医疗期满不能从事原工作被解除劳动合同的，由企业发给相当于本人 3—6 个月标准工资的医疗补助费。② 然而，随着市场改革步伐的加快，因效益低下、竞争力不强，我国全国各地不少全民所有制企业（也就是国有企业）纷纷改制或倒闭，《规定》的适用范围也就变得越来越窄，对农民工社会保障而言，《规定》也越来越缺乏可操作性。

1992 年，民政部颁布了经由国务院批准的《县级农村社会养老保险基本方案（试行）》（以下简称《基本方案》）（民办发〔1992〕2 号）文件。其中，《基本方案》明确规定农村养老保险对象为"非城镇户口，不由国家供应商品粮的农村人口"，并规定

---

① 刘燕生：《社会保障事典》，当代中国出版社 1998 年版，第 34 页。
② 《劳动维权法律手册劳动合同》，中国法制出版社 2007 年版，第 267 页。

"外来劳务人口，原则上在其户口所在地参加养老保险。"① 显然，《基本方案》的有关规定沿袭了以往城乡分割的制度框架和治理思维，既违背了社会发展规律，也违背了农民工心愿。因为《基本方案》的有关规定并不符合农民工的现实需要，无疑会遭到农民工的抵制，也就不可能取得良好的实施效果。应该说，《基本方案》只能算作我国农民工社会保障问题改革的"试错"行为之一。

与此同时，到了20世纪80年代中后期，国家为应对投资过热局面，开始实行财政紧缩政策，乡镇企业的发展也因此而受到了严重冲击。不少乡镇企业纷纷被迫关门，其吸纳农村转移劳动力的能力被严重削弱。此时，城市经济却在国家市场经济改革政策的刺激下得以快速发展，民营企业在城市，特别是沿海地区的城市犹如雨后春笋般崛起，对劳动力的需求猛烈增加。与此同时，因工农产品价格的"剪刀差"，农业相对收入不增反减，农业负担也有升无降，土地上的农业经营基本上只能维持温饱，只能达到最低生活水平。"离土又离乡"进城务工以获取较高收入，开始成为农民的理性选择，城市农民工也因此而日益增多。而且，有部分收入得以提高、家庭状况得以改善的城市农民工开始成为留守农民的学习榜样，其示范效应进一步促进了留守农民的转移。然而，尽管城市农民工已经成为中国工业快速发展的重要推动力量，但城市农民工却面临着与城市工人"同工不同酬"的不平等待遇。面对这种尴尬境地，城市农民工期望与城市工人一样被公平对待的呼声此起彼伏，不少地方政府开始对此进行回应。

如1987年，改革开放的前沿阵地——深圳市开始把在城市企

---

① 国务院法制办公室编：《中华人民共和国民政法典》（第2版），中国法制出版社2011年版，第65页。

业工作的农民工纳入社会保险范畴。其后，在 1989 年，国家曾尝试对私营企业的退休养老实施社会保险制度，该思想来自《劳动部关于私营企业劳动管理暂行规定》（以下简称《规定》）。尽管该思想是好的，出发点也是好的，但受制于当时的经济社会发展水平，以及因为《规定》过于粗略且缺乏具体操作办法而很快被迫叫停。但这毕竟是一个重要的信号，为城市农民工的非正规就业传递了福音，开启了农民工社会保障改革创新的大门。1990 年 6 月，武汉市人民政府办公厅下发《武汉市企业临时工养老保险暂行办法》（武政办〔1990〕113 号）。《办法》将武汉市城区范围内全民、集体和私营企业经劳动行政部门批准招用的实际工作时间在 3 个月以上的农民工正式纳入整个养老保险范围。[1] 可见，地方政府已经开始探索农民工社会保障问题的改革。

综上所述，在我国农民工社会保障的萌芽阶段，因长期以来的城乡分治思维的影响，农民工问题被视为是农民问题的某种延伸，政界和学界主要将农民工视为离开土地的农民。而且，在城乡割离户籍制度的约束下，农民工是夹在市场力量驱动与国家政策管控意志之间的一个特殊群体，其社会保障制度建设尚处在非常稚嫩的阶段。

二 初始建立阶段

此阶段的起止时间分别是 1992 年和 2002 年。在我国农民工社会保障的萌芽阶段，对于农民工这个新生群体的大规模"迁移"甚至是向城市"奔流"，使我国二元户籍制度下芥蒂分明的城乡关系变得莫名的微妙和紧张。这种微妙或者紧张的触发点就是在城市

---

[1] 姚德超：《"共生"视域下农业转移人口市民化问题治理研究》，博士学位论文，华中师范大学，2014 年，第 63 页。

政治领域享有地位的城市精英们。但毕竟农民工的到来是社会发展的必然规律，是大势所趋，于是政府及其城市精英对农民工及其权益问题开始理性化，开始变得客观和公正，政策也由萌芽阶段的严格控制向较为柔和的引导进行了转向。但是，当时的政策目标主要是寻求农民工的有序流动，而不是促进流动，以防出现大范围的盲目流动，如企业在年龄、文化程度、健康状况等招工方面所实行的就业条件、岗位资格等限制，便说明了这一点。

　　1992 年邓小平南方谈话提出了"要抓紧有利时机，加快改革开放步伐，力争国民经济更好地上一个新台阶"的总体要求，以及"判断各方面工作的是非标准，应该主要看是否有利于发展社会主义社会的生产力，是否有利于增强社会主义国家的综合国力，是否有利于提高人民的生活水平"。"社会主义的本质，是解放生产力，发展生产力，消灭剥削，消除两极分化，最终达到共同富裕"等系列高瞻远瞩的经典诊断。① 不久，邓小平南方谈话的旋风迅速席卷全中国，掀起了新一轮改革开放热潮，长期以来被压抑的经济发展活力瞬间爆发。农民工进城务工也由原来的遮遮掩掩开始向堂堂正正转变，农民工或直接或间接地开始进入到社会保障体系的范围之内。此阶段，无论是国家顶层，还是地方政府基层，都积极作为、出台政策，并初步建立起了有关农民工的社会保障制度。

　　（一）国家层面的农民工社会保障初始建立

　　1996 年 10 月 1 日开始实行的《企业职工工伤保险试行办法》（以下简称《办法》）第二条规定："中华人民共和国境内的企业及其职工必须遵照本办法的规定执行。"与以往不同，对于《办法》

---

　　①　崔常发：《中国特色社会主义理论体系学习读本》，人民日报出版社 2008 年版，第 176 页。

里的"职工",相关部门并没有给予明确界定。相反,在实践中,《办法》里的"职工"既包括了企业里就业的正式职工,也包括了非固定、非合同形式的农民工,算作是对农民工及其权益的默认。

1997年11月,国务院颁布《国务院办公厅转发劳动部等部门关于进一步做好组织农民工有序流动工作意见的通知》(以下简称《通知》)。《通知》指出,农民工输入地要指导用人单位与其签订劳动聘用合同,依法处理用人单位与农民工的劳动纠纷,切实维护双方的合法权益。

1999年1月,国务院发布《社会保险费征缴条例》(以下简称《条例》),《条例》规定:基本养老、医疗、失业保险费征缴范围主要有国有企业、城镇集体企业、外商投资企业、城镇私营企业及其职工。那么,从法理角度来看,农民工理应包含在《条例》规定的征缴范围之中。

1999年1月,国务院颁布的《失业保险条例》对农民工的失业保险做了新的规定:农民工的失业保险金由所在企业为其缴纳,在其失业时一次性发放失业补助金;城镇企业事业单位按照本单位工资总额的2%缴纳失业保险费;城镇企业事业单位招用的农民合同制工人本人不缴纳失业保险费。

1999年8月颁布的《国务院办公厅转发劳动保障部等部门关于做好提高三条社会保障线水平等有关工作意见的通知》对农民合同制工人的一次性生活补助标准进行了规定:对合同期满未续订或提前解除劳动合同的农民合同制工人所支付的一次性生活补助标准,各地可根据实际情况进行调整。

1999年3月国家劳动和社会保障部发布的《关于贯彻两个条例扩大社会保险覆盖范围加强基金征缴工作的通知》第二条就规定了"农民工作为企业的职工按规定应参加城镇养老保险。即农民合同制职工参加单位所在地的社会保险，社会保险经办机构为其建立基本养老保险个人账户，农民合同制职工在终止或解除劳动合同后，社会保险经办机构可以将基本养老保险个人账户储存额一次性发给本人"。

2001 年 12 月国家劳动与社会保障部颁发的《关于完善城镇职工基本养老保险政策有关问题的通知》（劳社部发〔2001〕20 号）规定："参加养老保险的农民合同制职工，在与企业终止或解除劳动关系后，由社会保险经办机构保留其养老保险关系，保管其个人账户并计息，凡重新就业的，应接续或转移养老保险关系；也可按照省级政府的规定，根据农民合同制职工本人申请，将其个人账户个人缴费部分一次性支付给本人，同时终止养老保险关系，凡重新就业的，应重新参加养老保险。农民合同制职工在达到国家规定的退休年龄时，累计缴费年限满 15 年以上的，可按规定领取基本养老金；累计缴费年限不满 15 年的，其个人账户储存额一次性支付给本人。"[1]

（二）地方政府层面的农民工社会保障初始建立

1992 年 5 月，深圳地方政府正式全面取消公费医疗制度并在全国率先开始建立统一的社会医疗保险制度。根据相关部门的规定，深圳户籍不再是享受医疗保险待遇的硬门槛。也就是说，流入深圳的农民工都可与深圳当地户籍职工一样参加综合医疗保险，享受保门诊保住院的待遇。2000 年 12 月，首次将农民工纳入社会保险的深圳，其人民代表大会常务委员会通过了修改后的《深圳经济特区企业员工社会养老保险条例》。条例把在特区内企业工作的

---

[1]　陈建中、解进强：《外来务工人员社会权益保障读本》，中国经济出版社 2013 年版，第 96 页。

外来员工（含农民工）缴纳基本养老保险费的比例与当地城镇户籍企业职工的缴费比例进行了统一。应该说，这在当时环境下是一个重大的突破，标志着农民工社会保障权开始落实到位。

1994年，浙江省的杭州、宁波等经济较为发达的地区先后出台文件，对农民合同职工的社会保险问题进行了有利于农民工社会保障权落实的新规范。随后，1997年，浙江省政府出台了《浙江省人民政府关于建立统一的企业职工基本养老保险制度的通知》（浙政〔1997〕15号）文件以及（浙养老保险〔1998〕43号）文件。应该说，这两个文件都是为农民工和城镇职工的养老保险制度的统一做了制度规范。

1998年9月，广东省颁布了《广东省社会养老保险条例》，旗帜鲜明地把农民工正式纳入社会保险覆盖范围之中，2000年，广东省在进一步扩大社会保险覆盖面时，其瞄准的重点对象正是农民工。自广东之后，河南、陕西、甘肃等地都陆续采用了这一模式。

1999年5月，北京市劳动局印发了《农民合同制职工参加北京市养老、失业保险暂行办法》（京劳险发〔1999〕99号）文件。办法要求各类单位的农民合同制职工自1999年6月起都要参加养老和失业保险。在国家尚未出台农民工参加社会保险政策的背景下，北京市的举措无疑是一个重大突破，积极意义非常明显。2001年8月，北京市劳动和社会保障局颁发了《北京市农民工养老保险暂行办法》。办法旨在对农民工统账结合的养老保险制度进行规范。2001年10月，北京市劳动和社会保障局补发通知，允许农民工在解除或者终止劳动关系时，可一次性领取养老保险金，这主要是考虑到农民工的频繁流动问题。

三 日益完善阶段

此阶段的起止时间是2002年至今。2002年11月，党的十六大召开。党和中央政府结合当时国际国内形势和发展趋势，提出了城乡统筹发展的理念，并着手解决农民增收难问题。为破除农民增收难困境，党和中央政府对农民外出务工开始采取了积极的引导政策。自此，党和中央政府更为关注农民工等社会弱势群体以及社会公正等问题，农民工的社会保障事业也因此而进入到了一个全新的发展阶段。

（一）农民工社会保障制度可操作日益增强

客观地说，直到 2004 年农民工社会保障制度开始建立之时，该制度一直以来并没有得到社会的普遍认可。自 2004 年开始，农民工社会保障制度从形式到实质均获得了重要突破，在肯定其必要性、重要性和紧迫性的同时，不少学者开始探讨其特殊性。现代社会保障制度的核心是社会保险制度，因农民工群体主要在重活、脏活、累活、险活的岗位上从事工作，这些特点决定了其面临的首要风险自然是事故风险，然后依次为疾病风险、失业风险、养老风险。正是基于这种认识上的变化，农民工社会保障的内容日益突破了养老保险这个单一险种的局限，工伤保险、医疗保险成为农民工社会保障的正式内容之一。尽管失业保险和生育保险在农民工社会保障内容体系中依然存在缺位情况，但从总体上来看，农民工社会保障制度已经日益具体化，可操作性明显增强。人社部 2017 年 11 月就《失业保险条例（修订草案征求意见稿）》向社会公开征求意见，征求意见稿的一大亮点是，统一了农民工和城镇职工的参保办法。具体来说，就是取消了现行条例农民合同制工人个人不缴费，失业后领取一次性生活补助的特殊规定，农民工与城镇职工参保缴费和待遇享受办法一致，在制度上实现了城乡统筹和公平。

（二）农民工社会保障制度内容日益完善

第一，工伤保险。2003 年 3 月，劳动和社会保障部办公厅发布的《关于农民工适用劳动法律有关问题的复函》（劳社厅函〔2003〕180号）指出，凡与用人单位建立劳动关系的农民，适用《劳动法》；发生工伤事故的，应适用《企业职工工伤保险试行办法》（〔1996〕266号）。应该说，这是我国首次对农民工的工伤保险的法律依据问题进行的明确，为农民工工伤保险纠纷的解决提供了统一的法律规范。2004年6月，劳动和社会保障部发布的《关于农民工参加工伤保险有关问题的通知》（劳社部发〔2004〕18号）指出，依据《工伤保险条例》规定，农民工有权享受工伤保险待遇；凡与用人单位建立了劳动关系的农民工，用人单位必须及时为其办理工伤保险的参保手续。尽管通知只是对农民工工伤保险权益进行了再次确认，也不具有操作指导性，但彰显了党和政府对农民工工伤保险权益的日益重视。2006年5月，劳动和社会保障部下发《关于实施农民工"平安计划"加快推进农民工参加工伤保险的通知》（劳社部发〔2004〕18号），力求使高危行业的农民工能够被工伤保险覆盖。旨在强化高危行业农民工工伤保险权益的该文件，意味着我国政府对农民工工伤保险权益的认识在不断深化。2018年1月，在人社部、交通运输部、水利部、国家能源局、国家铁路局、中国民用航空局联合印发的《关于铁路、公路、水运、水利、能源、机场工程建设项目参加工伤保险工作的通知》（国办发〔2017〕19号）中，要求将各类工程建设项目中流动就业的农民工纳入工伤保险保障，要不断提升职工特别是农民工的工伤保险意识，控制和减少工伤发生。从多部门联合印发就可以看出，农民工的工伤保险问题已经引起各行各业的重视。

第二，医疗保险。2003年1月，国务院办公厅发布的《关于做好农民进城务工就业管理和服务工作的通知》（国办发〔2003〕1号）指出，有条件的地方可探索农民工参加医疗保险的具体办法。毫无疑问,《通知》对我国后来的农民工医疗保险问题产生了深远的影响。2003 年发布的《关于非全日制用工若干问题的意见》(劳社部发〔2003〕12 号) 中曾有这样的规定, 劳动者可以以个人身份参加医疗保险, 其待遇水平根据缴费多少决定。这里的劳动者, 当然也包括广大的农民工。国家劳社厅发布的《关于城镇灵活就业人员参加基本医疗保险的指导意见》(劳社厅发〔2003〕10 号) 明确指出, 灵活就业人员是指从事非全日制、临时性、弹性工作等形式的就业人员; 全国要统一认识, 积极将各种形式的灵活就业人员纳入基本医疗保险制度体系。尽管意见是以城镇灵活就业人员为对象的, 范围比较宽泛, 但农民工也包含在城镇灵活就业人员的范围内。2006 年 5 月, 国家劳动和社会保障部办公厅发布了《关于开展农民工参加医疗保险专项扩面行动的通知》, 要求全面推进农民工参加医疗保险工作, 争取到 2006 年年底, 农民工参加医疗保险的人数突破 2000 万人, 到 2008 年年底将与城镇用人单位建立劳动关系的农民工基本纳入医疗保险。这是我国第一次以政府文件的形式提出了农民工参加医疗保险的具体目标。《国务院关于进一步做好为农民工服务工作的意见》(国发〔2014〕40 号) 第九条指出, 要扩大农民工参加城镇社会保险覆盖面; 依法将与用人单位建立稳定劳动关系的农民工纳入城镇职工基本养老保险和基本医疗保险; 灵活就业农民工可以参加当地城镇居民基本医疗保险。这既意味着我国农民工的基本医疗保险问题还比较严重, 也意味着党和政府一直在努力解决农民工的基本医疗保险问题。

第三, 养老保险。养老保险是最早进入农民工社会保障制度的险种。2006 年 3 月,《国务院关于解决农民工问题的若干意见》(国发〔2006〕5 号) 第十九条明确规定, 要"探索适合农民工特点的养老保险办法"; 要"抓紧研究低费率、广覆盖、可转移, 并能够与现行的养老保险制度衔接的农民工养老保险办法";"有条件的地方,可直接将稳定就业的农民工纳入城镇职工基本养老保险。"在意见的影响下,我国各地在推进农民工基本养老保险问题上做出了很大的努力,也取得了一定的效果,但农民工高流动性下的养老保险关系转移问题并没有得到很好的解决。于是,2010年1月1日开始实施的《城镇企业职工基本养老保险关系转移接续暂行办法》(国办发〔2009〕66号)对此进行了规范:包括农民工在内的参加企业职工基养老保险的所有人员,其养老保险关系可在跨区就业时随同转移。显然,办法的目的旨在解决劳动力跨区流动时的养老保险的异地转接问题。当然,养老保险异地转接问题较为复杂、牵涉广,仍然需要时日不断加以完善。① 2016年2月,人力资源和社会保障部发布的《农民工参加基本养老保险办法》规定,农民工参保,不管是以个人的身份参保,还是参加城镇企业基本养老保险,只要达到法定退休(养老)年龄,且累计缴费满15年的,按城镇企业职工基本养老保险计发办法核定待遇,同时享受城镇职工基本养老保险待遇调整政策;用人单位和农民工个人共同缴纳基本养老保险费,单位缴费比例为12%;农民工个人缴费比例为4%—8%,由所在单位从本人工资中代扣代缴,并全部计入其本人基本养老保险个人账户;参保了的农民工在与单位解除劳动关系后,暂未就业的有社保部门保留基本养老关系,重新就业后即可续交养老保险,如果返乡务农的,可依据个人申请办理退保。②

在农民工社会保障制度日益完善阶段,因农民工的数量依然在

① 国务院法制办公室:《中华人民共和国社会保险法典》,中国法制出版社2016年版,第254页。

② 程杰:《共享的养老保障体系:主要矛盾与改革方向》,《人文杂志》2016年第11期。

不断增加、质量在不断提高，其在社会层面的地位被广泛认可，学术界开始以"职工"视角审视农民工的社会保障。不少专家开始从国民待遇角度强调农民工社会保障权的合法性、平等性，这种研究的可喜变化进一步促进了农民工社会保障制度的完善和健全。

第四节　本章小结

本章首先以时间为轴，从古到今对我国社会保障，特别是有关农民的社会保障思想与实践进行了回顾。在介绍了先秦时期的社会保障思想与实践之后，从社会优抚、社会福利、社会救济三个维度剖析了两汉时期的社会保障思想与实践，从仓廪制度日益完善、官办常设性福利机构大量涌现、民间慈善事业日渐成熟三方面分析了唐宋时期的社会保障思想与实践，从荒政建设、日常社会福利与救助以及民间慈善事业三方面探究了明清时期的社会保障思想与实践，并从覆盖面、保障水平、规范性等角度简要评述了我国古代社会保障思想与实践。接着从"五保"供养和集体依托、家庭生产保障和社会化发展三个阶段阐述了中华人民共和国成立后我国农民社会保障问题的演变历程，并从社会化、政府作用等维度对其进行了评述。最后，在将我国农民工社会保障问题演变历程划分为萌芽、初始建立、日益完善三个阶段后，对各个阶段的主要制度内容进行了回顾与评述。

第四章 农民工进城务工面临的主要风险

风险分析的目的是让人们认识风险、掌握风险演变规律并采取相应措施以化解风险，进而为事物平稳、顺利发展创造更好的外部环境和更广阔的空间。分析乡村振兴下农民工进城务工可能面临的风险，无疑有助于人们了解该群体面临的风险的特殊性，并找到风险产生的源头，积极、主动采取措施以缓解风险，使农民工进城务工的正能量最大限度释放。

第一节 农民工进城务工与风险的产生

一 风险的含义

"风险"一词到底在何时、在哪里最初出现，至今仍充满争议，没有统一的说法。在早期的使用惯例中，风险强调的往往是客观上所存在的事实危险。有一种这样的说法，古代出海捕鱼的渔民在亲眼看见和自我感知下，深知"风"可以给其带来无法预测且难以规避的"险"，在其看来，有风就意味着可能会产生险情，其具体表现主要有航海中遇到礁石、碰上大风暴等，因此便有了"风险"这一说法。然而，国内也有许多专家认为"风险"是一个外来词，如有专家认为源自于阿拉伯语，也有专家认为其源于希腊语或者拉丁语。但有一点是可以肯定的，那就是对于"风险"一词形成于早期航海业的观点学界是比较认可的。对此，德国学者乌尔里希·贝克提出，风险的起源可追溯到洲际航船航行时期，因为认知有限，那时的风险常常被理解为冒险，且与保险的概念具有一定的关联。英国社会学家安东尼·吉登斯从更为普遍的角度指出，风险最初的产生有两个背景：一是探险家们到达前所未知地区的时候；二是早期重商主义资本家们所进行诸如航海活动的时候。[①] 可见，风险一方面可视为人类在社会实践过程中可能遇到的伤害，也可以视为人类对这种可能性的判断和认知。

随着社会发展和人们认知的深刻化，目前通常认为，风险的构成要素包括风险因素、风险事故以及风险损失。[②] 风险因素被认为是那些会导致某一特定风险事故出现的条件。例如，对于建筑物而言，建筑使用的材料品类和质量、建筑内部结构之间的稳定性等都是风险因素。风险事故通常是指造成人身伤害或财产损失的那一类偶然发生的事件，是导致损失产生的直接诱因。在事故真正发生前，风险只是充满不确定性的状态，风险事故的真正发生才会导致损失的产生。在汽车刹车失灵酿成车祸并造成人员伤亡的案例中，刹车失灵就是风险因素，车祸则是风险事故；假如只是存在刹车失灵而车祸没有出现，就不会造成人员伤亡，也就不会有风险事故。在风险管理范畴，风险损失是指非故意的、非预期的、非计划的经济价值的减少（经济损失），如丧失所有权、预期利益落空等。而精神打击、政治迫害等行为的结果在风险管理范畴内一般不能视为

---

① 刘岩、孙长智、程杰：《风险概念的历史考察与内涵解析》，《长春理工大学学报》（社会科学版）2007 年第 3 期。

② 郭晓亭、蒲勇健、林略等：《风险概念及其数量刻画》，《数量经济技术经济研究》2004 年第 2 期。

损失。

二 风险的产生

通常认为，风险产生的原因既有主观方面的，也有客观方面的。主观原因主要包括信息不完全、不充分以及有限理性下的决策，客观原因主要包括市场供求变化、技术变化以及经济环境变化等因素。信息不完全、不充分下的决策是指，在质与量两个方面不能充分满足预测未来的需要，或者获取完全信息要耗费大量金钱与时间，不利于经济地、及时地做出判断情况下的决策。人的有限理性决定了人不可能准确无误地预测未来的一切，人的能力、视野、经验等主观因素的限制，加上预测工具以及工作条件的制约，决定了预测结果与实际情况有或大或小的偏差。在市场经济语境下，商品供求关系主要靠以价格为信号的价值规律进行调节，社会需求结构转换、需求数量增加或缩小，以及产品供求结构、供给数量变化频繁且难以预测，尽管通过精准分析可以对市场需求趋势做出大致的判断，但要完全与市场要求一致却是不现实的，风险也就不可避免地产生了。随着现代科学技术的迅猛发展，新技术、新材料、新工艺层出不穷、日新月异，可能在作出决策时依靠的是当时最先进的技术、工艺，但也有可能很快就有新的技术、工艺出现并对其进行替代。每一项新技术都会给某些行业带来新的市场机会，但同时也会给另外一些行业造成新的威胁。因而，现代科学技术在一定程度上加大了风险产生的可能性。同时，国家的宏观经济调控政策、各种改革措施以及经济发展本身对微观主体的决策同样有着极其重要的影响，增大风险产生的概率。

三 农民工进城务工与风险的产生

农村劳动力向城镇转移、向非农产业转移是世界各国工业化、城镇化过程中表现出来的普遍规律，也是当前推进城镇化所面临的一项重要任务。尽管推进农村剩余劳动力向城市转移、使大量农民转化为市民日益受到各级政府的重视，也是各级政府当前的工作重点之一，但现实并不容乐观，特别是进城以后，农民工如何生存、如何发展，并没有引起各方重视，也没有形成可供借鉴、复制的解决方案。因受到城乡二元体制、城乡户籍分割等多重因素的深远影响，农民工面临着待遇不平等、社会保障缺失、市民化进程缓慢等系列困境，大量农民工难以融入城市，沦落为城市里的边缘人。同时，因为我国区域发展不平衡、城乡发展差距大，在比较利益的驱动下，大量农民工盲目涌入城市，以交通拥堵、环境污染、能源紧缺、秩序混乱等为表征的"城市病"在我国一些大城市已开始显现。农民工进城务工事实上已经带来了诸多社会问题，给我国经济社会的长远发展带来了诸多不确定因素，也给这个群体自身的发展带来了诸多危害。由此可见，农民工进城务工既会给这个群体自身带来一定的风险，也会给整个社会的正常发展增加不确定性。

第二节　农民工进城务工面临的职业安全与身体健康风险

一　农民工的职业安全风险

（一）职业安全的含义

在工业化时代，随着科学技术的日新月异，在工业生产中的各类风险与日俱增。面对这种趋势和背景，人们渐渐意识到，在推广和应用新技术、新工艺的同时，也应将安全生产管理提到更加重要的高度，事前预防和事后控制都不能忽视，方能解决不安全因素可能导致的各类新问题，于是就出现了 OSH（Occupational Health and

Safety）这一新鲜概念。自该概念诞生以来，职业安全问题逐渐受到了各国的重视。中华人民共和国成立初期，我国工业基础非常差、生产中的安全意识也比较薄弱，那时将 OSH 称作"劳动保护"或者"劳动安全与卫生"。直到 20 世纪 90 年代，随着改革开放的深入，我国才日益与世界接轨，将 OSH 称作"职业安全"，在各行各业，特别是在工业生产中，"职业安全"日益受到重视。

从内容来看，OSH 是由职业安全和职业健康两大主要内容组成。根据我国国家标准《职业安全卫生术语》的释义，职业安全是指以防止职工在职业活动过程中发生各种伤亡事故为目的的、在工作领域及法律、技术、设备、组织制度和教育等方面所采取的相应措施。而职业健康是指以职工的健康在职业活动过程中免受有害因素侵害为目的的在工作领域及法律、技术、设备、组织制度和教育等方面所采取的相应措施。从概念可知，职业安全和职业健康两者互相联系、彼此影响，具有极强的内在关联，职业安全是职业健康的前提和基础，职业健康则是职业安全的具体表现。

就目前来看，狭义上的职业安全主要是指为了保护劳动者在工作中的身体安全与身心健康，所采取的有利于工作环境改善以及工伤事故、职业病有效预防等的管理措施和手段。而广义上的职业安全主要是指通过预测、识别、评价和控制工作中劳动者可能面临的有害或者不利因素，以防止其对劳动者安全与健康产生损害而采取的措施的统称。显然，广义上的职业安全不仅包括事中控制，也包括事先预防，涵盖了企业生产经营活动中的不同环节、不同流程。

（二）农民工的职业安全风险

职业安全风险是在劳动生产过程中产生的，没有劳动生产就没有职业安全风险。但在工业化的现代社会里，职业安全风险发生的概率被大幅提升。其原因是，在以农业生产为主的劳动领域，劳动者主要是靠体力、手工层面的技术从事生产活动，生产节奏比较慢，安全系数比较高，生产中负伤、致残、中毒甚至致死的概率都非常小，具有群体性特征的生产事故更是极难出现。而在现代工业生产的时代，因技术进步，各类大型机器和现代重型装备的广泛应用，一方面导致许多行业的生产效率大幅提升，但另一方面劳动者在这些行业里工作的职业风险也同步增加了。在传统农业生产过程中从未听说过的职业风险，在工业化时代开始变得耳熟能详、司空见惯。

从类型上看，农民工职业安全风险可以划分为职业伤害和职业病两种类别。前者是指农民工在生产过程中所发生的诸如伤残、死亡等人身伤害，后者是指因生产活动中接触了有害物质或者受工作环境危害长期影响对农民工所造成的疾病。职业伤害具有即时性，通常在比较短的时间内发生，后果也能直接看得到。职业病则具有时滞性，通常在较长时间甚至是农民工已经离开原有岗位后才能察觉到。

（三）农民工职业安全风险的典型案例

来自农村的小伙子小吴，28 岁，在一家知名的电子制造企业打工，其工作职责是负责喷涂一种金属材料，每天要在车间工作10 个小时以上。2007 年 7 月的某一天，小吴身体出现了异常，开始严重咳嗽、气喘，并伴有持续性的发烧。随即，小吴因身体原因在当地住院进行治疗，但病情迟迟没有好转。之后的 CT 检查发现，小吴的肺部很不正常、全是白色的粉尘颗粒。而医生取小吴肺部组织活检寻找病因，发现在其肺泡里有像牛奶一样的乳白色液体存在。医生将从其肺部找到的白色粉尘颗粒送到某大学的实验室进行分析检测。检测报告显示，白色粉尘颗粒主要成分除了氧化硅和氧化铝外，还有一种重金属元素，那就是"铟"，这种人体罕见的金属引起了专家们的高度关注。原来，"铟"是一种稀有金属，是制作液晶显示器和发光二极管的原料，毒性比铅还强，小吴就是在喷涂金属材料时候，长期接触了"铟"，从而引发了病情。有专家表示，这是一种新型的职业病，在医学界也不为人所知，所以才导致患者迟迟没有检测出来病因。这无疑是农民工面临职业安全风险的典型案例。

再如，有关贵州省农民工职业病危害及死亡情况的抽样调查显示：2 个县外出务工的农民工职业性体检和职业病诊断分别为：体检总人数为 89 人，诊断出矽肺病患者 46 人，发病率高达51.69%；13 例务工回乡后死亡的农民工中有 9 人诊断出矽肺病，4 人虽未诊断矽肺，但确因患肺部疾病而死亡；另一个县的体检总人数为 154 人，诊断出矽肺病例 39 例，发病率高达 25.3%，务工回乡后 3 人有职业接触史，并死于肺部疾病。贵州省某村 4 个小煤窑体检 776 人，诊断煤工尘肺患者 48 人，发病率高达 6.2%。可见，农民工职业病危害严重。

二 农民工的身体健康风险

（一）身体健康风险的含义

根据世界卫生组织（World Health Organization，WHO）的界定，"健康"是"不仅仅是没有疾病和身体不虚弱，而是指一种身体、心理和社会的完美状态"。在学界，关于"健康素质"的界定和内涵也是"仁者见仁，智者见智，各抒己见"。陶建云（2002）曾认为，体能可分为两大类，即与健康有关的体能和与技能有关的体能，而与健康有关的体能也称健康素质。[①] 按其意，健康素质也就是通常所说的体能。目前，能够被大家较为认可的概念是韩丹

---

① 陶建云：《健康素质测试系统初探》，《解放军体育学院学报》2002 年第 4 期。

（2003）的界定，即健康素质是指在个体的生命活动过程中，为实现其生命价值而要具备的趋利避害基本调控智能的效果、水平或者势态。[①] 按其意，健康素质可以理解为是一种调控智能的效果、水平或势态，它包括身体素质、心理素质和社会角色素质等多重内容。

大多数学者均认为，身体健康包含着两个方面的内涵：一是指人体的主要脏器没有疾病，各个系统的生理功能表现良好，有较强的身体活动能力和劳动工作能力，这是身体健康最起码的要求；二是指对疾病具有较强的抵抗能力，即具有较强的维持健康的能力。[②]

一般来说，在体育运动、日常生活和生产劳动过程中体现出了较强耐力、较强抵抗力、较好身体状况、较好体能等，就被认为是身体健康。毫无疑问，健康的身体是个体生活、学习和工作的基本条件，是个体通过努力实现理想目标的关键性前提。毛泽东主席曾说过："体者，载知识之车而寓道德之舍也。"[③] 其意是：人的机体应该看作两个载体，即知识载体和道德载体；因此身体是非常重要的，体育锻炼也就是极其重要的。可见，只有拥有健康的身体，个体才能更好、更快地适应生活、工作环境，才能从容面对生活和工作中可能遇到的挫折与困难，才能保持较好的学习、工作状态和较高的效率，也就会对生活充满信心，使个体的精神状态饱满，头脑冷静、清醒，反应敏捷、迅速，抗压力能力比较强。

按照传统的健康观念，健康就是没有病，也就是"无病即健康。"《辞海》将健康（Health）界定为"人体各器官发育良好、

---

① 韩丹：《健康素质、体育和健育》，《体育与科学》2003 年第 4 期。
② 张美云：《生命教育的理论与实践探究》，博士学位论文，华东师范大学，2006 年，第 87 页。
③ 南秋红：《颜元对传统体育思想的继承与批判》，《兰台世界》2015 年第 12 期。

机能正常、体质健壮、精力充沛，具有健全身心和社会适应能力的状态"。随着社会发展，像许多其他概念一样，健康观念也在不断演变。现代健康观念综合了生物学、心理学以及社会医学等不同学科的贡献，属于一个集成性的概念，更具全面性。现代的健康观念认为，健康包括躯体健康、心理健康、社会适应能力以及道德健康。

（二）农民工的身体健康风险

医疗卫生领域大量的研究早已证实，个体健康状态与其所处环境、所受医疗服务、所采取的行为、所选择的生活方式等多种因素具有紧密的关系。这些影响因素既可能对个体身体健康产生有利的影响，也可能产生不利的影响。而不利影响就会使个体面临一种风险，也就是通常所说的健康风险。那么，发生不良结果的可能性以及导致这种可能性增加的所有因素都可谓之健康风险。因此，从过程演变来看，健康风险实际上包括了使疾病发生概率增加的因素（发生前）以及疾病发生后使损失增加的因素（发生后）这两个组成部分。

在进城务工的进程中，农民工从农村迁移到城市、从农业生产领域迁移到非农业生产领域，其所面临的原有生活场域、生产环境、社会网络、人际交往等外部因素以及个体自身的心理感受等内在因素都发生了很大的改变，这些改变可能恰恰就是影响农民工身体健康的重要风险因素。

除了上文所说的职业健康危害之外，因农民工劳动强度通常比较大、报酬又比较低、居住条件较差、整体生活水平较低，加上缺乏免疫接种等抵抗疾病的现代化条件，经常导致流行性感冒、寄生虫病等传染性疾病在农民工群体中的蔓延，影响特定农民工群体的身体健康。

同时，对离开原来已经生活多年的居住地到城镇工作的农民工来说，其原有的社会网络、消费方式、文化环境等都发生了改变，甚至是断裂。作为一个在城市社会中居于边缘尴尬地位的弱势群体，农民工的社会交往半径比较小，具有很大的局限性，通常局限在农民工之间，难以与城里人真正融合、实现市民化。在原来的乡村生态体系之中，农民工通常以血缘、亲缘、地缘关系为基础而自觉不自觉地构建社会网络，但城市中的社会交往网络却明显不同，以业缘关系为主，这增大了农民工的不适应性。农民工与城市产业工人经常出现同工不同酬的现象，其社会地位与城市居民相比不在一个层次。像所有个体一样，农民工对城镇的社会文化的适应必定存在一定的时滞。因此，农民工无论在自我意识方面，还是在实际生存状态方面，都会出现较大的心理落差。生活与工作上的重重压力、精神生活的极度匮乏、不平等的社会地位等共同构成了农民工的特殊社会环境。这些特殊社会环境将对农民工心理健康造成焦虑、抑郁、敏感甚至恐惧等诸多不良影响。

相关研究结论显示：因为文化水平不高，技术技能素养低，获得并利用信息和资源能力低，艾滋病等疾病防范意识非常薄弱，加上缺乏医疗卫生服务和指导，农民工群体已经成为一个为数众多的艾滋病等疾病防御的脆弱人群。另外，据调查，自发外出务工的农民工大约占群体总数的88%，有组织外出的只占12%左右。自发性外出务工主要依靠亲朋好友介绍，这一特点就决定了农民工必然会生活在一个被主流社会遗忘的角落，既没有获得感、幸福感，也不可能会有安全感。特别是新生代农民工，很少吃过苦，也没有见过世面，更容易产生剥夺感、社会差异感、社会距离感以及不满情绪。如果这种负面社会心态不能及时被疏导，必然会对农民工个体的身心健康产生不利的影响。

（三）农民工身体健康风险的典型案例

《河北日报》2008 年 11 月 17 日曾有以下报道。常林是一名从甘肃农村到青海西宁务工的典型农民工，在工友们看来，他是个比较随和同时又很勤快的人。当年 7 月 7 日，常林没有到工地上班。当天晚上 10 点多，其同乡常某向康某提议一起去看看常林，了解一下具体情况，这实际上是工友之间的关心行为。于是，常某和康某一起来到常林的出租屋门前。突然，常林手提一根一尺多长的三轮车转动轴猛然冲了出来，不分青红皂白地朝走在前面的常某头上挥来。常某瞬间被打倒在地，康某逃出来后立即招呼其他工友一起制伏了常林，但常某却因其头部被铁棒连续殴打 40 多棒，已经没有了生命特征，一个生命就这样消失了。据常林在公安局交代，他那段时间心情非常糟糕、极其郁闷，因为生了病不能出去挣钱，感觉压力非常大。当天，他一直感觉周围的人想要陷害他，就在他觉得不安全的时候，听到外面有人说起自己的名字，在门被推开时，他莫名其妙地冲了出去……悲剧瞬间发生。

无独有偶，在当年 6 月，石家庄新华区也发生过一起类似的无故伤人事件。小张等 3 名安徽籍农民工在一家小饭店内就餐，因为心情不好，结果喝醉了。当他们要求继续上酒时，店主拒绝再卖给他们，双方因此随即发生了口角，结果 3 人将店主打伤，而且与随后赶到的“110”民警发生了肢体冲突。3 名农民工因涉嫌酒后暴力袭警、妨碍民警执行公务而被依法刑事拘留。被拘留后，3 名农民工很委屈地说，他们从农村老家抱着“淘金”的念头到城市务工，然而现实却是如此残酷，他们连续换了几个工作都干不长久，经常处于无业状态。“令人难以忍受的是，人家总瞧不起我们，平常也跟我们不说话。和城里人一比，我们处处觉得不如人家。”小张认为店主不再卖酒给他们，实际上就是看不起他们，认为他们低人一等，于是长期压抑的心情和不满情绪一下被点燃，一场冲突就此发生了。

这些看似偶然的事件，本质上反映出了农民工在城市谋生时，因切身感受到了现实与理想的强烈反差，加上生活极其单调而导致的心理失常问题：悲观、脆弱、敏感、不自信。而且，因远离家人，有了心理问题却找不到人进行倾诉，没有合适的解脱方式，也没有人帮助他们及时疏导，导致其心里苦闷、异常，进而产生不理智行为，最终以剥夺他人生命或伤人的方式宣泄，终酿悲剧。

三　造成农民工职业安全与身体健康风险的主要原因

相对于城市劳动力市场上其他群体而言，农民工群体就业的行业结构在很大程度上可以对农民工更容易受到职业安全与身体健康风险侵害进行解释。

农民工就业的行业结构是指农民工在不同行业之间的一种分布状况。尽管随着我国产业结构的不断升级以及农民工教育培训的加强和新生代农民工文化素质的整体性提高，农民工就业的行业结构发生了较大的变化，但整体上并没有发生本质上的改变，依然以制造业、建筑业、采掘业等为主。国家统计局发布的《2012 年全国农民工监测调查报告》显示，农民工就业的行业结构仍然以传统的制造业、建筑业和服务业为主，而且从事建筑业的比重在逐年提高，从 2008 年的 13.8% 上升到了 18.4%，从事制造业的比重则趋于下降，这可能与中国产业结构升级有关。在农民工中，从事制造业的占 35.7%，占比是最大的，其次是建筑业，其占比为 18.4%，再依次为服务业（占比为 12.2%）、批发零售业（占比为 9.8%）、交通运输仓储和邮政业（占比为 6.6%）以及住宿餐饮业（占比为 5.2%）。总体上看，未来一定时间内，农民工仍将继续向制造业、建筑业流入，但餐饮、娱乐、新型服务业等第三产业开始成为农民工进城务工的重要选择。

从以上分析可知，农民工群体主要集中在制造业、建筑业、批发和零售业、住宿和餐饮业、居民服务业等行业，如果以年平均万人死亡率作为分析指标，那么在这些行业就业的农民工群体所面临的职业安全风险无疑显著地高于其他行业的群体。其原因主要是企业劳动安全保护设施非常薄弱、缺乏必要且有效的岗前培训以及农民工职业健康监护水平偏低等。

第一，农民工就业企业劳动安全保护设施非常薄弱。私营企业是农民工就业的主要出处，但不少私营企业的安全设施非常简陋，有些没有专门人员负责安全生产管理的企业，其设备常年得不到维修和检验，不少设备早已过了报废期却还在使用，农民工的生命安全和身体健康得不到有效保障。在经济利益最大化的导向下，部分中小企业想方设法降低生产成本，造成工艺技术普遍落后，生产作业场所缺乏必要的安全防护设施，粉尘、毒物等职业危害超标现象异常严重，这些都对农民工的职业安全与身体健康造成了不良影响。

第二，农民工就业缺乏有效的岗前培训。在进城务工之前，农民工主要在农业生产领域工作，对非农生产及其安全常识大都一窍不通。因农民工群体稳定性差、流动性大，许多企业不重视对其进行岗前安全培训，一般都是招来就上岗，这造成了农民工普遍缺乏安全保护意识和安全生产技能，进而导致工伤事故频发。

第三，农民工职业健康监护水平明显偏低。有调研数据显示，尽管不少企业都要求农民工进行岗前体检，其体检率在70%以上，但是在岗体检率却普遍较低，只有约30%，因农民工离职随意性很大、流动性很强，其离岗体检率更是非常低，绝大部分农民工离岗时都没有进行过体检。更为严重的是，因职业病大都具有迟发性、隐匿性，不能被及时发现，加之很多农民工频繁变换工作，这为其日后的合法权益维护也带来了很大的隐患。因此，因农民工健康体检率低、职业病报告体系不完善、职业病档案信息缺失等因素，使我国农民工职业病患病情况可能远远高于公开数据所反映的情况。

同时，归属感缺失导致农民工缺少安全感，进而导致其心理失常。大多数农民工因为技术、技能水平不高以及信息获取和利用能力不强，且缺少市民与生俱来的城市社会资源，故只能在一些城里人不愿干的岗位上出卖苦力，而且收入也比较低，除去房租、水电、吃饭和其他的日常开支之外，到了月底几乎没有什么钱能剩下来。这使其时时都感受到现实存在的贫富差距，从而形成严重的自卑心理，导致安全感缺失。缺失安全感的农民工，通常会处于一种焦虑、烦躁或者郁闷的状态之中，久而久之就会导致其心理失常，身心变得不健康。

第三节　农民工进城务工面临的居住环境与公共卫生风险

一　居住环境风险

（一）居住环境风险的含义

居住环境是指人类所居住的周边所存在的有形物理环境和无形人文环境。也就是说，居住环境有自然环境与人文环境之分。自然环境是指居住空间的植被、空气、水源等天然的环境；人文环境是指居住空间内各种文化、风俗、社交关系等。本书在这里主要是指自然环境。居住环境的建设是人类社会自古以来就有的基本活动。人类在改造、建造客观世界中不断进步、不断发展，而在改造客观环境的同时，人类也对自身进行了改造。从原始人演变到现代都市人，是人类的不间断的"文"化过程。人类为改善自身在客观世界中的生存环境而进行了大量的各类建筑活动，并不断地在改进自身居住和生活的空间环境，使其符合自身的偏好，人们的"个人""家庭"和"居住社会"生活活动的一切特性以及他们的价值取向、意识形态均可以从其建设的空间环境得以反映。

西方学界关于居住环境的研究，最早起源于有关区位问题的探讨，至今已有100多年的历史。受杜能区位思想的深刻影响，美国土地经济学家阿兰索提出了区位的"竞租理论"以及城市租金梯度曲线和同心圆土地利用模式。① 关于居住区位选择的研究，传统的经济分析模型主要以单中心城市模型和效用理论框架作为分析基础，并对人们出行活动进行了严格假设，即人们的居住区位决策仅仅考虑通勤成本与房价（也就是土地成本）。显然，该假设过于苛刻，偏离了现实，尽管后续的研究在一定程度上放松了上述假设，但依然不符合现实的实际情况。② 之后，Prashker 等利用以色列特拉维夫城市人口普查数据，以描述性统计和离散 Logit 选择模型为主要分析工具，探讨了家庭居住区位选择的影响因素，其结论表明，区域特征和通勤距离对居住区位选择具有显著的影响，且这种影响在不同性别之间具有显著的差别。③

近年来，国内有关居住环境的研究日益增多，有关农民工居住

---

① Alonso W. , *Location and Land Use*, Cambridge, MA: Harvard University Press, 1964, p. 76.

② Mills A. , Edwin S. , "An Aggregative Model of Resource Allocation in a Metropolitan Area", *American Economic Review*, 1967, pp. 197 – 210.

③ Prashker J. , Shiftan Y. , Hershkovitch S. P. , "Residential Choice Location, Gender and the Commute Trip to Work in Tel Aviv", *Journal of Transport Geography*, Vol. 16, No. 5, 2008, pp. 332 – 341.

环境的探讨也不在少数。张瑞龙等（2013）采用县城人均 GDP 和人口密度两个指标以衡量县城农民工居住环境的影响的县城差异，以居住质量、人均居住面积和邻居类型三个指标对居住环境进行测度，并利用最小二乘法模型和 Mlogit 模型对其进行回归分析，其结论表明：县城经济实力越强大，农民工居住环境质量就会越好、人均居住面积就会越大、同市民混居的概率也越大；县城人口密度越大，农民工居住质量就越差、人均居住面积就越小、同乡聚居的概率就越大。[1] 王广聪（2008）提出，造成农民工子女走上犯罪道路的原因可能是复杂多样的，但农民工不良的居住环境以及因此而引发的其他问题是极其重要的因素。[2] 杨肖丽等（2014）的相关研究表明：农民工在城市的居住环境越好，越倾向于年老退休后在城市长期定居；随着农民工在城市的住房质量的提高和人均居住面积的扩大，农民工年老后定居于城市的概率显著上升；邻居类型对农民工年老后是否定居于城市不具有显著影响；在县城务工的农民工比在省城务工的农民工更可能在年老后定居城市；以男性农民工为参照，女性农民工更偏向于年老后在城市定居；受教育程度越高的农民工，年老后定居城市的可能性也越高。[3] 沈真（2014）根据李秉勤等提出的"四个优先考虑"理论框架，提出了农民工居住环境的选择具有"家庭优先考虑""流动性优先考虑"的特征。[4]

---

[1] 张瑞龙、杨肖丽：《县城农民工居住环境调查分析》，《沈阳农业大学学报》（社会科学版）2013 年第 2 期。

[2] 王广聪：《农民工居住环境对其子女犯罪的影响》，《河北公安警察职业学院学报》2008 年第 3 期。

[3] 杨肖丽、景再方、王秋兵等：《农民工居住环境与年老后定居方式选择——基于辽宁 497 名农民工的调查数据》，《湖南农业大学学报》（社会科学版）2014 年第 4 期。

[4] 沈真：《农民工的居住选择及其影响因素研究——基于 19 市农民工调查的实证分析》，硕士学位论文，华东理工大学，2014 年，第 143 页。

（二）农民工的居住环境风险

随着在 20 世纪五六十年代出生，并在 20 世纪 90 年代前后进城的第一代农民工因年龄原因而逐步"告老还乡"，淡出农民工队伍，出生于 20 世纪七八十年代的农民逐渐成为当今农民工队伍的主力军。第一代"农民工"因当时经济社会发展水平有限，家族负担太重，进城务工还只能追求收入增加、家庭生活改善，也就没有在城里安家落户的想法与追求。但是，第二代农民工可谓是"轻装上阵"，没有沉重家庭负担的他们不仅具有进城务工增加收入的追求，也具有通过进城务工以改变原有生活方式，进而成为名副其实的市民的强烈愿望。然而，在农民工市民化的进程中，个人及其家庭在城镇定居所需支付住房成本却是影响其市民化决策最关键的因素。农民工居住环境具有居住面积小、环境差、配套设施不齐全、房价高、住房保障缺乏等显著特征。

目前，农民工的住房解决主要有租房、单位宿舍以及工棚 3 种方式。有调查显示：有 29.19% 的农民工居住在狭小、拥挤的集体宿舍中，有 20.14% 的农民工居住在没有厨房、厕所等设施的房间里，有 7.88% 的农民工临时居住在工作的地点，有 6.45% 的农民工居住在临时搭建的工棚里，还有 12.54% 的农民工在城里没有固定住所，只能每天往返于城郊或城乡之间。整体上来看，农民工在城市务工绝大多数居住在简陋的宿舍里面，居住面积狭小、配套设施不齐备、周边环境差。国家统计局发布的《2017 年农民工监测调查报告》显示，进城农民工人均居住面积为 19.8 平方米，比 2016 年提高了 0.4 平方米。人均居住面积 5 平方米及以下、居住困难的农民工户占比为 4.6%，比 2016 年下降了 1.4 个百分点。

居住面积狭小、配套设施不齐备、周边环境差一方面给生活带来了诸多不便，另一方面也会使人感觉到烦闷，影响心情。特别是周边环境差会容易引起肺炎等疾病，如果居住环境比较拥挤，通风不良，那么空气中就会有较多致病菌的存在，进而引发传染病。而且，因为农民工的住房或工地经常出现骗子广告，缺乏判断力的农民工容易上当受骗，这实际上也是农民工居住环境风险的之一。

（三）农民工居住环境风险的典型案例

课题组实地调查发现，无论是在用人单位直接提供的宿舍居住，还是在自行租赁的民房里居住，农民工人均居住面积都远远小于市民的平均居住面积。课题组在广东东莞某建筑工地附近调查时看到，农民工户均为 3—4 人，居住总面积为 10—20 平方米，而且绝大多数是合租合住。其中就看到了一个农民工家庭，一共 4 口人（两个大人、两个小孩）拥挤在 18 平方米的出租房子里，厨房、厕所全在一起，没有空调，只有两台老式电风扇。出租房门口大约 5 米处就有一条马路，车来车往，"风尘仆仆"，半个小时不到房子里的桌子上面就能看到一层灰尘。尽管不时有运输车辆通过，但就是没有公共汽车经过，大家出门如果稍微远一点就都是叫"摩的"。出租房右后边就是一堆垃圾，附近居民的生活垃圾全堆放在该处，坐在出租房里面时时有阵阵臭味飘过，让人极为难受。垃圾堆附近的墙面和电线杆上贴着被覆盖了无数次的骗人的广告，如征婚、算命、六合彩等。

据该住户介绍，因为出租房附近人口流动量较大，人员构成比较复杂，综合素质也普遍较低，是一个典型的民警、房东、中介三不管的"盲区"。平均 1 个月左右附近就会发生一次偷窃事件（尽管没有太多贵重物品被偷），平均 2 个月左右马路上就会出现一次抢劫事件。该住户住了近两年时间，已经被偷过 4 次。其隔壁租住的农民工家庭同样被偷过好几次。在该住户租住的整个楼房里，上下三层楼房，每一层 5 个房间，全都改造成了带厨房、厕所的出租房，一共有约100个人（绝大部分是农民工及其家属）居住在这栋楼房里。

与此同时，如果农民工不进城务工，就不可能面临如此大的居住环境风险。特别是乡村振兴下，乡村各方面全面发展，环境将越来越适应居住，而农民工却要在城市面对如此糟糕的环境。

二 公共卫生风险

（一）公共卫生风险的含义

公共卫生是一个国家或地区的人群的健康状况，或者政府及被授权承担公共职能的机构组织开展的环境卫生、疾病防治、基本医疗保健等以实现公众健康为目标的公共管理和服务活动。[1] 但美国城乡卫生行政人员委员会认为，公共卫生是通过评价、政策发展和保障措施来预防疾病、延长人寿命和促进人的身心健康的一门科学和艺术。相应地，公共卫生服务是指由各级疾病预防控制机构、各类城市社区卫生服务中心、乡镇卫生院等城乡基本医疗卫生机构向全体居民提供的各类卫生服务的总和。显然，公共卫生服务属于公益性的公共卫生干预措施，主要起到疾病预防、控制的作用。公共卫生的具体内容可以概括为三个方面：一是对重大疾病特别是结核、艾滋病、SARS，甚至鼠疫、霍乱等传染病的预防、监控和医治；二是对食品、药品、公共环境卫生所进行的监督与管制；三是相关机构进行的卫生知识宣传、健康知识教育、免疫接种等。

根据国家卫生部《基本公共卫生服务2011版规范》的相关内容可知，在国内展开的基本公共卫生服务一共有十一项、三大类。第一类是针对全体人群的公共卫生服务任务，如为辖区常住人口建

---

[1] 李慧：《公共卫生内涵解读——兼论刑法视域下的公共卫生》，《南方论刊》2011年第6期。

立统一、规范的居民健康档案；向城乡居民提供健康教育宣传信息和健康教育咨询服务。第二类是针对重点人群的公共卫生服务，如为0—36个月婴幼儿建立儿童保健手册，开展新生儿访视及儿童保健系统管理；为孕产妇开展至少5次孕期保健服务和2次产后访视；对辖区65岁及以上老年人进行健康指导服务。第三类是针对疾病预防控制的公共卫生服务，包括为适龄儿童接种乙肝、卡介苗、脊灰等国家免疫规划疫苗；及时发现、登记并报告辖区内发现的传染病病例和疑似病例，参与现场疫点处理，开展传染病防治知识宣传和咨询服务；对高血压、糖尿病等慢性病高危人群进行指导，对确诊高血压和糖尿病患者进行登记管理，定期进行随访；对重性精神疾病患者进行登记管理，在专业机构指导下对在家居住的重性精神疾病患者进行治疗随访和康复指导。当然，随着社会的发展和进步，基本公共卫生服务内容也会日益增加，服务边界也会不断延展。

公共卫生风险是指人体接触风险源、食用不安全食品等从而被感染的可能性及其危害。现代公共卫生风险分析需要建立在流行病学研究、致病机理研究、疾病案例统计与分析、有关暴露评估及相关信息资料收集和分析的基础上，并运用逻辑推理、数学模型或概率统计等方法，对特定卫生风险事件在一定时间和一定范围内发生的概率以及风险事件发生后所造成的损失的严重程度做出定性、半定量或定量分析，从而较为准确地推断、预测出能够满足一定规律的结果。[1] 卫生风险分析关注的核心问题主要有两个：一是风险事件发生的概率，也就是出现的可能性，这通常是事前预测；二是风

---

[1]　王付民：《广东省食用蛇蛙类曼氏裂头蚴病的流行与防控》，华南理工大学出版社2015年版，第12页。

险事件发生究竟会造成多大的损失，也就是风险发生后的评估。

（二）农民工的公共卫生风险

从近些年全国各地媒体的报道和学者们的调查结果来看，农民工是各种传染病流行的高危人群。性病、艾滋病、乙型肝炎、肺结核、寄生虫病以及病毒感冒等一些常见的传染病，因缺少必要的预防知识和预防措施，有些在城市中已经很少发生的传染病，但在农民工群体中却呈高发状态。天津滨海新区2010年的统计显示，该区当年报告的肺结核、艾滋病、乙型肝炎和麻疹等重点传染病的发病率全部大于全市同类报告发病率的均值，其原因是该区农民工比较多，而农民工正是这些重点传染病的主要感染者。据滨海新区疾控中心肝炎科主任介绍，中心曾对该区部分20—40岁的农民工进行过乙肝抗体阳性率检测，检测结果显示，被检测农民工的乙肝抗体阳性率均值为52%，比全市1—59岁人群的65%的市民均值低了13%。也就是说，有48%的农民工对乙肝病毒没有免疫力。

接下来以结核感染率为例，对农民工面临的公共卫生风险做进一步说明。据有关统计资料显示，在大中城市中，结核感染率可达到50%—70%。换言之，城市人群的结核感染率远远高于农村，其主要原因是城市人口密度比农村要大很多，病源因人口多且流动性大而难以被及时、有效控制。肺结核病是由结核杆菌引发的肺部慢性感染性疾患，属于呼吸道传播类的传染病。结核杆菌的生存能力非常强，当患者说话、咳嗽或者打喷嚏时，必然会产生很多飞沫，若易感者不幸吸入了排菌人的飞沫，即很可能就会被感染。而且，排菌人随地吐痰，干燥后细菌随尘土飞扬，被健康人吸入也会引起感染、发病，因为结核杆菌存活时间比较长，通常为8—10天。农民工进入城市务工，生活通常都较为贫困，居住空间比较拥挤、狭小，周边卫生状况也极不乐观，再加上农民工工作劳动强度通常比较大，容易出现过度疲劳和营养跟不上的状况，使身体处于透支状态，如果长期处于这种生活状态之中，无疑极易导致其机体抵抗力急剧下降，使其成为结核病的高发人群。

综上所述，农民工进城务工无疑面临着较大的公共卫生风险。

（三）农民工公共卫生风险的典型案例

课题组在实地调查时，曾遇到一个建筑工地农民工下班吃饭的情形。农民工们经过一天的劳累，终于下班了。此时，几辆简易三轮车早早等候在建筑工地附近的马路旁边，车里放着一大盘饭和4—5个菜，等着下班的农民工前来吃饭。该工地比较偏远，附近没有什么饭店、菜馆。这些三轮车拉来的饭菜还是比较便宜的，十元的标准是两荤两素。然而，这种路边摊的卫生环境却是非常的脏、乱、差了，先不考虑饭菜材料的质量过不过关，到底干不干净，但现场的卫生就足以令人触目惊心了。因用水不方便，且卖主为了节约成本，先来的农民工吃完后，卖主就把碗和筷往水盆里划几下，只要碗筷上没有了残渣剩饭，就拿起来又给后来的农民工开始使用了。农民工连使用一次性卫生餐具的权利都没有。据课题组统计，在其中一辆三轮车前先后有56名农民工付款就餐，只有8人自带了餐具。特别糟糕的是，因为临时吃饭的地点是在公路边，不免会有汽车经过，快速掠过的汽车卷起了一阵阵灰尘，农民工简直就是在"享受"灰尘拌饭。

三 造成农民工居住环境和公共卫生风险的主要原因

俗话说"一方水土养一方人"，其实也可以说居住环境培育和陶冶了人。居住空间环境是一种物质秩序，这种空间环境的整体组织的长期作用是产生、维持人类活动格局的有力结构。人类长期定居在特定的居住空间环境中，必然产生生活环境与行为之间的相互作用，"存在决定意识"，从而形成相应的生活方式、价值观念和意识观念——以至文化形态。① 农民工正是因为其面临着特定的居住环境风险，进而养成了许多不良的生活习惯，造成了不少健康困扰。归纳起来，造成农民工居住环境和公共卫生风险的原因主要有以下几个。

第一，农民工卫生保健不到位。有目共睹的是，农民工生活环境非常不理想，卫生条件极为艰苦，工作中经常与各类灰尘为伴，生活中也是被各类垃圾包围，各种环境因素导致农民工卫生保健不到位。

第二，农民工的不良生活习惯导致传染病多发。大部分农民工缺少卫生常识，习惯于随地吐痰，没有养成饭前便后洗手的生活习惯，并且喜欢在饭桌上大声说话，使呼吸道传染病和肠道系统传染病在其特定群体中易发、多发。

第三，用人单位责任缺失导致农民工居住环境和公共卫生风险。许多属于高危行业的用人单位，没有对农民工进行安全生产和职业健康教育培训，或者是没有将安全生产和职业健康相关知识纳入职业技能教育培训内容。不少用人单位没有严格执行特殊工种持证上岗制度、安全生产培训与企业安全生产许可证审核相结合制度。部分用人单位为节省成本，将农民工集体性地安排在环境非常差的简易工棚里。

第四，地方政府责任缺失进一步加剧了农民工居住环境和公共卫生风险。有些地方政府没有强化对农民工聚居地的疾病监测、疫情处置和突发公共卫生事件应对，没有安排相关人员负责农民工的健康教育、妇幼健康和精神卫生工作。还有部分地方政府没有加强

---

① 熊景维：《我国进城农民工城市住房问题研究——以进城农民工的市民化为主要考量》，博士学位论文，武汉大学，2013年，第154页。

农民工艾滋病、乙型肝炎、结核病、血吸虫病等重大疾病防治工作，没有落实"四免一关怀"等相关政策，也没有对房屋租赁市场进行过整顿与规范。

第四节　农民工进城务工面临的 失业与收入风险

一　失业风险

（一）失业风险的含义

失业通常是指具有劳动能力并且愿意寻求和从事工作的人，却无法找到工作的一种社会现象，也就是具有劳动能力的人被动地处于完全闲置的一种状态。失业通过失业率这个指标进行衡量。失业率可以通过失业人口除以劳动力总人口获得。奥肯定律表明，一个国家或地区的 GDP 相对于其潜在值每下降 2 个百分点，失业率就会上升大约 1 个百分点。[①]

按照不同的分类方法，可以将失业划分为不同的类型。常用的划分方式是将失业分为摩擦性失业、结构性失业和周期性失业。摩擦性失业是指因寻找或转换工作所需要的那段时间内的失业。结构性失业是指一种类型劳动需求上升而另一种类型劳动需求下降时，需求下降的劳动供给者未能及时地做出调整而产生的失业，也就是劳动力供需错位下的失业。周期性失业则是指经济波动中因需求下降而造成的失业，这种失业是因为整个国民经济的总支出和总产出

---

① 陈国胜：《财政与金融》，清华大学出版社 2012 年版，第 121 页。

下降而造成的，与一个国家或地区的经济周期紧密相关。① 如果按照劳动者个体的意愿进行划分，也可将失业分为自愿失业和非自愿失业。前者是指劳动者不愿意接受现行工作条件而未被雇用所造成的失业，此类失业在西方国家中不被算作真正失业。后者是指具有劳动能力并愿意接受现行工资，但因有效需求不足而找不到工作所造成的失业。

那么，根据上面的分析，失业风险则是指因为经济形势变化或者行业需求变化等原因而导致的非自愿失业使劳动者出现收入能力终止或者暂时终止的风险。失业风险对个人或家庭的影响主要体现在经济方面，具体表现为收入损失方面的风险，化解失业风险的主要途径是通过继续教育、职业培训等方式增加个体就业竞争能力，实现再就业。

（二）农民工的失业风险

农民工进城务工面临的失业风险主要表现在两个方面。一是进城后找不到工作，二是找到工作后也很不稳定，不能实现持续就业。导致农民工进城后找不到工作的原因既有客观方面的因素，也有农民工自身的因素。

从客观上看，农民就业的结构性矛盾比较严重。从上文的分析可知，农民工，特别是男性农民工，进城务工的行业首先是第二产业，其次是第三产业。从实际情况来看，许多地区的建筑业和三产业在近些年发展较快，但工业基础却较为滞后，能提供大量就业岗位的大中型企业并不是很多，适合农民工知识水平和技能水平的岗位远远不够，依然存在供不应求的局面。该情况在中部、西部地区的许多中小型城市里是普遍存在的。尽管女性进城农民工对薪资待

---

① 黄安余：《就业失业论》，中央编译出版社 2015 年版，第 231 页。

遇等的要求不高，普遍比男性农民工的要求要低，比较容易好找工作，但男性成年、青壮年或新生代进城农民工对薪资待遇等要求相对较高，失业情况就难免更为严重。

从农民工自身来看，文化水平低且缺乏技术特长是农民工面临失业的内在因素。无数调查结果均表明，在我国进城务工的农民工中，初中及以下文化程度者大约占 70%，这说明农民工群体文化程度普遍比较低。同时，在课题组的走访调查中发现，很多农民工因为怕耽误挣钱的时间和机会而不愿意参加技能技术培训，这对本身就没有技能储备的农民工而言，意味着永远只能靠出卖苦力谋生，而出卖苦力的岗位又非常有限。可见，文化水平的不足和专业技能的缺乏是进城农民工风险产生的主要内在因素。

（三）农民工失业风险的典型案例

张某，男，1978 年生于湖南益阳市安化县。因出生时家境比较贫寒，只接受过两年小学教育，家里有老婆、两个孩子和两个老人需要供养。张某在老家共有 8 亩土地，但土地大都在安化的山区，亩产不高，接受课题组采访时早已租赁给邻居经营农作物，租金是 8 亩土地一共 1600 元/年。张某在长沙务工，从事家居装修，具体来说就是泥瓦工，铺设瓷砖的那种活。张某介绍，2004 年和村里人结伴来到长沙投身家居装修行业，原来干过不少工种，都不是太合适自己，后来才确定了和同来的人学习泥瓦工。在十余年的打工生涯中，张某积累了较为丰富的瓷砖铺设经验，一手较为娴熟的技术经常受到雇主的称赞。但从 2012 年开始，长沙的装修行业开始变得不景气，加上张某主要通过自己找活做，没有加入什么装修队，工作开始变得很不稳定，经常被迫四处找工作，好不容易找到一份工作但往往只能干 3—5 个月，有时甚至只能做 1 个月左右。用张某自己的话说，近几年来，几乎每天都面临着无事可做的风险，做完今天的活就不知道明天有没有活可以做。

这是农民工在城市面临失业风险的一个个案，而且张某是有一定技术特长的农民工，其他没有技术特长的农民工，其所面临的失业风险无疑更大。

二　收入风险

（一）收入风险的含义

按收入的性质进行分类，收入可以分为商品销售收入、劳动提供收入和资产让渡使用权取得的收入等类型，本书在这里强调的是劳务提供收入，也就是通常所说的劳动收入。

顾名思义，劳动收入是指居民凭借其为社会所提供的一定数量和质量的劳动所获取的收入。① 因劳动可以分为直接生产劳动与经营管理劳动两种类型，所以劳动收入也就可以分为直接生产劳动收入与经营管理劳动收入两种形式。此外，按照国家相关部门的统计口径，劳动收入还应包括劳动者在本职工作之外各种兼职或为社会提供服务所形成的其他劳动收入。从会计学的角度来看，劳动收入主要包括工资、津贴、奖金和其他劳动收入。对于个体经营户、私营企业而言，企业利润实际上包含着个体劳动者和私营企业主的劳动收入。同时，因津贴本质上是工资的另外一种表现形式，可以将工资与津贴合并在一起统称为工资。② 劳动收入用公式表示为：

劳动收入 = 直接劳动收入 + 经营管理劳动收入 + 其他劳动收入

　　　　= 工资 + 津贴 + 奖金 + 经营管理劳动收入 + 其他劳动

　　　　收入

---

① 叶祥松：《政治经济学（社会主义部分）》（第 2 版），东北财经大学出版社 2013 年版，第 66 页。

② 马从辉：《开放经济条件下居民收入分配问题研究》，中国财政经济出版社 2004 年版，第 58 页。

或者：劳动收入 = 工资 + 奖金 + 经营管理劳动收入 + 其他劳动收入

劳动收入风险是指劳动者因失业、停业等原因，在一定时间内面临没有持续稳定收入的可能性。在"铁饭碗"日益被打破的时代，绝大部分劳动者都在市场里竞争，难免会面临重新择业、重新就业的时候，那么劳动收入风险就在不断加大。

（二）农民工的收入风险

农民工的收入风险有三层含义：一是农民工人力资本存量不高制约了其收入水平的提高；二是农民工工资收入缺乏正常增长机制；三是农民工收入有可能被拖欠甚至成为泡影。

人社部公布的《2017 年度人力资源和社会保障事业发展统计公报》显示，2017 年全国城镇非私营单位就业人员年平均工资为 74318 元（月工资为 6193 元）。人社部劳动工资研究所完成的农民工薪酬课题报告显示，我国"十二五"期间，农民工月平均收入五年年均增长了 12.7%，从"十一五"末（2010 年）的 1690 元涨至"十二五"末（2015 年）的 3072 元。最新统计数据显示，2017 年农民工月均工资收入为 3485 元，只有城镇非私营单位就业人员月工资的 56.27%。至于农民工工资收入缺乏正常增长机制，有研究显示，在 2008 年以前，在珠三角地区打工的农民工的工资在 10 年间只涨了 68 元。至于农民工收入有可能被拖欠甚至成为泡影的情况，近几年虽然随着政府执法力度不断加大，情况有所好转，但全国各地也时有发生。如果从农民工与农民对比的角度来看，这也是农民工面临的收入风险之一，因为农民工进城务工后，意味其基本放弃了土地上的收入。

（三）农民工收入风险的典型案例

网上曾有这样一个段子：一个农民工和一个白领一起乘坐地

铁，白领发现农民工一直在盯着自己的苹果手机看，就大声呵斥"我手机7000多，你买得起吗？"听到此话的农民工笑了笑说"那真的挺贵的，都快是我半个月的工资了。"确实，在我国广州、上海、深圳等一线城市农民工的工资水平平均在300—400元/天，就连许多二线城市都在100—200元/天，比起那些预支消费、"月月光"的白领们，农民工的收入表面上着实"高"。但是，很多人不免会要问，一天收入300—400元的农民工，一个月的收入怎么也得过万元，那为什么农民工群体中会存在一个这样的普遍现象：农民工在过年即将返乡时并没有多少存款？

其原因可能有很多，第一个原因是包工头每天给农民工安排很多重活、累活但每月只支出一两千元的生活费给其过日子，到年终农民工上门讨要工资时才发现包工头早已逃之夭夭，导致所获无几。第二个原因是农民工并非每天都有工作分配，不是每天都有活干，有时候干三天活但是接下来的时间都是空闲的，这样算起来，工资其实也并没有想象的那么高。第三个原因是农民工背井离乡到外地打工，待在老家的家人平时也需要一定的花销，家里的伙食费、孩子学杂费用等加起来也需要不少钱，这些都需要农民工自己寄钱回去。

农民工们在外漂泊打拼，只为给家中的妻子、儿女、老人创造更好的生活条件。但是却又因为多种原因导致一年到头所剩的钱寥寥无几，可见农民工面临的收入风险并不小。

三 造成农民工失业与收入风险的主要原因

造成农民工失业与收入风险的原因主要有以下几个：

第一，农民工人力资本具有弱质性。农民工大多学历低、缺乏技术技能，这种人力资本的弱质性就决定了其很难通过正规就业渠道获得稳定的就业机会。一般来说，农民工的就业渠道主要是：亲朋好友相互介绍、临时的劳务市场上自行寻找雇主、老乡包工头组织外出务工等，而这些非正式渠道并非城市的主要劳动力市场，只能算作是次级劳动力市场。在次级劳动力市场中，不少企业在招聘和使用农民工时，不会与其签订劳动合同，通常以临时工、季节工等弹性用工形式进行雇用，这种没有保障的雇用形式使农民工被迫频繁地变动工作，这无疑加剧了该群体就业的不稳定性，进而增加了其失业风险。而农民工失业风险的加大，理所当然会使其收入风险相应加大。

第二，农民工在劳资谈判中处于弱势地位。目前，我国的农民工大多三五成群、稀稀拉拉，缺乏有效的组织。因此，从劳动者权益维护的角度来看，农民工与用人单位两者的谈判地位极其悬殊，这使农民工在合同签订、工资待遇、社会保障等合法权益争取方面没有谈判能力①。而且，从权益维护角度来看，农民工频繁流动的特点使农民工组织化程度非常低甚至是完全没有组织化，进而不可能以集体谈判形式与用人单位进行谈判，造成了劳资双方力量失衡。因而，在劳资谈判中处于绝对弱势地位的农民工，必然会造成很多合法权益的损失，增大自身可能面临的失业风险与收入风险。

第三，产业结构升级进一步加大了农民工的失业与收入风险。虽然从统计数据来看，全国各地农民工的整体就业形势仍然比较好，但随着全国产业结构的深度调整和不断升级，许多农民工因为技术和知识局限，将不可避免地面临结构性失业。例如2015年以来，为促进煤炭业的转型升级，不少地区一批批地关闭许多传统型煤矿，导致许多在煤矿谋生的农民工因此丢掉了工作。而

①　高倩、李兆友：《撒切尔政府劳资政策分析及对我国劳资关系的借鉴》，《哈尔滨商业大学学报》（社会科学版）2013 年第 4 期。

且，随着现代化采煤设备的推广和普遍应用，特别是煤炭生产规模化发展，必然要求采煤队伍专业化，因此失业的农民工还有可能不断增加。由此可见，随着制造业的结构调整和转型升级，许多没有技术、技能的农民工将因不适应用人单位需求而被劳动力市场淘汰。[①] 毫无疑问，产业结构升级无疑进一步加大了农民工的失业与收入风险。

第四，生活成本不断上升加大了农民工的收入风险。尽管各方面的数据均表明近几年来农民工群体的工资收入有所上升，但农民工在城镇的各项生活成本也在不断增加，扣除住房、子女教育、日常生活支出等方面的费用后就所剩无几。无法享受到与城镇居民同等待遇的农民工，在生活成本不断上升下大量的额外支出必然会消解上升的工资收入，从而加大农民工的收入风险。

第五节　农民工进城务工面临的家庭失和与子女教育风险

一　家庭失和风险

（一）家庭失和的含义

家庭是指基于婚姻、血缘以及有继承关系的成员所组建起来的一种社会生活组织形式。家庭是社会组成最基本的细胞，是社会生活的基本单位。父母、夫妻、儿女是一个家庭中的基本成员。当然，没有血缘关系的养子女、亲戚，只要共同生活、共同起居，也

---

① 张敏：《供给侧改革下农民工就业促进产业结构升级研究》，《理论探讨》2016年第6期。

属于家庭的范畴。① 作为一个社会的基本细胞、一个民族的基本单位，家庭的重要性不言而喻。唯有家庭关系稳定、团结和睦，社会才可能和谐、有序地发展，国家才会长治久安，民族才会日益强大。如果个体在其家庭中连孝敬父母、报答长辈养育之恩都不愿意或者做不到，那他也不可能会为家庭、为社会、为国家做出应有的贡献的。因此，对父母的爱是人类一切爱的源泉，从爱父母开始，延伸到爱同学、爱朋友、爱集体、爱祖国、爱民族……

然而，社会总是在曲折中不断前进的，家庭的发展也同样如此。受各种因素影响，家庭中各个成员之间的关系也会因突发、意外等情况的出现而产生不和谐、不融洽的局面，这就是家庭失和。我国已有 13 亿多人口，这些人口组成了大约 4 亿个家庭，是全球人口数量最多、家庭数量最多的国家。② 目前，相对于其他国家和地区来说，我国在家庭发展方面也面临着不少的挑战。如城乡之间、东西部地区之间发展不平衡，农村地区发展不充分，贫富差距难以缩小，消除贫困、实现社会公平的目标上担子重、路途远；人口老龄化日益严重、家庭抚养比上升、负担加重，出生人口男女性别比例不平衡；流动人口规模庞大，部分家庭成员情感不再紧密；还有青少年犯罪率呈现上升态势，等等。所有这些问题的出现与存在，正损害着部分家庭成员正当权益，也对家庭和睦和社会和谐产生了负面影响。

（二）农民工的家庭失和风险

从流动类型角度来看，农民工家庭可分为夫妻一起进城务工和夫妻单方进城务工两种类型。前一种类型的家庭也被称作流动型家

---

① 《中华人民共和国婚姻法》（案例注释版），中国法制出版社 2016 年版，第 236 页。

② 蔡永飞：《中国农村的大变局》，南京师范大学出版社 2013 年版，第 64 页。

庭，是指农村已婚夫妻共同或者先后进城务工，并共同生活在一起的家庭形式。后一种类型的家庭也被称作半流动型家庭，是指农民家庭中夫妻一方长期外出进城务工、经商，而另一半留守务农、持家、孝老，夫妻聚少离多的家庭形式。因各种不同的原因和现实条件限制，农民工进城务工时，通常是以夫妻一方在外的形式为主，待条件具备的时候，另一方才会进城以实现夫妻和家庭的团聚。但也有一些半流动家庭永远无法实现夫妻在务工或经商地区的团聚，造成夫妻长期两地分居，各自生活。而且，有调查显示，夫妻长期两地分居是我国农民工家庭中最常见、最主要的现象。那么，农民工夫妻长期两地分居的情况下，双方除饱受相思之苦而容易引发焦虑之外，也可能因生理或心理的需要而造成一方或双方出轨，还有可能导致互相猜疑、不信任进而影响夫妻感情。显然，这不可避免地使农民工家庭面临着夫妻失和的风险。

而且，农民工离乡进城务工后，大多数家庭的子女和长辈均在家乡生活，而农民工基本上是半年甚至一年才回家一次。无论与长辈还是与子女，农民工都始终面临着缺乏充分沟通的困境，不可避免地面临着父母的不理解、妻子的埋怨以及子女的冷漠，而这些往往就是家庭失和的重要诱因。

（三）农民工家庭失和的典型案例

近年来，进城务工农民工不断增加，农民工进城后大多将媳妇留在家中照顾老人与孩子。因农民工常年与老婆两地分居，夫妻间的沟通和交流必然大幅减少，感情也日益淡薄，离婚概率就自然不断上升，这当然是农民工家庭失和最严重的情况了。课题组曾遇到一个这样的案例。

丈夫于某和妻子马某都是农村人，婚前两家离得并不远，小时候就认识。于某是离家近100千米的省会城市工地上的农民工。

2016年春节过后，于某就离开了农村的家到省城打工，留下马某在家照顾公婆。离家不久后，于某接到妻子的电话说自己怀了孩子。于某听完妻子电话后无比高兴，一晚没睡着，毕竟是人生第一次做爸爸嘛。于是，于某第二天就向工头请假，说是着急要回家看看怀孕的妻子。

然而，让人大跌眼镜的是，于某开开心心回家，最后竟因为妻子的一句气话，就草草地结束了两人短暂的婚姻。

原来，于某回家后，前两天夫妻两人还好好的，颇为恩爱，但在第三天的时候，因为一件小事，夫妻两人互不相让，引起了争吵。其实，夫妻之间小吵小闹本是很平常的事情，天底下哪有不吵架的夫妻，但马某却在争吵中说了一句生气的话。正是妻子马某的这一句气话，却在瞬间将丈夫彻底击垮了，结束了这场夫妻间的争吵以及这段短暂的婚姻。

马某在争吵时对于某说："我怀的孩子和你没关系。"

回过头来看，这句话确实有点过分。但这原本只是妻子马某的一句气话，为什么丈夫于某听后的反应却出乎意外如此强烈呢？

原来，于某在建筑工地打工多年，经常听工友们说起某人妻子耐不住寂寞、红杏出墙之类的问题。当妻子马某生气说出孩子和他没关系时，于某第一反应就是觉得妻子在家受不了寂寞，与别的男人勾搭上了，还怀上了孩子。怒不可遏的于某立即向妻子马某提出了离婚。随后无论马某如何真诚地向于某解释以及家人如何劝说，于某硬是认定妻子出轨了，是个骗子。最终，小夫妻两人硬是离了婚。

透过现象看本质，该案例中离婚的表面原因是妻子的一句气话，但本质却是夫妻长期分居导致不信任，家庭失和风险大幅上升的典型案例。

二 子女教育风险

（一）子女教育的含义

子女教育有两方面的含义：一是指适龄人口必须接受由国家法律规定强制施行的基础性教育，二是指父母在思想、品德、学业等方面对子女的全面培养。前者实际上等同于义务教育，后者等同于家庭教育。义务教育是指依据法律规定，适龄儿童和青少年都必须接受，国家、社会、家庭必须予以保证的国民教育。在我国的学制系统中，初等教育阶段与初级中等教育阶段合称为义务教育阶段。目前全国已经实行 9 年制义务教育，部分地区在试行 12 年制义务教育。义务教育具有强制性、免费性、普及性的特点。义务教育在实质上是国家依据法律的规定对适龄儿童和青少年实施的具有一定年限的强迫教育，每个社会成员都必须接受。义务教育的强制性既是受到法律保护的公民权利，也是公民必须依法履行的法宝义务，否则国家法律机关将强制执行。[1] 义务教育的强制性是义务教育最本质的特点。义务教育的免费性又被称为公益性，强调的是义务教育阶段的学生免交学费、杂费。义务教育是国家、社会、学校和家庭必须予以保证的教育，是国家必须予以保障的公益性事业，国家建立义务教育经费保障机制，保证义务教育制度得以实施。义务教育的普及性又称为统一性，是指所有适龄儿童、少年都必须接受义务教育。[2]

家庭教育通常是指父母或其他长辈在家庭中有意识地、自觉地、自然而习惯地对后代所进行的知识、常识、礼仪等方面的教育。作为家庭生活不可分离内容的家庭教育，无疑是父母或其他长

---

① 邬志辉、李静美：《农民工随迁子女在城市接受义务教育的现实困境与政策选择》，《教育研究》2016 年第 9 期。

② 黎翔：《教育学》，航空工业出版社 2014 年版，第 43 页。

辈永恒的家庭义务与家庭责任。在人类社会历史演变的长河中，自家庭这个社会最基本的细胞出现的那一天开始，家庭教育就自然而然地出现了。作为儿童最重要的生活基地和生活乐园，家庭教育是任何其他形式的教育无法代替的，无论是学校教育，还是社会教育，均是以家庭教育为基础所进行的延伸、扩展以及提升。

纵观人类文明的进化历史，千古不变的是：父母既是其后代的第一任教师，也是终身的教师。也可以说，家庭既是所有人的第一课堂，也是所有人终身的学堂。国民教育的平台是靠家庭教育、学校教育、社会教育三大支柱所支撑的。[①] 现代学校教育、社会教育都有法律的严格约束、科学的指导以及现代技术强力支持，而家庭教育则依然处于自然状态、没有科学指导、没有现代技术支撑。如果家庭教育这根支柱依然不被重视，与另两根支柱形成巨大的反差。那么，国民教育的平台也不可能平稳、和谐、持续健康发展。

众所周知，科技及其创新是一个国家和民族的核心竞争力，而教育则是一个国家和民族的未来，家庭教育同样是未来目标达成的重要保证。缺乏良好家庭教育的今天，教育对昨天的历练就会变得无比痛苦，教育对明天憧憬就也将黯然失色。教育的大鹏要展翅腾飞，基础教育的躯干必须强壮，职业和高等教育的双翼必须强健，家庭教育的大脑必须健全。[②] 家庭是社会最基本的细胞，只有每一个细胞都健康，才可能会有全社会的健康。只有以家庭幸福为根基，才会有全社会的和谐。正所谓：家庭教育"为民族立命，为万世开太平。"

毫无疑问，家庭教育对人一生影响至关重要：家长正儿女易行

①　赵刚：《家长教育学》，教育科学出版社 2010 年版，第 87 页。

②　文应友、李国华、夏吉宏：《实践教育初论》，西南交通大学出版社 2011 年版，第 142 页。

善、家长邪儿女易行恶、家长民主儿女生平等之心、家长独断儿女生专行之念、家长仁慈儿女博爱、家长暴戾儿女残忍。孟母三迁、量稟教子、岳母刺字、孔融让梨，"近墨者黑，近朱者赤。"这些无不说明家庭环境与家庭教育与一个人的成长、成才紧密相连。人类教育的共同三大基本内容是健康、情感、求知，对应的三个习惯是整洁、微笑、阅读。① 要保证这三大内容落到实际生活中的三个习惯的养成，必须要靠家庭教育的强大支撑。

（二）农民工的子女教育风险

农民工子女主要有两种情况：一是随父母进城，二是与隔代长辈留守农村。因此，农民工子女教育则面临两种风险，即义务教育风险与家庭教育风险并存。

第一，义务教育风险。农民工子女随父母进入城市以后，因其对完全陌生的环境有潜在的抵触情绪，对曾经的乡村环境和儿时伙伴无比怀念，尤其是面对城市学生处处显示的优越意识时，不可避免地会对其心理产生巨大的影响。面对这种影响，农民工子女刚刚进入城市学校时，会表现出与城市学生明显不同的特征。农民工子女容易出现两个极端：一是在学习上勤奋、刻苦，成绩拔尖；二是调皮捣乱、成为"问题生"。农民工子女的性格发展也呈现出两个极端：一部分孩子积极乐观，较快地融入了新环境；另一部分孩子则性格日益孤僻、忧郁。从某种意义上说，无论是过于积极、急于在新环境、新同学中获得认可，还是内向消极、自我放弃，都偏离了孩子的天真活泼的本性，其内心都或多或少具有一定的自卑情绪。而且，城市公办学校存在户籍、住房等入学门槛，农民工子女大多难以企及，而专门的农民工子弟学校既存在数量比较少的问

---

① 阮建芳：《亲情与家庭》，同心出版社 2013 年版，第 276 页。

题，而且也存在教学质量又不高的问题。可见，如何保障农民工子女与城市居民子女平等接受公平、公正的义务教育，已然成为当前社会一种迫切需要解决的现实问题。[①] 可见，农民工子女面临的义务教育风险并不小。

第二，家庭教育风险。农民工父母常年在城市务工，其对子女的教育当然无法及时到位，也无法及时了解子女的受教育情况，更不可能做到言传身教。很多农民工都将子女托付给爷爷奶奶或外公外婆，这些隔代长辈能保障孩子的起居等生活问题，但无法满足孩子在家庭教育方面的需求。其实大家都明白，隔代教育的成功案例并不多，失败的典型却比比皆是。其主要原因是中国近几十年各方面都发生了翻天覆地的变化，老一辈的思想观念已经很难适应新生代孩子们的思想与意识。所以，这种隔代教育无疑风险巨大。无数研究结论显示，父母与子女间交流的缺失，是导致孩子逆反心理养成、父母子女间矛盾重重的重要因素。

此外，不少农民工父母均表示，其与子女之间的交流基本是通过电话实现的。尽管现在网络已经非常发达，但农民工孩子留守的农村老家大多没有网络。长途电话交流，意味着农民工父母与子女的每一次交流都要付出比较昂贵的费用，这在很大程度上也就减少了双方交流的频率，进而制约了农民工父母与孩子间的交流，阻断了家庭教育。同时，正是因为日常交流的不够，长期在外的农民工父母回家后也很难与孩子进行自然、有效沟通，进而导致了彼此之间关系的日渐疏远，造成子女寡言沉默、逆反甚至违法犯罪等更为严重的问题。

---

① 黄振华：《中国农户：功能变迁与政府介入》，博士学位论文，华中师范大学，2013年，第265页。

而且，即使随父母进城的孩子，也可能因为农民工父母日常工作繁忙，难以与孩子充分沟通，不能对孩子异常心理进行及时疏导，这种情况下的家庭教育也是没有太多效果的。有调研显示，2009—2011 年，上海青浦区院未检科共计受理未成年人犯罪案件为 253 件，涉罪未成年犯罪嫌疑人共计 343 人。其中，非本地户籍的有 293 人，占涉罪未成年人总数的 85.4%；非本地户籍中有 208 人系随迁子女，也就是农民工子女，占涉罪未成年人总数的比例高达 60.6%。

可见，农民工子女面临的家庭教育风险也不小。

（三）农民工子女教育风险的典型案例

课题组在广西调查时，遇到了一个这样的案例。韦某、张某等共计 9 人，均是当地某职业学校学生，其中有 4 人的父母、3 人的父亲、1 人的母亲常年在外打工。也就是说，这 9 人中有 8 人是农民工子女。尽管他们并非同班同学，理论上不应该特别熟悉，但因为共同的家庭成长背景，以及经常不上课而去网吧、游戏室、小菜馆放纵的习惯，久而久之就互相熟悉并开始称兄道弟了。这群人都深深地向往香港电影里古惑仔那种一言不合、拔刀相向的所谓热血生活、哥们情义，于是韦某等人几经商议后决定在社会上闯荡。使这群人迈出犯罪深渊第一步的是：他们成立了一个称为"义和团"的帮派组织。有了"组织"依靠，韦某等更是肆无忌惮，都忘记了自己的学生身份，从未再回到学校上课学习。他们瞒着家人，开始在校外合伙租房居住，因为上网、泡吧以及在学校外面吃饭的开销比较大，父母给的钱已经无法满足他们不断增加的开支需要。于是，这 9 人开始以帮派的名义向同学、朋友索要钱物。但这也不是长久之计，毕竟同学、朋友也不可能有那么多钱财供其挥霍。发展到后来，这群人的胆子越来越大，竟然做起了替他人出头打架以收取费用的勾当。

2012 年的一天，韦某等应邀为同城另一高职学校的学生齐某教训与其关系不和的同班同学贺某。那天，韦某等携带了砍刀、渔叉等作案工具，提前埋伏在贺某就读的学校门口。等到放学的贺某一走出校门，韦某等人就一拥而上，将砍刀、渔叉拼命地挥向手无寸铁、毫无反抗能力的贺某，而且对贺某的呼救与哀求，不仅置之不理，反而幸灾乐祸，直到警察赶来，他们才准备逃之夭夭未果。当时，贺某全身到处都是被砍刀和渔叉造成的伤口，仅仅住院抢救就花去医疗费共计 8 万多元。而立了如此"大功"的韦某等此次行动的"报酬"仅仅是齐某给他们的几包 10 元一包的香烟。除此之外，韦某等还经常在网吧、KTV 等地明目张胆地作案，很多无辜的人都受到过其欺侮和伤害。

最终，韦某等因犯寻衅滋事罪被当地人民法院判处 1—3 年不等的有期徒刑。

试想，如果韦某、张某等的父母能在家照顾孩子，使其拥有良好的家庭教育，孩子就不一定会因高考失利而去职业学校就读，也可能不会对孩子不上课、成立帮派组织、打架斗殴等违法行为一无所知，孩子们的最终结果也可能不会如此令人惋惜。

三　造成农民工家庭失和与子女教育风险的主要原因

造成农民工家庭失和与子女教育风险的原因有很多，除了家庭经济困难、素质较低、家庭流动性大、社会交往面窄等农民工自身的主观原因之外，主要还有以下几个。

第一，教育的不公平。因我国较长时期以来受限于经济社会资源的匮乏，过分强调效率优先的原则，实施城乡非均衡发展战略，因而拉大了城乡差距。因此，公共教育资源的分配也就具有明显的城市偏向特征，其一个显著的负面后果是：城乡教育公共品供给不平衡，城乡教育服务质量差异极其显著。同时，建立在户籍制度基础上的人口静态管理模式进一步固化了城乡二元结构，使城乡之间公共教育服务缺乏有效衔接机制，不仅不利于农民工随迁子女教育问题的解决，而且还放大了处于流动状态的农民工随迁子女的教育风险。

第二，社会地位的不平等。不少城市居民只看到了消极的一面，片面地认为，农民工及其子女的到来给城市社会秩序、社会治安和卫生环境带来了负面影响。部分市民受电视、报纸等大众媒体富有偏见宣传的误导，对农民工形成了带有偏见的负面印象，将其标签为"城市的破坏者"，把其与偷窃、抢劫、扰乱社会治安等不良行为联系在一起，对农民工子女也是另眼相待，进入城市的农民工子女在接受教育的过程中，经常会受到不同程度的歧视或不公平对待。众多进城农民工在城市谋生，他们处于农业文明和城市文明的中间，成为一个社会边缘群体。身份地位的不平等，让其在城市里从事着最脏、最累、最危险的工作，收入却远远低于城市居民，其子女也无法享受与城镇孩子同等的教育。

第三，教育投入有限。有调查数据显示，70%左右的农民工是中年人，而这个年龄段的人可谓是上有老、下有小，对上要赡养老人，对下要抚养子女，经济压力比较大。而且，从社会资源的角度看，农民工在城市拥有的资源极其有限，其所面临的社会和心理压力也比较大。课题组在有关学习工具的调查中发现，农民工子女的学习工具主要就是字典，拥有其他课外阅读书籍的只占50%左右，拥有20本以上名著的只占5%左右。很多农民工子女连最基本的书桌都没有，其书桌就是家中的简易餐桌。整体上看，农民工因其家庭基础较弱，对子女的教育投入是非常有限的，这无疑加大了其子女的教育风险。

第四，亲情互动较少。一方面因为工作确实忙，农民工在城市务工时很难有机会与留守在家的妻子和子女进行亲情互动，久而久之家庭关系难免日益淡薄甚至失和。另一方面，进城务工的农民工，下班后也喜欢和工友在一起喝酒、聊天，很少与随迁家属一起散步、看电视、谈心，缺少亲情互动，而亲情互动是家庭教育成功以及家庭幸福和睦的基础。可见，农民工因其自身的特殊性，确实面临着较大的家庭失和与子女教育风险。

第六节　本章小结

在介绍了风险、风险的产生以及农民工进城务工及其风险的产生之后，分别介绍了农民工进城务工面临的职业安全风险、身体健康风险、居住环境风险、公共卫生风险、失业风险、收入风险、家庭失和风险以及子女教育风险，然后深入剖析了农民工各类风险产生的内在原因及其特殊性，最后以农民工面临的各类风险的经典案例进行了补充说明。

第五章　乡村振兴与农民工社会保障的内在关联

作为以人为核心的乡村振兴，无疑要求其更加重视人的主体地位，而社会保障在一定程度上正是实现人的主体地位的一道安全阀。因而，作为对农民工社会保障问题的探讨，本书有必要全方位厘清乡村振兴与农民工社会保障的内在关联及其相关原理。

第一节　中国乡村振兴的内涵

一　中国乡村振兴的背景

自改革开放以来，中国乡村发生了翻天覆地的变化，取得了无与伦比的成就。但因长期城乡二元分治政策的深远影响，中国城市与乡村发展失衡局面并没有在当前"时空压缩"的社会转型中出现根本逆转，城乡差距依然巨大，且发展趋势不容乐观。从经济发展看，乡村产业融合发展和经济内生崛起依然困难重重。[①] 从乡村文化看，承载了数千年农耕文明的传统文化，在乡村社会深度裂变

---

① 郑有贵：《由脱贫向振兴转变的实现路径及制度选择》，《宁夏社会科学》2018年第 1 期。

和工业文明的冲击下,土崩瓦解般加速解构。[①] 从村庄环境看,不少地区村庄布局零乱、环境持续恶化,村容村貌脏乱差仍然较为严重。[②] 从乡村社会治理看,许多村庄自治主体空化、德治弱化、法治虚化,成为社会安定与和谐的隐患。[③] 种种迹象表明,"去乡村化"的"现代化隐忧"似乎要在中国乡村发展史上得以验证。

这种以产业和经济发展活力不足、文化迷茫、村容村貌脏乱差以及社会治理乏力等为符号的"乡村病",本质上映射的是城乡发展不平衡、乡村发展不充分问题,是当前中国社会主要矛盾的重要表征之一。然而,城市与乡村是一个有机统一体,唯有相互包容、彼此支撑,方可同频共振、持续发展。[④] 因此,在经济发展进入新常态和全面小康社会建成倒计时的关键时间窗口,习近平总书记在十九大报告中首先提出了乡村振兴战略,从国家顶层设计层面对城乡发展不平衡、乡村发展不充分问题做出了重大决策部署。

二　中国乡村振兴的科学内涵

振兴是振发兴举、增强活力的意思。相应地,中国乡村振兴是指,在马克思主义理论、科学发展观指导下,遵循市场基本规律,通过培育乡村发展内生力量,促进乡村全面复苏,进而实现城乡融合发展的一种发展战略。作为应对社会主要矛盾转换、城乡发展失衡和乡村发展不充分的战略安排,中国乡村振兴无疑具有十分丰富的科学内涵。

(一) 马克思主义中国化的新实践

时代是思想之母,实践是理论之源。自党的十八大以来,中国

---

① 叶兴庆:《新时代中国乡村振兴战略论纲》,《改革》2018 年第 1 期。
② 张强、张怀超、刘占芳:《乡村振兴:从衰落走向复兴的战略选择》,《经济与管理》2018 年第 1 期。
③ 张晓山:《实施乡村振兴战略的几个抓手》,《人民论坛》2017 年第 33 期。
④ 唐任伍:《新时代乡村振兴战略的实施路径及策略》,《人民论坛·学术前沿》2018 年第 3 期。

共产党领导全国各族人民勇敢面对错综复杂的国内外局势，锐意进取，改革发展稳定、内政外交国防、治党治国治军等各个领域全面迈进，中国特色社会主义事业跃上了新的台阶①。在这个不平凡的过程中，中国共产党为中国特色社会主义事业的全面建设和发展，进行了艰苦卓绝的探索，取得了重大的理论创新成果，彰显了革故鼎新的马克思主义理论品格。在新的时期，随着社会生产力水平显著提高，中国社会的主要矛盾已经转换为人民对美好生活的需求与发展不充分、不平衡之间的矛盾，人民除对物质文化生活提出更高要求外，对民主、法治、公平、正义、环境等的要求也提升到了新的高度。社会主要矛盾的转换，无疑对党和政府的工作提出了新的要求，这也就赋予了中国共产党不断进行理论创新的伟大使命。乡村振兴战略，正是中国共产党基于这样一种时代背景，在马克思主义理论指导下，总结提炼中国乡村发展实践、有效响应社会主要矛盾转换的理论创新成果，是马克思主义中国化的新实践。

（二）村镇化与城镇化双轮驱动模式开启

在城镇化过程中，受城市本位主义影响，不少观点认为只要通过城市发展，然后带动乡村发展就足够了。随着这种错误思维的不断演变和极化，实践中就变成了以牺牲乡村发展来博取城市扩张的单极发展模式，最终不仅导致了乡村衰落、沦陷，也导致了城市发展后劲不足。为此，中国提出了旨在促进城乡统筹、城乡一体为基本特征的新型城镇化战略。然而，从本质上来看，新型城镇化首先强调的依然是城镇化，只是在城镇化的过程中突出了对乡村发展的照顾，但这并未改变乡村发展是城镇发展的附庸属性。从动力机制

---

① 王伟光：《当代中国马克思主义的最新理论成果——习近平新时代中国特色社会主义思想学习体会》，《中国社会科学》2017 年第 12 期。

上来看，这种靠城镇发展促进或带动乡村发展的方略，终究具有外生性，只能通过涓流效应或扩散效应惠及乡村，而乡村本身并没有积聚自主发展的内生动力和内在活力，所以中国乡村始终难以找准发展节奏。乡村振兴战略的提出，则彻底打破了这一传统发展思维，标志着乡村将成为中国经济社会发展的主战场之一，城乡两个空间平等发展之旅正式启航，"村镇化"与"城镇化"双轮驱动的新型发展模式将会成为中国经济社会发展的新常态。

（三）乡村全面现代化对农业产业现代化的替代

应该说，21世纪以来，中国政府一直都非常重视"三农"问题，但在地方实践中，关注的焦点却是农业现代化，强调的重点是农业产业发展，但农业产业发展只是乡村发展的核心要义，并不能代表整个乡村的发展。因此，尽管党和国家的顶层设计不厌其烦地并提"三农"问题，但地方的公共政策和资源却主要配置在农业现代化方面，对乡村全面现代化考虑得并不周到。其原因主要是地方政府决策都遵循着这样的逻辑：工业化、城市化是政府的首要任务，乡村公共政策和公共产品的供给，应围绕工业化、城市化对乡村的需求而制定，因为乡村是城市粮食和工业原料的供应基地，而粮食和工业原料主要依赖于农业产业及其现代化。因而，在该逻辑下，农业的发展也就冠冕堂皇地代表了整个乡村的发展。这种以农业产业衡量整个乡村的逻辑，不仅肢解了农业多功能价值，也漠视了承载在乡村之上的厚重的人文历史资源和传统文明，导致乡村不能充分发展。由此可见，乡村振兴战略的提出，实际上是对以往"城市偏向"发展理念的矫正，意味着乡村全面现代化将替代农业产业现代化。

三　中国乡村振兴的主要任务

作为乡村全面现代化的战略指南，基于农民生活富裕总目标下的中国乡村振兴的任务必然涉及乡村经济、文化、社会、政治诸方面。[1] 结合乡村振兴的科学内涵和乡村发展现实,当前中国乡村振兴的主要任务可以概括为"四个振兴",即振兴乡村产业,促进乡村经济内生崛起,实现乡村产业兴旺目标;振兴乡村文化,促进乡村传统文化创新与繁荣,实现文明乡风目标;振兴村容村貌,规范村庄布局、改善乡村生态环境,实现生态宜居目标;振兴乡村治理,完善乡村基层治理机制,实现乡村社会治理有效目标(见图5-1)。[2]

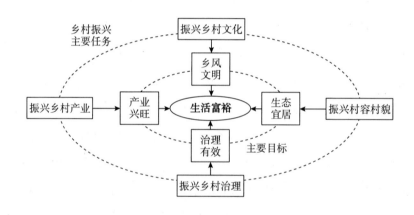

图 5-1 中国乡村振兴的主要任务

(一) 振兴乡村产业

乡村产业是指乡村范围内以农业为根本的各行各业的总称。随着生产力的进步,产业融合是乡村产业发展的必然趋势。[3] 然而,

---

[1] 贺雪峰:《谁的乡村建设——乡村振兴战略的实施前提》,《探索与争鸣》2017年第12期。

[2] 江维国、李立清、周贤君:《中国乡村振兴的科学内涵、主要任务与战略重点》,《社会政策研究》2018年第2期。

[3] 姜长云:《推进农村一二三产业融合发展的路径和着力点》,《中州学刊》2016年第5期。

当前中国乡村产业融合尚处于稚嫩发展阶段，农业与第二、第三产业的融合程度还比较低、层次非常浅，产业聚集效应极不显著。截至 2015 年年底，中国农产品加工业产值与农业总产值的比为 2.2∶1，大幅低于发达国家 3∶1—4∶1 的比值①，这在一定程度上反映了中国乡村产业融合程度低的现实。然而，从产业融合趋势看，自经济发展进入新常态以来，中国许多行业的产业结构开始深度调整、全面优化，跨行业、跨领域融合发展趋势已非常明显。从乡村产业融合发展条件看，截至 2016 年年底，中国农业科技进步贡献率已达 56.65%，且全国新型农业经营主体已超过 280 万个，乡村产业融合发展的技术和经营主体基础已初步具备。因而，无论从乡村产业发展现实、趋势还是条件来看，乡村振兴的首要任务是加快乡村产业融合发展，以振兴乡村产业，实现产业兴旺。

（二）振兴乡村文化

乡村文化是指乡民们在长期的农业生产与生活实践中逐步形成并发展起来的风俗习惯、道德情操、理想追求等的集合。中华文明起源于农耕文明，中国传统文化也根植于农业生产和乡民生活之中，分布在广袤的乡村地区。然而，中国乡村一度成为贫穷落后的代名词，其经济发展水平大幅落后于城镇水平，地方政府和乡民的共同目标仅仅局限于发展经济、解决温饱、脱离贫困，无暇顾及乡村文化的传承与创新。而且，在"重经济、轻文化"体制与思维影响下，伴随着工业化、城镇化的推进，中国传统村落从物理空间意义上被批量湮灭，乡村传统文化的承载体大量消失。有调查显示，2000—2010 年，中国自然村从 360 万个减少到 270 万个，10

---

① 周立、李彦岩、王彩虹等：《乡村振兴战略中的产业融合和六次产业发展》，《新疆师范大学学报》（哲学社会科学版）2018 年第 3 期。

年间每天有约 250 个自然村彻底泯灭，其中不乏传统文化特色鲜明的古村落。[①] 然而，一个没有文化根基的民族是不可能立足于世界民族之林的。乡村文化是中国传统文明的核心组成，也是中国乡村振兴的"软实力"。因此，坚守乡村传统优秀文化，促进现代文明与乡村传统文化契合，促成文明乡风，也就成为中国乡村振兴的内在任务。

（三）振兴村容村貌

村容村貌是指乡村所呈现出来的整体面貌，如村庄建筑布局、生产生活环境等。在发达国家，其乡村大都具有良好的村容村貌，是享受田园风光的好去处。然而，因建设无序、环境污染等原因，中国乡村的村容村貌确实到了亟须整治的时候。从村庄建筑布局来看，中国绝大多数村庄都缺少科学规划，作为村庄主要建筑的居民建房布局杂乱无序；2000—2011 年，中国乡村人口约减少 1.33 亿，而乡村建设用地却增加了 203 万公顷[②]；与此同时，乡村房屋闲置率普遍在 15%—20%，偏远村庄甚至超过 30%[③]，可见居民建房及管理基本上处于自发、放任状态。从乡村生产生活环境来看，因农药、化肥等的不科学使用，不少乡村地区地下水水质污染严重；农民对作物秸秆的大量焚烧，严重污染了乡村空气；被随意丢弃于乡村田野的农膜及塑料废弃物，不仅会渗出有毒物质，也严重破坏了土壤结构。然而，乡村宜居环境建设既是中国乡民平等参与现代化进程的重要条件，也是共享社会发展成果的具体体现。因

---

① 朱启臻：《留住美丽乡村——乡村存在的价值》，北京大学出版社 2014 年版，第 321 页。

② 游德升：《农村土地制度改革背景下宅基地使用权申请取得制度的问题与对策分析》，《中国农业资源与区划》2016 年第 9 期。

③ 郭晓鸣、虞洪：《建立农村宅基地自愿有偿退出机制的现实分析与政策构想——基于四川省的实证研究》，《农村经济》2016 年第 5 期。

此，振兴村容村貌、实现生态宜居，必然是中国乡村振兴的任务所在。

（四）振兴乡村治理

乡村基层治理是指基层政府组织、乡村集体组织、乡民等主体为达到发展乡村社会和增进乡民福利的目标，在民主基础上所进行的参与、协调、监督等活动的总和。"基础不牢，地动山摇"，乡村基层社会既是利益冲突和阶层矛盾的"发端"，也是协调利益关系和疏导阶层隔阂的"着力点"。然而，在中国国家现代化进程中，占全国基层党组织总数 30% 的乡村基层党组织功能弱化问题日益突出，基层乡民主体地位虚化状况也越发严重。① 多年来，中国主要通过官僚化行政命令制约、影响基层，而长期的命令体制使基层党组织运行僵化，从而影响了其功能有效发挥。而且，官僚体制下，基层政府普遍对乡民主体地位缺乏应有的尊重，政府主导取代乡民主体的案例比比皆是，导致基层群众参与基层事物渠道不畅，久而久之，"政治冷漠"和"不参与"的"软对抗"使干群利益分化逐渐加大，乡村基层呈现碎片化状态，党群一体凝聚力难以形成。因而，当前中国的乡村振兴，有必要通过完善乡村基层治理机制，推动乡村基层治理现代化，实现乡村基层治理有效，促进乡村社会稳定。

第二节　农民工返乡创业与乡村振兴

乡村振兴离不开人，毕竟人才是生产力中最活跃、最具能动性

---

① 宁甜甜：《中国农村基层社会治理之道》，《商业经济》2017 年第 9 期。

与创造性，也是最为关键的因素。实施乡村振兴战略，必须破解乡村人才短缺的"瓶颈"制约。作为既熟知乡村风土人情，又具有城市工作经验的一个特殊群体，乡村振兴必然离不开农民工的深度参与。农民工在进城务工的过程中，有部分成功者积累了创业所需原始资金，开阔了视野，更新了观念，其市场机会把握能力和应对市场不确定性的能力明显提升，因而其返乡创业行为必将对乡村振兴发挥重要的促进作用。

近年来，农民工特别是中年农民工返乡创业的现象明显增加。农业部的调查统计结果显示，2012—2015 年，农民工返乡创业增长人数年均在 10% 以上，2015 年我国返乡创业人数达到 450 万人。2017 年，全国返乡创业人员已经达到 700 万人，其中大多数农民工是返乡创业，农民工返乡创业趋势正在加快。作为一盘宏伟棋局，乡村振兴无疑需要大量的人力、财力、物力以及现代技术，但最为需要的是促进乡村自我发展的内生力量。农民工返乡创业，可以从人力资源、资金、技术与科技等多重角度促进乡村振兴内生力量的增强。

图 5-2　农民工返乡创业促进乡村振兴内生力量增强示意

一　农民工返乡创业与乡村振兴之人力资源增强

目前所说的"人力资源"（Human Resource，HR）概念，最初是由管理大师彼得·德鲁克（Peter F. Drucker）于 1954 年在其著作《管理实践》中正式提出来的。彼得·德鲁克认为，作为一种特殊资源，人力资源必须通过有效的激励才能得以开发利用，并为企业带来客观的经济价值。后来，国内外学者基于不同的研究视角，对人力资源的要旨给出了诸多不同的解释，但这些解释大体上可以归为两大类别，即人的能力角度和人的角度这两大类别。

从人的能力角度所解释的人力资源的含义，其观点主要有：人力资源是指能够推动整个经济和社会发展的劳动者的能力的总和，也就是处于劳动年龄的已经直接投入建设和尚未投入建设的人口的所有能力；人力资源是人类可以用于生产产品或提供各种服务的能力、技能和知识的总和；人力资源是指包含在人体内的一种生产能力，具体表现在劳动者身上且能以劳动者的数量和质量进行衡量的资源，它对经济发展起着决定性的作用，并且是企业经营中最活跃、最具能动性的生产要素；所谓人力资源，是指劳动过程中可以直接投入的体力、智力、心力的总和及其形成的基础素质，如知识、技能、经验、品性与态度等。[①] 可见，这些界定的核心要义，主要是强调了人力资源的能力属性。

从人的角度所解释的人力资源的含义，其观点主要有：人力资源是指一定社会区域内所具有的劳动能力的适龄劳动人口和超过劳动年龄的人口的总和；人力资源是指组织的内部成员及外部的客户等人员，也就是可以为组织提供直接或潜在服务及有利于组织实现预期经营效益的人员的总和；人力资源是指能够推动社会和经济发展的具有智力和体力劳动能力的人的总称；人力资源是指人拥有的知识、技能、经验、健康等"共性化"要素和个性、兴趣、价值

---

① 彭良平、刘凌云：《人力资源管理》，清华大学出版社 2016 年版，第 266 页。

观、团队意识等"个性化"要素以及态度、努力、情感等"情绪化"要素的有机结合。[①] 可见，这些界定的核心要义，主要是强调了人力资源的人的属性。

本书认为，无论从哪个角度来理解和解释人力资源，都需要把握好以下几个方面。第一，人力资源既可以是宏观的人力资源，也可以是微观的人力资源，前者如一个国家或一个地区的人力资源，后者如单个企业或家庭的人力资源。第二，人力资源的内在实质不仅能为社会创造物质财富，也能为社会创造精神财富。第三，尽管人力资源的表现载体是具有劳动能力的人口的总和，但劳动能力不仅包括体力劳动能力，同时也包括脑力劳动能力。

基于上述认识，从人力资源角度看，乡村振兴需要新型的现代农民，即有知识、懂技术、会经营的高素质农民，并带动传统农民更新思想观念，提高组织化以及团队化程度，返乡创业的农民工正好满足了乡村振兴对人力资源的需求。首先，农民工进城务工，经过几年的"干中学"，已经掌握了一定的技术技能，增加了自身的人力资本存量，其返乡创业，可以看作是乡村人力资本的增量。其次，进城务工的部分农民工，获得了一定的成功，成为家乡农民学习的榜样，其返乡创业后必然带动周边的人努力学习，更新思想观念，提高技术本领和谋生本领，主动、积极地参与到乡村振兴中来。特别是部分返乡创业农民工，返乡后将组建专业合作社、家庭农场等新型农业经营主体，而新型农业经营主体经营，必然需要招聘周边的农民前来务工，那么返乡创业的农民工必然要对其进行知识和技术的传授，进而无形中促进了受训者人力资本的增加。

---

① 申鹏：《基于中国人口转变视野的农村劳动力转移制度创新研究》，博士学位论文，西南财经大学，2010年，第88页。

二　农民工返乡创业与乡村振兴之产业兴旺

在传统产能过剩、经济转型发展的大背景下，大批农民工、在城市的农民工企业主，甚至部分大中专毕业生敏锐地意识到，乡村振兴下家乡农村对资金、技术和人才需求潜力巨大，乡村已经真正成为大有作为的广阔天地。于是，近年来，农民工正在由原来的"孔雀东南飞"开始向"春暖燕回巢"悄然转变，全国各地返乡创业就业人数呈逐年递增趋势。同时，为顺应农民工返乡创业潮的趋势，各地各部门也出台了系列政策措施，对此予以支持。可谓是"输出打工者、引回创业者、带动就业者"，通过"筑巢引凤"，实施"回家工程"，发展"归雁经济"，营造出了浓厚的农民工返乡创业氛围，不少地区的返乡创业正在由"星星点点"向"星罗棋布"转变，许多地区的乡村产业，也在农民工返乡创业浪潮的推动下，开始由单一的农业经济向立体式的现代经济体系转变。

乡村振兴，首先要推动乡村产业振兴，要紧紧围绕发展现代农业，围绕农村第一、第二、第三产业融合发展，构建乡村产业体系，实现产业兴旺。而返乡创业农民工中有相当数量的人在政府支持下，依托进城务工所掌握的各种资源与家乡各种资源的结合，从事特色规模化种植业、畜禽和水产养殖业及农副产品深加工业，创办工商企业、从事现代服务业等多种产业，延长农业产业链，有利于构建现代农业产业体系，拓展农村经济和产业发展空间，使乡村产业发展呈现出一片兴旺。接下来，本书将呈现一个农民工返乡创业促进产业兴旺的案例。

面对全民创业热情，昔日面朝黄土背朝天或者是编织城市钢筋网的农民工形象正在被重新改写，一批敢闯敢拼、富有经营头脑且熟悉城乡规则的返乡农民工正在融入创业大军之中，并为乡村产业兴旺做出特别的贡献，陕西铜川的王某就是这样一位返乡创业的农民工。

已经年近半百的王某，是地地道道的铜川市人，尽管读书很少，但他喜欢走南闯北且善于思考人生与命运。王某先后在北京、黑龙江、宁夏、新疆、西藏等地打工多年。多年来的打工经验和辛苦打拼，使这个特别能吃苦耐劳的西北汉子身上自然具有了一股自强不息的创业精神。2013年，王某从西藏回到铜川家乡开始创业之路。他通过组建专业合作社，带领村民们发展藏香猪养殖产业，合作社首先从40头种猪的养殖开始，但很快就使种群得到壮大，实现了藏香猪在当地的自繁自养。王某组建的专业合作社仅用了三年时间就收回了200万元的初始投资，并使藏香猪生态养殖产品"藏香猪肉"品牌顺利进入了当地市场并在市场中拥有一席之地。之后，王某又开始经营农家乐，对藏香猪产业链进行适度延伸，这不仅促进了当地藏香猪产业的兴旺，也带领周边农户，特别是贫困户真正走出了一条致富之路。

自合作社成立以来，王某充分发挥其在市场、信息、技术以及组织等方面的优势，为入社养殖户提供全面的服务，改变了养殖户传统的分散养殖的模式，带领村民们加入合作社"抱团"致富。2015年，合作社养殖规模已经达到年出栏藏香猪2000头，仔猪出栏3000头的规模。为了促进当地畜牧业的进一步兴旺，带动更多的农民增收致富，合作社结合当地实际情况开始扩大养殖范围，发展土鸡养殖产业。"以前总想搞点养殖，经济实力跟不上，管理也没经验，也缺少渠道，基本上是只能靠运气赚点小钱。自从入社后，我就不愁产品没有销路了，今年准备分4批出栏，预计能达到2万头左右，第一批出栏4000头，第二批出栏5000头，收入可达到10多万元，我对于今年实现脱贫充满信心！"谈起藏香猪专业合作社给农民带来的好处，合作社的社员孙某从内心深处发出了上

述感触。王某说，预计今年专业合作社农产品销售额将达到 500 多
万元。

2016 年年初，王某联想到他所在的乡村正好位于陕甘边革命
根据地红色旅游路线的沿线，于是想到了要以藏香猪为品牌，打造
出一条集生产、销售和旅游于一体的完整链条，为当地乡村产业兴
旺注入持续活力。于是，王某通过详细的市场考察后，利用自家院
子，精心筹备，7 月中旬"卫平藏香居"农家乐便孕育而生了。目
前，农家乐里的 15 名工作人员都是来自周边的村民、贫困户以及
假期回家的大学生。王某说："在农家乐打工的人员，每月能有
2000 多元收入，还能照顾家人，在家门口就能帮助乡亲们脱贫增
收。"为了丰富农家乐的菜品，吸引更多游客，王某还以高出市场
的价格收购附近村民采摘的各种野菜以及他们自家的禽类、蛋类等
农产品。这无疑进一步带动了当地乡村其他产业的兴旺。

三　农民工返乡创业与乡村振兴之治理有效

根据 2012 年 12 月 31 日《中共中央国务院关于加快发展现代
农业进一步增强农村发展活力的若干意见》（中发〔2013〕1 号）
中指出的"完善乡村治理机制，切实加强以党组织为核心的农村
基层组织建设"精神，乡村治理是基于乡村各种资源基础之上，
以基层党组织为核心由党组织与村民自治组织等相结合的多元主体
参与、合作，共同实施对乡村社会的管理，促进公共资源有效配
置，从而实现乡村社会有序发展的过程。① 目前我国政权组织自上
而下共有五个治理层次，依次分别是中央、省（直辖市）、市、县
（区）和镇（乡）。乡村治理是国家正式政权和村民自治共同或者

---

① 黄家海、王开玉、蔡宪：《民生时代的中国乡村社会》，社会科学文献出版社
2012 年版，第 154 页。

说是合力作用的场域，因而，乡村治理的权力来源、运行规则和治理方式都应该充分尊重这一特点及其规律，正确理顺政府、社会组织和村民三者之间的逻辑与关系。①

从流动形式来看，我国农民外出打工主要表现为"兼业式""候鸟式"和"刨根式"三种流动形态。"兼业式"流动是指农村劳动力利用农闲时间、季节性地外出打工的一种形式，这种类型的农民工主要是在乡镇企业和邻近的城镇打工。"候鸟式"流动是指农民外出务工以年为周期在城乡或不同地区之间往来，这是当前最主要的农民工流动形式。"刨根式"流动是指完全脱离农业生产、常年举家外出并已经成为事实上的城市居民的农民工流动形式。毋庸置疑，推进以人为本的乡村振兴战略，主导趋势必然是农业转移人口的市民化。今后几十年内还会有成千上万的农村劳动力向城镇流动，其中部分完全有可能在当地落户定居。但如果只鼓励劳动力向城市单向流动，必然导致乡村进一步空心化，乡村社会资本必然不断消逝，乡村将一片凋零。然而，可喜的是，随着农村生产生活条件不断改善，特别是在乡村振兴战略的鼓舞下，农业农村投资价值正在日益显化，外出务工的劳动力不断回流、创业。许多地区农村新产业、新业态开始蓬勃发展，新一代农民工返乡了，待得住了，并且也能在家乡发家致富了。山东有的淘宝村就喊出过这样的口号：在外东跑西跑，不如在家淘宝。农民工返乡了，人回来了，心也就聚拢了，村庄治理自然也就更有基础、更有底气了。这是农民工返乡创业促进乡村治理有效最基本的因素。

其次，农民工进城务工，在一定程度上是传统文明与现代文明的一个碰撞过程。在这种不同文明的碰撞过程中，农民工的民主意

---

① 王开玉、姚多咏：《发现钱庙》，社会科学文献出版社 2013 年版，第 202 页。

识和政治观念得到了不同程度的解构和重构，以保守、传统、盲从、宗族等为特征的观念被不同程度消解，已经成为具有现代民主意识与法制观念的新型农民。特别是我国特有的城乡社会二元结构使农民工在城市打工中难免会遭遇到拖欠工资、克扣工资等诸多不公平的待遇，其中部分农民工已经学会在面临这些社会不公时，利用法律规则来维护自身的合法权益，已经具有较高的法律敏感度与参与度。返乡后的农民工将这些政治意识和民主意识身体力行地传递到了农村，无疑提升了农民对于乡村正式和非正式权力运行的监督。这是农民工返乡创业促进乡村治理有效的重要保证因素。

最后，实践证明，无论是以往的新农村建设，还是现在的乡村振兴，都需要一个强有力的村级领导班子，部分返乡创业农民工作为农民中的精英，经过若干年城市生活的洗礼，基本上已经摒弃了因循守旧，封闭保守的小农意识。其中有一部分返乡创业农民工，因为本身对当地经济社会发展做出了特殊贡献，在当地具有重要的影响力和无形号召力，通过合法途径进入了村"两委"班子。有调研数据显示，返乡创业的农民工中大约有1%进入了村"两委"班子。一方面可以用返乡创业农民工自身的新观念、新思想通过言传身教、潜移默化影响村民，使村民告别传统观念，形成新的生产、生活方式，促进乡村治理有效；另一方面，也可以改变传统的农村权力结构，增强农村干部、群众的民主意识，通过民主管理改善基层干群关系，促进农村政治民主建设，奠定乡村治理有效的民主基础。

四　农民工返乡创业与乡村振兴之乡风文明

作为社会主义新农村建设和乡村振兴的灵魂，乡风文明是指乡民们的思想、文化、道德水平不断提升，崇尚文明、崇尚科学、社会风气健康向上，教育、文化、卫生、体育等事业在乡村的发展逐步适应乡民们的需求，移风易俗、新事新办，使争创文明家庭、建设文明村镇在广大农村地区和广大乡民中蔚然成风，从而实现使老有所为、老有所养。① 无论是新农村建设还是乡村振兴，都需要有新型农民，都需要有农民的新面貌，而文明乡风是培育新农民和促进农民新面貌形成的基础。

从内涵来看，乡风文明指的是农村文化的一种状态，是一种有别于城市文化，也有别于以往农村传统文化的一种新型的乡村文化。具体表现为乡民在思想观念、道德规范、知识水平、素质修养、行为操守以及人与人、人与社会、人与自然的关系等方面继承和发扬民族文化的优良传统，摒弃传统文化中消极落后因素，适应经济社会发展不断有所创新，并积极吸收城市文化乃至各民族文化中的积极因素，形成积极、健康、向上的文化内涵、社会风气以及精神风貌，其本质是推进乡民知识化、文明化、现代化，促进乡民全面发展。②

返乡创业农民工经过年轻时的耳濡目染，对乡村传统文明有较为深入的了解，因此在其返乡后必然承担了融合城乡文明，嫁接城乡文化的重任，部分人还将积极投入乡村的各项公益事业之中。返乡创业农民工在积极推动农村文化场所和娱乐场所的建设，引导农民提升文化素质，营造良好的文化学习氛围，丰富农民的文化娱乐生活方面具有重要的作用；返乡创业农民工将城市的道德观、法律观、社交观、科学观、教育观等现代观念引入农村，将让后者逐渐改变保守、落后的陈规旧习，形成讲文明、爱卫生、讲礼貌等生活习惯，向科学、健康、文明的生活方式转变。这样，就使现代文明

---

① 张军：《建设社会主义新农村：理论、实践与政策》，河北大学出版社 2012 年版，第 43 页。

② 李心记：《乡风文明与农民礼仪道德》，中国言实出版社 2008 年版，第 116 页。

之种在广大农村地区的土壤中迅速生根发芽，进而推进农村文明向现代乡风文明转变。

而且，返乡创业的农民工通常比较注重文化礼仪与知识的重要性，对乡村文化建设能提出许多新意见、新观念，能向有关部门呼吁建设包括文化基础知识、职业技能培训场所等有利于文明乡风形成的基础性设施。同时，返乡创业农民工更加重视子女教育、知识积累等问题，能推动农村人力资源优化。由此可见，这些举措将带动乡民们整体素质的不断提升和道德水平的不断提高，进而有利于推动乡村向着更加科学文明的方向发展，对乡村振兴之乡风文明形成具有重要意义。有研究显示，农民工返乡比较多的村庄，其乡民的文化卫生意识、文化娱乐活动、交往行为等都发生了明显的变化，这无疑为乡村振兴注入了崭新的内涵。

五　农民工返乡创业与乡村振兴之生态宜居

截至目前，学界尚未对"生态宜居"概念形成统一认识。党的十八大报告中所提出的"生活空间宜居适度、生态空间山清水秀"，也就被认为是"生态宜居"的具体体现。可见，从一定程度上来说，"生态宜居"是一种将生态文明建设与人居环境宜居性相互融合、相互渗透的一种全新理念。建设生态宜居城市是当今国内外都比较重视的城市发展目标之一。生态宜居城市建设的重点在于生态建设与规划，注重的是绿化园林建设、水文水利建设、工业规划建设等综合性的精神文化建设项目。因此，判定一个城市是否达到理想的生态宜居评价指标主要有城市园林绿化指数、空气质量、水质监测指数、交通便捷度、文化广场普及指数、旅游环境指数、气温指数等。党的十九大报告中首次对乡村提出了生态宜居的新要求，这一方面是基于当前我国农村环境污染较为严重而提出的，另一方面也是对我国乡村的未来发展所做出一种规划或者说是未来要达成的目标。

生态宜居作为我国乡村振兴的主要内容之一，是为农民提供更为优越的人居环境，更为舒适的发展场所的重要举措，有利于推动城乡一体化进程。返乡创业农民工通过在城市的所闻所见，对城市的现代化规划构造与基础设施建设有一定的了解，出于对城市文明生活的向往，必然会更加注重乡村不良状况的改变，积极宣传并努力推动乡村存在的各种问题的改造，带动村民从道路硬化、垃圾处理、房屋规划与改造、沼气池建设、厨房与厕所改造开始，积极改进乡村现有人居环境，对农村的院落畜圈、沟渠水塘、电路电线、生活垃圾等进行整治，加强危房的更新改造，从当地乡村的自身特点出发，因地制宜地搞好乡村建设规划，建设有当地特色和人文风情的居民民宅。这样，乡民们的环保意识将得以增强，农村脏乱差状况将得以改变，并最终建立起生态宜居的社会主义新农村。

六 农民工返乡创业与乡村振兴之生活富裕

乡村振兴战略实施所取得的效果，最终要以农民生活富裕的状况来进行评价，这应该是乡村振兴战略中把生活富裕放在最后面的原因所在。从内涵来看，生活富裕是指要采取切实、有效措施，想方设法增加农民收入，不断提高广大农民群体的物质生活水平和精神生活水平，使广大农民切实享受到经济发展的成果。[①] 具体来说，生活富裕需要考虑以下几个维度，方能进行全面评价：首先，绝大多数农民的绝对收入要达到富裕水平，该标准可以用恩格尔系数低于某个特定值的农户占总农户的比例进行衡量。其次，城乡居民和农村居民福祉，如经济收入、文化生活、政治权益等的差距真

---

① 中国生态学学会：《生态文明与绿色长征》，中国环境科学出版社 2011 年版，第 176 页。

正进入了改革发展成果公平分享的特定区间，该标准可以用基尼系数低于某个特定值进行衡量。再次，收入要具有较好的流动性，以反映竞争的充分性，其衡量标准具体包括：收入最低20%群体的收入份额有所上升，收入最高20%群体的收入份额有所下降；各个收入群体的人员组成有所变化；特定成员在收入群体中的位次有所变化。最后，农村社会保障体系日益健全，达到无死角的全覆盖。①

但是，无论如何，乡村振兴之生活富裕目标的达成，首先要实现乡村经济持续发展，使农业成为有前途的产业，使乡村成为中国经济的主战场之一。农民工返乡创业将从以下几个方面促进乡村经济发展，进而促成乡村振兴之生活富裕目标的实现。

第一，促进乡村产业结构优化。大量返乡的农民工回到乡村，激活了当地的劳动力市场，这将间接促进当地乡村产业结构的变动。返乡创业的农民工可能会有少部分最终回归农业生产，但也有更多的人到了乡镇，做小买卖或搞交通运输，或者是组建合作社，促进当地经济的发展。同时，还有一定数量、具有一定经济实力或人力资本的农民工在家乡开始了创业，这部分返乡农民工中，有的办乡镇企业，有的参与投资社会基础设施建设，而这些投资必然促进乡村第二、第三产业的长远发展。产业结构的优化，无疑有利于乡村经济的可持续发展。

第二，充实乡村劳动力市场。目前正值新农村建设、城乡统筹建设、乡村振兴等多重战略实施的新时期，部分地方缺乏有技术、有经验的劳动力。农民工返乡创业正好遇到了家乡建设发展的契

---

① 李周：《乡村振兴战略的主要含义、实施策略和预期变化》，《求索》2018年第2期。

机，既能弥补乡村高素质劳动力的缺乏，同时又能推动家乡经济发展。

第三，带动乡村消费。市场经济属于需求导向型的经济，而市场需求中最重要的是消费需求，因为消费需求才是最终需求。马克思曾指出，如果没有消费，生产就没有目的。英国经济学家阿尔弗雷德·马歇尔认为，一切需要的最终调节者是消费者的需要。在市场经济条件下研究经济发展，必须先考虑消费需求问题。因受城市消费观念的影响，加上返乡农民工自身有一定积蓄，农民工的消费方式已经从小农经济下自给自足型转变为了商品型，从单一化转变成了多样化，其消费结构也在一定程度上从生存、温饱型转向了享受、发展性。而且，农民工返乡创业，乡村的总人口必然增加，那么乡村的消费也会相应地增加。

第四，增加乡村经济发展安全系数。农民工返乡创业时，大多数都积累了一定的务工经验以及技能、技术，且在经过城市工作、生活磨炼后视野变得更加开阔，头脑变得更加灵活，有一定的社会交际能力甚至在城市拥有一定的关系网络。返乡创业的农民工参与当地经济建设和管理，不仅注重家乡的发展，也注意拓宽对外的交往范围，这有利于乡村的投资和交易范围的扩展，对当地经济的长远发展无疑是利好，增加了乡村经济发展的安全系数。

第三节　社会保障制度的完善对农民工返乡创业的促进

乡村振兴的大幕已经悄然开启，画卷徐徐展开"产业兴旺、生态宜居、乡风文明、治理有效、生活富裕"的新时代乡村，农民工返乡创业可谓适逢其时。归根结底，农民既是乡村振兴战略践行的核心主体，也是乡村振兴战略践行的直接受益者，乡村振兴必须依靠生于斯、长于斯的乡村亿万农民，这其中就包括了返乡农民工这个特殊的群体，特别是返乡创业的那一部分农民工群体。社会保障的健全，可以在一定程度上消除农民工返乡创业的后顾之忧、增厚农民工返乡创业的人力资本、增加农民工返乡创业的流动投资、减轻农民工返乡创业的投资成本，从而间接地促进乡村振兴。

一 社会保障制度的完善能消除农民工返乡创业的后顾之忧

英国著名经济学家、剑桥学派最主要的代表人物之一，阿瑟·塞西尔·庇古（Arthur Cecil Pigou）教授在其经典著作《福利经济学》一书中曾指出："社会保障政策可以扩大一国或地区的经济福利，因为穷人得到效用的增加要大于富人效用的损失，从而使社会总效用得以增加。"按照庇古的理论逻辑，就单位货币来说，穷人的边际效用很高，而富人的边际效用则比较低。[①] 更通俗地说，一块钱对富人来讲可能根本不重要，而对穷人来说，则可能是很大的一笔财富，能得到很大的满足。因此，只要把富人的钱通过一定的途径转移给穷人，就会实现帕累托改进（Pareto Improvement），增加整个社会的效用。而社会保障本来就是一种社会财富的转移，穷人的社会保障实际上就是一种财富的获得，整个社会的效应也就会相应地增加。因此，在庇古看来，可以通过设计一种制度，使人们不因没有特权而受到伤害，不因分工所形成的社会地位和收入差距而变得卑贱，而这种制度就是社会保障制度。

从整体和长远的角度来看，社会保障与经济增长两者之间是相

---

① 赵志君：《收入分配与社会福利函数》，《数量经济技术经济研究》2011 年第 9 期。

互影响、彼此制约的。作为整个社会发展的物质前提和财富基础，经济持续增长是现代社会保障制度得以产生并不断发展、完善的基本物质财富保证。① 没有经济的增长，社会保障也就不会出现，社会保障的体系结构、覆盖范围、保障项目、待遇水平等同样依赖于经济的不断增长。与此同时，社会保障对经济增长具有反作用，社会保障在为经济增长创造稳定的社会环境和预期时，还可以通过对储蓄、资本市场、劳动力市场等因素的影响进而影响经济的增长。需要注意的是，这种反作用也可以是负面的，也就是社会保障也可能抑制经济的增长。

通常来说，社会保障制度具有"自动稳定器"功能。社会保障能增强人们的稳定预期，减缓经济周期波动的负面影响，减低市场经济活动可能给个人带来的各类风险，在一定程度上可以保障个人的基本生活，促进经济可持续、稳定地发展。② 西方工业化国家社会保障制度的曲折发展历程，就足以证明社会保障促进经济增长的机理。1929—1933 年，资本主义世界爆发了大面积的经济危机（又称为大萧条），牛奶被资本家倒进下水道与穷人露宿街头而饿死的现象同时出现，这无疑是导致社会保障作为一项经济政策而出现的主要因素之一。此后，西方资本主义国家开始盛行凯恩斯主义（Keynesianism）。根据英国经济学家、现代经济学最有影响力的经济学者之一约翰·梅纳德·凯恩斯（John Maynard Keynes）的理论逻辑，大萧条之所以产生是因为当时在生产和投资领域都出现了一股投机风潮——当时的工厂和运输网络远远超出了个人的支付能

---

① 张向达、李宏：《社会保障与经济发展关系的思考——基于社会保障扩大内需作用的角度》，《江西财经大学学报》2010 年第 1 期。

② 刘桂莲：《现收现付养老保险制度可持续发展调整机制比较研究——以瑞典、德国和日本为例》，《社会保障研究》2016 年第 5 期。

力，也就是出现了"有效需求"（Effective demand）不足。① 凯恩斯提出，要想从根本上解决"有效需求"不足问题，政府的当务之急是扩大公共财政开支以刺激需求增长。凯恩斯对"需求不足"的重视以及他创造的允许政府能够调控经济中的关键组成部分的观点使当时的众多年轻经济学家纷纷接受了其理论和方法。② 在凯恩斯及其追随者思想的影响下，西方资本主义各国政府开始将增加需求的重要途径确定为扩大社会保障的规模，将社会保障制度确定为政府宏观调控的重要经济工具之一，以此使社会需求和消费结构实现均衡，使社会经济摆脱困境，得以恢复和发展。

在经济大萧条时期，伴随着国民经济增长放缓甚至负增长情况的出现，整个资本主义社会的经济呈现出一片凄凉、萧条：工厂开工陆续关门、失业率不断攀升、劳动者及其家庭收入水平不断下降，最终导致了用于失业救济和家庭补助的补助金在社会保障基金中的比重不断增加。与此同时，也相应大幅地减少了对工作报酬所征的保险税收入。在这种增与减之间，造成了社会保障基金当期赤字的出现，收不抵支，于是政府被迫动用原本处于储备状态的一部分结余基金，将其重新纳入经济运行体系之中，以增加家庭部门的经济收入，增加家庭消费信心和消费能力以增强市场购买力，促进社会总需求上升，恢复经济秩序，并使经济由低谷再度腾起。③ 反之亦然。在经济高涨时期，伴随着国民经济高速增长，就业率不断攀升、工厂开工率不断提高、劳动者及其家庭收入水平不断增加，

---

① 沃夫冈·舒尔茨、蔡泽昊：《全球政治经济视角下的社会保障：历史经验与发展趋势》，《社会保障评论》2017 年第 1 期。

② 贾玉娇：《社会保障制度：国家治理有效性提升的重要途径——基于欧洲的分析兼论对中国的启示》，《社会科学战线》2016 年第 5 期。

③ 于兰香、吕建锁：《支撑我国社保体系基本框架的主要财务结构形式——开征社会保障税的探讨》，《山西财经大学学报》1999 年第 1 期。

最终导致了用于失业救济和家庭补助的补助金在社会保障基金中的占比不断降低。[①] 而且，在经济高涨时期，政府也相应增加了对工作报酬所征的保险税收入。在这种增减之间，社会保障基金当期结余又重新出现，保障基金收入开始大于支出。此时对劳动者而言，就相对减少了货币收入，其购买能力受到抑制，进而减少了社会总需求，达到抑制经济增速的目标，以防止经济过热。

综上所述，在经济萧条时期，社会保障能够自动将有效需求予以释放，促使有效需求不足的局面得以改观，防止经济过冷；而在经济高涨时期，社会保障又能够自动将有效需求压力予以缓解，使经济增长速度得以抑制，防止经济过热，从而平抑经济周期的波动。

至于影响经济增长的个人因素，无非就是劳动力及其供给。社会保障支出对于劳动力供给的影响主要表现为个人劳动力供给决策条件的改变。作为政府货币支出的社会保障支出，同时也意味着特定社会群体的货币收入，按西方经济学的基本原理，这种货币收入增量必将同时产生收入效应和替代效应。通常情况下，作为社会的"稳定器"，社会保障能够帮助劳动者在遭遇生活困难之时获取一定经济、物质援助，使劳动者因个人福利的增加而解除后顾之忧，安心投身于劳动、生产之中，从而为社会创造更多的财富。可见，社会保障支出引起收入增加或福利的改进，必然激发劳动者的积极性从而奠定社会财富增加的基础。

然而，因为替代效应的存在，社会保障使部分人群的相对收入增加，其生存获得了一定的保障。在替代效应的作用下，劳动者可

---

① 郑秉文：《中国失业保险基金增长原因分析及其政策选择——从中外比较的角度兼论投资体制改革》，《经济社会体制比较》2010 年第 6 期。

能减少劳动力供给以获得更多的休假；而且，因转移支付的存在，必然会影响到一些商品或服务的价格，人们节省的费用可能被用于其他用途，由此带来劳动力市场的连锁反应。因此，社会保障过度可能对劳动力供给产生负面影响，使劳动力供给减少，最终导致目前欧洲高福利国家普遍存在的"福利陷阱"。可见，收入效应和替代效应对劳动力供给的作用是截然不同的，关键是要看哪个效应的作用更大。

总体上来看，社会保障对劳动力供给的积极影响主要表现在以下两个方面：第一，激发劳动者的劳动积极性。社会保障制度有效保障了社会成员的基本生活，劳动者即使失去劳动能力或者在一段时间内失业，仍然可以维持基本的生活，这必然减缓了其生活压力，使其身心得以安抚，或者劳动者通过自身努力，从劳动所得的积累中获取保障，解除后顾之忧，全身心投入劳动生产，进而提高和改善其生活水平。因此，社会保障有利于调动和激发劳动者的内在积极性，从而增加劳动力的供给。第二，通过收入效应增加劳动力供给。因社会保障税费会使劳动者预期收入减少，特别是累进税率更是如此，劳动者为了保持自己的生活水平不因社会保障税费而下降，只有更加努力地工作，从而增加了劳动力的供给。

从农民工返乡创业的角度来看。像其他人一样，每个农民工都会年老，也会面临年老所带来的一系列问题。当农民工在年轻时，如果没有养老保险，个人就会担忧自己老年问题，因此在工作和生活中会没有安全感，即使返乡了，农民工也会因安全感的缺失，而导致创业冲动和激情的不足。而养老保险无论其采用何种形式，都能为老年农民工提供一定水平的养老金，从而能够满足其在晚年必要的基本开支，保障其老年生活。因此，养老保险等社会保障能很好地化解农民工在年轻时对年老生活的忧虑，提升个人生活的安全感，增加创业的激情。同时，返乡创业的农民工，大都处于中年阶段，往往是"上有老，下有小"的年龄段，在崇尚"百善孝为先""尊老敬老"传统美德的中国，家庭负担同样是影响农民工返乡及其创业决策的重要因素。如果农民工自身及其家庭人员均有社会保障，就能解除其后顾之忧，就能使其果断做出返乡创业决策并全力投身到创业活动之中。

二　社会保障制度的完善能增厚农民工返乡创业的人力资本

在经济学家看来，社会上有两类资本，即物质资本（physical capital）和人力资本（human capital）。所谓人力资本，是指对人力进行投资（如学习、在职培训、医疗、保健、康复、迁移等）所形成的资本。社会保障对人力资本积累具有积极的影响，其原因在于：社会保障本身就是人力资本投资的一种特殊形式；作为一种激励因素，社会保障能使人们更加自发地重视人力资本投资。[1] 那么，如果完善农民工的社会保障，实际上也是在增加人力资本投资。美国经济学家西奥多·舒尔茨（Theodore W. Schultz）认为：人力的取得都是投资的结果，掌握了知识和技能的人力资源不仅能提高自身的效率、改善待遇，也能提高社会生产效率。[2] 罗伯特·卢卡斯（Robert E. Lucas Jr.）同样认为：脱离生产、通过学校教育而获得的人力资本能产生对投资者本身起作用的内部效应；通过"干中学"获得的是专业化知识能产生对投资者以外的要素起作用的溢出效应。[3] 诺贝尔经济学奖获得者加里·贝克尔（Gary S. Becker）根据40年的统计资料分析发现：受过高等教育者的薪酬明显

---

[1]　郭士征：《社会保障学》，上海财经大学出版社 2013 年版，第 1—2 页。

[2]　潘文庆、吴梦迪：《基于人力资本投资视角的广东农民增收实证研究》，《南方经济》2014 年第 8 期。

[3]　黄江泉、李晓敏：《农民工进城落户的现实困境及政策选择——一个人力资本分析视角》，《经济学家》2014 年第 5 期。

高于仅接受过低等教育的受教育者，且差距还在日益拉大。[①] 可见，农民工的社会保障的完善，实际上是通过人力资本途径改善了农民工的状况、提升了其福利水平，增加了其返乡创业的可能性。

按照西方经济学的基本原理，在商品市场和生产要素市场完全竞争、生产技术条件既定且规模收益不变、生产要素总供给既定、生产要素可自由流动且能充分利用以及经济活动中不存在外部性等系列条件的假设下，可以得到社会生产可能性曲线（production - possibility frontier）（见图 5 - 3）。[②] 生产可能性曲线，又叫生产可能性边界，表示经济社会在上述假设条件下所能生产的各种商品的最大数量之组合，它反映了资源稀缺性与选择性的经济学特征。

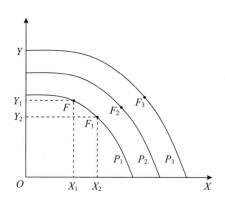

图 5 - 3　社会生产可能性曲线

图中 F 点表示，在特定条件下 X 和 Y 两种商品的最大数量之组合是 X_1 和 Y_1，F_1 表示在同样的条件下，两种商品的最大数量之

① 俞宪忠：《家庭人力资本投资与劳动力代际权益配置》，《浙江学刊》2013 年第 5 期。
② 郑万军：《公共经济学》，北京大学出版社 2015 年版，第 26—27 页。

组合是 X_2 和 Y_2，但两者的总产量是相等的，约束于特定条件。然而，如果社会上可利用的资源数量增加，或出现技术进步或出现管理创新等使劳动生产率提高了，则生产可能性曲线将向外平移，如从生产可能性曲线 P_1 移到 P_2 或 P_3。向外平移之后的曲线上的每一点所代表的两种产品的产量组合都比原曲线上相应的每一点所代表的产量组合大。[①] 也就是说，P_1、P_2 和 P_3 所代表的生产水平是不同的，依次增加。可见，生产可能性曲线向外移动，代表着社会生产能力的提高；向内移动，则反之。

社会无差异曲线是表示在社会福利水平既定时，社会成员之间的效用的不同组合关系的曲线（见图 5 - 4）。同一条社会无差异曲线上的不同点，其社会福利水平是一致的、无差异的，如 W_1 上的 A 点与 B 点虽在不同的平面位置，但两者的社会福利水平却是无差异的；同时，因效用函数具有单调递增性特征，那么离原点越远的社会无差异曲线，其所代表的社会福利水平就越高，也就是位置越高的无差异曲线代表着越高的社会福利水平[②]，即：

$W_3 > W_2 > W_1$

生产可能性曲线与社会无差异曲线的切点，是生产者利润和消费者效用最大化的均衡点。该点表示，在特定生产力水平下，生产者利润实现了最大化，消费者同样也能获得最高水平的效用。

经济增长核算模式 $\frac{\Delta Y}{Y} = \alpha \frac{\Delta N}{N} + \beta \frac{\Delta K}{K} + \frac{\Delta A}{A}$ 表明：产出增长 = （劳动份额 × 劳动增长）+（资本份额 × 资本增长）+ 技术进步。虽然乡村振兴战略并不能直接促进技术进步也不能直接增加劳动份

---

① 张幼文：《生产要素的国际流动与全球化经济的运行机制——世界经济学的分析起点与理论主线》，《世界经济研究》2015 年第 12 期。

② 黄新华：《公共经济理论研究的进展——1990 年代以来的政府经济学研究》，《学术界》2013 年第 10 期。

额，但它能增加资本份额。因而，从该角度来看，乡村振兴战略能增加资本投入，改变要素配置方式，提高生产效率，实现了生产可能性曲线的外移，进而能够与更高效用的社会无差异曲线相切。①也就是说，乡村振兴战略为社会福利水平提升创造了前提条件。

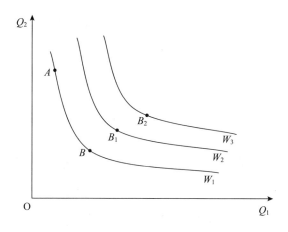

图 5-4　社会无差异曲线

同时，以 Schultz 和 Becker 人力资本理论为基础，整合了 Uzawa 和 Romer 分析技术的卢卡斯经济增长模型 $Y(t) = AK(t)^{\alpha} H(t)^{(1-\alpha)} h_{\alpha}(t)^{\beta}$ 认为，人力资本是推动经济增长的内生要素。模型中：$Y(t)$ 表示当期总产出；A 表示既定制度条件与技术水平；$K(t)$ 表示固定资本存量；$H(t)$ 表示人力资本存量；$h_{\alpha}(t)$ 表示人均人力资本水平；系数 α 表示物质资本弹性；系数 β 表示人均人力资本弹性。②

---

① 孙秋鹏：《宅基地流转中的主体行为分析——兼论农民利益保护》，《经济评论》2013 年第 5 期。

② 马芒、吴石英、江胜名：《安徽人力资本与经济发展方式动态关系：多维度再检验》，《华东经济管理》2016 年第 6 期。

由上可知，从长期角度看，根据卢卡斯的经济增长模型，农民工保障既能促进全社会 H(t) 的增加，也能提升全社会 $h_\alpha(t)$ 水平，进而实现总产出的增加。Bloom、Canning 和 Sevilla（2004）对发展中国家经济增长的研究表明，平均寿命延长一年，产出能增长 4%[1]，而平均寿命显然与社会保障水平密切相关。由此可见，健全农民工社会保障，同样实现了生产可能性曲线外移，为社会福利水平提升创造了前提。而且，在我国人口老龄化日趋严重、劳动力无限供给特征逐渐消失以及"人口红利"日渐式微的当下，充分利用人力资本边际报酬递增规律，增加人力资本投资将会成为生产可能性曲线外移的主途径。[2]

图 5-5 中，P'_1 表示乡村振兴战略实施前的社会生产可能性曲线，P'_2 表示农民社会保障残缺下乡村振兴社会生产可能性曲线，P'_3 表示具有完善的农民工社会保障的乡村振兴社会生产可能性曲线，W'_1、W'_2 和 W'_3 则分别表示乡村振兴战略实施前、农民工社会保障残缺和农民工社会保障完善的社会福利水平。显然，W'_1 与 P'_1 相切点 F'_1，W'_2 与 P'_2 相切点 F'_2 以及 W'_3 与 P'_3 相切点 F'_3 都是在特定条件下可以实现的社会福利最优水平，而 $F'_1 < F'_2 < F'_3$，这表明，农民社会保障的完善对整个社会福利具有正强化影响。

综上可知，完善乡村振兴中返乡创业农民工社会保障，有利于增加该群体的人力资本投资，扩大社会生产力，进而改进返乡农民工及整个社会的福利状况。而乡村振兴的本质内涵正是要改善人民生活，增进社会福利，提升包括返乡农民工在内的全体乡民的获得

---

[1]　Bloom D. E. , Canning D. , Sevilla J. , "The Effect of Health on Economic Growth: A Production Function Approach", *World Development*, Vol. 32, No. 1, 2004, pp. 1 - 13.

[2]　江维国：《新型城镇化中失地农民社会保障问题研究》，博士学位论文，湖南农业大学，2017 年，第 65 页。

感、幸福感和安全感。因而，完善乡村振兴中返乡农民工的社会保障，提升返乡农民工及整个社会福利水平，实际上是乡村振兴本质内涵的回归。

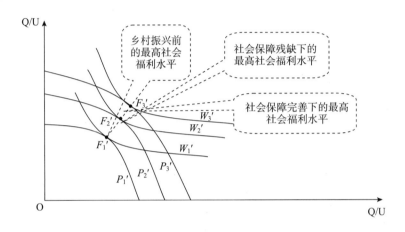

图 5 – 5　乡村振兴中的社会福利水平变动

创业并非一件简单的事件，创业者众多，成功者甚少，创业对个体的受教育程度、工作与培训经历、管理技能、商业知识、专业知识等具有较强的要求，而这些实际上都是人力资本的具体表现，要通过人力资本投资而获得。如管理技能，在创业的过程中，特别是在创业初期，作为微小企业的创办者，创业者要担负大部分的管理角色，而创业者如果曾经有过管理者的经验，这对其创业的成功无疑大有裨益。再如专门知识，所谓专门知识是指企业生产的产品和提供的服务的相关专业知识和技能，如果创业者准备经营一家汽车修理厂，那么其最好要具备汽车、汽车修理、汽车配件以及汽车保险和理赔等方面的专业知识。

作为一个特殊群体，农民工大多文化水平较低，除务农技术以外，很少掌握其他技术，加上经济基础差，因而如果没有社会保障，农民工进城后所获得的报酬基本上只能维持个人及家庭的开支，何况穷怕了、苦怕了的农民工群体，更是具有患得患失的心理。如果有了较为完善的社会保障，特别是养老、医疗等保险，不少农民工就有足够的经济能力去接受职业教育和技术培训，增加人力资本投资，提升自己的综合素养和技能水平。而且，农民工的群体性特征非常明显，彼此之间相互的影响很大，一旦有人开始接受职业教育和技术培训，很容易影响周边的老乡去接受职业教育和技术培训，增加人力资本投资。而且，农民工因为有了自身的这种特殊经历，其返乡创业后，一方面将会很乐意为自己的员工购买社会保险，另一方面也会积极鼓励自己的员工去学习技术技能，增加人力资本投资。

课题组在调查中就遇到了一个这样事例。湖南益阳仓水铺镇有一位新生代农民工李某，生于1979年，曾于2006—2009年在长沙某建筑工地打工四年。因为李某老家正好是湖南省百强镇，土地被征收后，当地政府统一为其购买了养老、医疗等基本保险。后来，有了社会保障兜底、没有后顾之忧、平日里善于动脑筋的李某，看到长沙汽车美容店生意大都不错。2010年，李某辞去建筑工地的工作，花了5000元学费到长沙一家汽车美容店去专门学习汽车美容，认真学习了新车开蜡、手打蜡、机打蜡、内饰清洗、内饰消毒、发动机室清洗、封釉、镀膜、真皮保养等汽车清洗与美容技术。半年后，在亲戚朋友们的资金支持下，李某回到家乡开办了自己的汽车美容店，2011年年底就收回了所有的投资。经过几年经营，李某的汽车美容店已经是当地最大、生意最好的店。而且，难能可贵的是，李某致富以后，以自己的亲身经历说服了亲妹妹和表弟，先后学习了理发和开挖土机的技术，后两人目前也在家乡经营理发店和开挖土机。这其实就是一个参加了社会保险、没有后顾之忧，经过人力资本投资掌握了一定技术后返乡创业农民工的成功案例。

从内在本质来看，乡村振兴的长远目标是要促进城乡平衡发展和乡村充分发展，进而化解当前我国社会主要矛盾，而人力资本投资与积累，无疑是最有效的途径。因为按照资本边际收益递减规律，如果仅靠物质资本积累，是无法避免物质资本投资在经济增长中的抑制作用的。在乡村振兴过程中，如果考虑到人力资本因素，通过人力资本的投资与积累，则可以实现边际收益递增并推动乡村经济不断增长，这何尝不正是乡村振兴的内生力量，又何尝不是乡村振兴"以人为本"、促进人充分发展本质内涵的体现呢。

可见，社会保障制度的完善能从多个维度增厚返乡创业农民工的人力资本，促进乡村振兴。

三　社会保障制度的完善能增加农民工返乡创业的流动投资

第二次世界大战结束后，西方各国很快从战争创伤中恢复过来，经济迅速复苏，科学技术迅速发展且广泛应用，当时处于主流地位的新古典经济学（Neoclassical Economics）受到日益增多的新经济问题的严峻挑战。增长理论、资本理论均建立在新古典经济学的基础之上，而新古典经济学一直抓住资本同质、劳动力同质这些偏离现实的假设不放，而基于这种假设的理论对该时期新出现的许多经济问题的解释显得非常苍白无力，甚至难以自圆其说，现实生活中一时似乎出现了很多难解的"经济之谜"。① 一些西方学者敏锐地捕捉到这种困境，为了求解这些经济谜底，他们开始对前人在

---

① 谢富胜、李安：《人力资本理论与劳动力价值》，《马克思主义研究》2008 年第8 期。

人力资本领域的思想渊源挖掘并结合时代进行拓展，进而开创了新的研究领域，形成了人力资本理论（Human Capital Theory）。20世纪50年代开始，美国芝加哥大学和哥伦比亚大学的经济学家们对教育与工资的差别、劳动力市场问题进行了较为全面、系统的探讨，从而真正形成了现代意义上的人力资本理论。[①]

总体上来看，西方现代人力资本理论的产生、发展与传播，使人在物质生产中的决定性作用得以复归。而且，现代人力资本理论重新证明了人，尤其是那些具有专业知识和专业技能的高层次的人是推动经济增长和经济发展的真正动力。从研究内容来看，现代人力资本理论全面分析了人力资本的内涵、人力资本形成途径以及人力资本的"知识效应"，并把人的教育、培训、迁移等消费当作一种重要的投资。[②] 应该说，现代人力资本理论对资本理论、经济增长理论以及收入分配理论的日后发展与演变产生了革命性的影响。

综上所述，按照现代人力资本理论的逻辑，学校教育、职业培训、卫生保健、迁移与流动，是人力资本投资的四种主要方式。现代人力资本理论将迁移与流动视为人力资本投资的基本逻辑是这样的：尽管迁移与流动本身并不能增加人力资本的价值，但劳动力迁移与流动有利于促进人力资本在空间和时间上的优化配置和再配置，从而使人力资本产生更多的经济价值，推动经济更好、更快发展。[③] 可见，现代人力资本理论认为劳动力流动是人力资本动态配制的一个实现过程。

[①] 王明杰、郑一山：《西方人力资本理论研究综述》，《中国行政管理》2006年第8期。

[②] 马红旗、王韧：《对人力资本形成理论的新认识》，《经济学家》2014年第12期。

[③] 樊士德、沈坤荣：《中国劳动力流动的微观机制研究——基于传统与现代劳动力流动模型的建构》，《中国人口科学》2014年第2期。

在我国农村，很长时期以来，因土地有限，剩余劳动力大量存在，其边际生产率为零或接近于零，几乎是一种闲置资源，这实际上造成了农村剩余劳动力的人力资源浪费。那么，就产生了一个这样的简单逻辑：转移农村剩余劳动力以促进其再就业就能有效地利用人力资源。在内生与外生力量的双重作用下，在中国出现了大规模的民工潮，这实际上是通过农民对迁移与流动的人力资本投资以实现其就业的。当然，作为理性经济人，农民是否进行迁移与流动的投资，取决于迁移与流动的成本、收益以及预期收益等因素的综合作用。

然而，现在城市就业的情况已经悄然发生了变化。第一，受2008年美国金融危机的深远影响，城市大量企业订单不断减少、纷纷倒闭，特别是纺织、服装等劳动密集型企业受到了前所未有的巨大冲击，而这些企业是农民工最集中的地方，可见农民工在城市就业渠道在不断减少。第二，产业升级对劳动力素质要求越来越高，而农民工文化素普遍质较低，大多缺乏相关技能，只能在一些低层次产业、收入较低的岗位上谋生，这进一步挤压了农民工在城市的就业空间。第三，受用工成本不断上升的影响，沿海地区劳动密集型产业、人力资源依赖性大的外资企业纷纷选择向经济条件比较落后、用工成本更为低廉的越南、印度等东南亚国家进行梯度转移，这对农民工城市就业来说无疑是雪上加霜。

与此相反，现在农村就业创业的情况同样已经悄然发生了变化。第一，国家顶层高度重视乡村发展。近年来，国家高度重视"三农"问题，制定了一系列的顶层设计，以推动城乡平衡发展和促进乡村充分发展，特别是党的十九大提出的乡村振兴战略，更是将乡村发展推到了前所未有的高度，中国乡村面临着历史性的发展机遇。第二，地方政府对农民工返乡创业高度重视。面对近些年来纷纷返乡的农民工，地方政府高度重视其就业创业问题，积极制定各项有力措施，激励返乡农民工开创企业，一些地方政府在办证、税收、土地使用、各项收费等方面给予返乡农民工创业者诸多优惠，为其提供"绿色"通道。第三，乡村资源优势凸显。目前我国大多数乡村地区的自然资源比较丰富，劳动力资源充足且工资水平低，因而创业成本也比较低。加上返乡农民工对家乡市场环境比较了解，也具有较好的人脉关系，创业风险比在城市要低得多。

那么，斗转星移、时过境迁，在城市打拼多年的农民工，面对就业岗位日益减少的局面，不少农民工已经成为城市的"游客"，成为名副其实的城市剩余劳动力。这部分农民工如果继续在城市"漂游"，其边际生产率实际上已经为零或者是接近于零，这无疑是一种劳动力的人力资源浪费。然而，农民工是否返乡创业，进行迁移与流动（回迁）的投资，同样取决于迁移与流动（回迁）的成本、收益以及预期收益等因素。诚如上文所析，现在乡村就业创业的环境已经大有改善，农民工返乡创业的预期收益已经大幅提升。

那么，社会保障对农民工返乡创业究竟会产生哪些促进呢？第一，社会保障减少了农民工迁移与流动（回迁）的心理成本。社会保障能在一定程度上帮助农民工抵御返乡创业中的无保障风险，使农民工有了安全感，增加了其对返乡创业的信心，减少了"未来生活没有着落"的心理成本。第二，社会保障增加了农民工迁移与流动（回迁）的心理收益。乡村里熟悉的生活工作环境，高度认同的价值观念、生活习惯和行为方式，加上有效的社会保障，无疑有利于农民工身心愉快地生活、工作和创业。第三，社会保障增加了农民工迁移与流动（回迁）的间接收益。社会保障的给付或服务提供减少了农民工返乡创业遭遇无保障风险时的费用开支，间接增加了收益。这些显然增加了农民工迁移与流动（回迁）净收益现值，增加了农民工迁移与流动（回迁）的经济动因。

基于上述分析，社会保障制度的完善无疑能增加农民工返乡创业的流动投资，使其人力资本得到了有效利用。

四　社会保障制度的完善能提高农民工返乡创业的风险抵御力

众所周知，社会保障是由政府主导，市场和社会共同参与，形成以社会保险为核心的一个完整的社会保障体系。作为一个重要的社会系统制度安排，社会保障具有经济功能、稳定功能以及补偿功能，不仅可以减少失业带来的震荡与冲击，激发社会大众的创业激情，而且还可以维护社会稳定，促进社会和谐发展。①

第一，社会保障在创业中的经济功能。社会保障制度的完善可以使大众创业有制度化、正常化、专业化的保障，稳定了大众情绪和大众预期，保证创业的成功率和创业的延续性，为经济发展增添了内生活力，从而促进经济持续、稳定发展。同时，创业者有了完善的社会保障，解除了养老、患病等后顾之忧，创业的积极性必然得到激发，有助于全社会形成大众创业的局面，从而促进各行各业快速发展，进而促进经济持续、稳定发展。如通过社会保障和社会救助，能帮助受灾区人民恢复生产、维持生活；通过医疗保障，能促进劳动者身体健康的及时恢复，促进劳动力的正常再生产。这无疑有利于整个社会的经济发展。

第二，社会保障在创业中的稳定功能。西方资本主义国家最初创建社会保障制度的根本原因就是要以此巩固资本主义生产方式，缓和工人阶级与资产阶级的矛盾，维护资产阶级政权的统治和整个

---

① 潘付拿、黄健元：《被征地农民社会保障研究的局限与进路》，《西北农林科技大学学报》（社会科学版）2015 年第 1 期。

社会的稳定。从该角度来看，社会保障实际上是工人阶级长期斗争的结果。第二次世界大战后，社会主义政权在许多国家取得胜利，这促使资本主义国家政府更加重视社会保障，不得不发展社会福利事业，其根本目的还是缓和阶级矛盾，通过社会的稳定以维持资产阶级的长久统治。从创业的角度来看，创业并非一定能成功，当创业者遭遇失败，基本生活出现困难时，政府和社会为其提供的物质帮助能保障其基本生活，这在一定程度上减少了社会的不稳定因素，从而维护了社会稳定。可见，作为经济社会协调发展的"安全网"与"减震器"，社会保障在大众创业中同样具有促进社会稳定的功能。

第三，社会保障在创业中的补偿功能。社会保障的补偿功能，是指为保障失去生活来源者、贫困者、遭遇不幸者，在暂时或永久失去收入时，由国家或社会给予经济帮助或者收入损失的补偿，进而维持其本人及家庭基本生活方面的功能。社会保障的补偿功能能够使创业者在遭受创业失败时，不至于沦落到生活无依无靠、家庭难以为继的地步，从而降低创业的经济和社会风险。许多创业者缺乏资金、技术、管理经验，家庭收入低且家庭积蓄少，年龄偏大及再就业信心不足。放弃现有工作重新创业的风险大，失业者的"二次创业"遇到的困难和风险则更大。因此，创业者在丧失收入状态出现时，能够及时地得到国家和社会提供的援助，人的主体性才能充分发挥，从而有益于经济社会的发展。可见，在大众创业活动中，社会保障能发挥至关重要的作用。

尽管乡村环境在改变，政策也日益有利于农民工返乡创业，但农民工返乡创业还是面临着比较大的风险。如返乡农民工管理经验的严重欠缺，可能导致企业在营销管理、人力资源管理、财务管理等方面不到位而形成管理风险；还可能面临产品销售不畅、价格不稳定、市场波动或者受到竞争对手的挤压而带来的市场风险等。而且，从社会层面来看，如果一个群体中在毫无保障的情况下勇往直前（创业）的人数达到一定数量和规模时，这实际上已经形成了一个潜在的社会不稳定因素。换言之，农民工返乡创业，不仅其自身面临较大的风险，整个社会实际上也面临着较大的风险。

此时，社会保障固有的经济功能、稳定功能以及补偿功能，无疑能提高农民工返乡创业的风险抵御力以及整个社会的风险抵御力，让其在较为稳定的预期环境下放手拼搏，为乡村经济发展以及乡村全面振兴做出贡献。

第四节　本章小结

本章首先从乡村振兴的背景、科学内涵以及主要任务对中国乡村振兴进行了较为全面的剖析，中国乡村振兴战略是马克思主义中国化的新实践，标志着中国村镇化与城镇化双轮驱动模式的开启以及乡村全面现代化对农业产业现代化的替代，中国乡村振兴的主要任务为振兴乡村产业、振兴乡村文化、振兴村容村貌、振兴乡村治理。其次，探讨了农民工返乡创业对乡村振兴之人力资源集聚、产业兴旺、治理有效、乡风文明、生态宜居以及生活富裕的促进作用。最后，从社会保障制度的完善能消除农民工返乡创业的后顾之忧、增厚农民工返乡创业的人力资本、增加农民工返乡创业的流动投资以及提高农民工返乡创业的风险抵御力四个维度分析了社会保障制度的完善对农民工返乡创业的促进作用。

第六章　社会保障对农民工参与乡村振兴意愿影响的实证分析

实地调研被公认为是人类学学科最基本的方法论，是最早的人类学方法论，也是"直接观察法"的具体实践与具体应用。目前，实地调研被广泛地应用经济学、社会学、管理学、教育学等学科领域，已经成为许多学科开展研究工作之前，取得第一手原始资料的重要前置步骤。为了解社会保障对农民工参与乡村振兴意愿的影响，本书以返乡创业为中介指标对此进行评价。本书对典型地区进行了抽样调研，以取得第一手资料，为后面的政策优化提供素材。

第一节　社会调查的前期准备

为保证社会调查的顺利进行，课题组对问卷制作、调查区域选定、调查方法确定、调查实施过程以及人、财、物的配置等做了相应的前期准备。

一　调查背景

进入 21 世纪以来，随着整体经济的不断发展和综合国力的增强，我国整体上已经进入了"以工补农、以城带乡"的城乡统筹发展的新时期。特别是 2008 年金融危机爆发以来，沿海大量产业陆续向内地甚至是内地农村转移，这种梯度转移无疑使中西部农村地区有了一定的产业根基，夯实了以农村为基地的创业基础。而且，随着精准扶贫在全国范围内无死角地全面铺开，大量的人力、物力、财力等资源快速下沉到农村，这不仅为农民工返乡务工创造了一定的就业岗位，也为农民工返乡创业创造了更多市场机遇。与此同时，新产业、新业态、新模式和产业融合项目的陆续出现，让农村能够更好地融入整个国家的发展，城乡之间畅通的信息、物流网络，使农村优质资源和城市消费市场的有效连接成为可能、成为现实。[①] 而且，部分农民工既了解城市的市场需求特征，又熟悉网络等现代化的技术手段，且在农村有田、有房以及人脉网络等社会资本，农民工返乡可谓是集万千宠爱于一身。

于是，不知不觉中，在城市方兴未艾的大众创业、万众创新，也在乡土中国获得了另一种表达和释放。[②] 在安徽省涡阳县，张先义创办的安徽盛丰服装鞋帽有限公司，解决了1100多个农民工的就业问题；贵州省毕节市"70后"的农民工张兴伟，成功创办了碧源食品有限公司、金峰生猪养殖场、兴联蛋鸡养殖场等实体，单其兴联蛋鸡养殖场在2013年就带动25户贫困户脱贫，2014年带动32户贫困户脱贫，2015年带动47户贫困户脱贫，2015年、2016年入股农户每户分红收益达2.6万元以上；在广西柳州，在外务工20多年的龙革雄返乡创业开办山果专业合作社，让一个百年老村从空心村重新焕发了生机……

综观上述农民工的草根创业行为，可以发现两个鲜明的特点：

---

① 张秋容、齐世香：《乡村振兴战略背景下基层治理路径探讨——以邛崃市"为村"为例》，《中共乐山市委党校学报》2018年第1期。

② 吴莹：《当代中国农民政治利益实现的变革与优化》，博士学位论文，吉林大学，2017年，第77页。

一是创办的实体大都具有小、多、活的特点，返乡创业的农民工通常是小微型经营主体，就像毛细血管一样能够扎根在农村的各个角落；二是农民工返乡创业对产业融合发展、农村就业与农民增收以及脱贫致富等都有着强烈的带动作用和辐射作用，也就是说，农民工的创业成功一般能促进一方百姓脱贫致富。

应该说，农民工返乡创业，正在不断重塑着中国乡村的经济地理。曾经的"农民真苦，农村真穷，农业真危险"的局面，在全国不少乡村地区已经悄然改变，出现了新的可喜变化：农业可以现代，农村不单有农业，农民不输城里人……返乡农民工播撒新经济的火种，创造新业态的"玩法"，一个个充满创意的项目在希望的田野上开花结果，一个个原本落后的村镇开始崛起为新经济、新业态的创业高地。[1] 在我国全面建成小康社会的决胜阶段，各地筑梦乡土的涓涓溪流正不断汇聚，成为推动农民增收、农村致富的巨河。

据相关部门统计，目前全国大约有 480 万农民工返乡创业。在这批人创办的企业中，有 80% 以上都是新产业、新业态、新模式和产业融合型的项目，54% 都运用了网络等现代手段。应该说，这一波农民工返乡热潮的出现具有相当的合理性和必然性，既受到了农民工群体内在结构变迁的推动，也受到了时代大趋势的拉动。从自身角度来说，在城市打拼多年的农民工，有不少人积累了一定的技术、资金等优势，这些优势可以与家乡的资源进行有效对接，同时在家门口进行创业，还可以减少两地分居带来的家庭以及子女教育等系列风险。

当然，也要看到，与其他创业行为一样，农民工返乡创业同样

---

[1] 佚名：《返乡经济如何激活新农村》，《乡村科技》2017 年第 30 期。

存在市场、管理、技术等风险。农民工家庭积蓄比较有限、市场经验不足、谈判能力有限、风险抵抗能力不足……小微企业在大市场中博弈，不会因为农民工的身份而变得一片坦途，反而可能会因为资金、人力资本等的局限而更加步履艰难。而且，用地难、融资难、农村人力资源短缺等因素，也是制约农民工创办企业发展的现实短板。尽管 2016 年国务院办公厅下发了《国务院办公厅关于支持返乡下乡人员创业创新促进农村一二三产业融合发展的意见》（国办发〔2016〕84 号），《意见》从市场准入手续简化、金融服务环境改善、财政支持力度加大等方面，对返乡下乡人员的创业创新行为给予了政策支持，但这些政策要具体落实下来，尚需要一定的时日。①

那么，要了解乡村振兴下农民工的社会保障需求及其特征，首先就要对农民工的基本信息与社会保障现状等进行详细的了解。为达到这一目的，有必要进行以"农民工社会保障需求及特征"为主题的实证调查，其主要目的是通过实地调查以分析在乡村振兴背景下，农民工群体的基本信息以及社会保障需求的种类、特征、制度供给的现状以及存在的问题等，最终有针对性地提出适合于城乡社会保障一体化统筹发展并有助于乡村振兴背景下农民工社会保障需求有效实现的对策建议，方能为相关部门决策提供参考。

二　调查说明

（一）问卷制作与修订

问卷设计的好坏与前期的文献阅读、理论积累等工作密切相

---

① 王雯慧：《为农村创业注入新动能新活力——解读〈关于支持返乡下乡人员创业创新促进农村一二三产业融合发展的意见〉》，《中国农村科技》2017 年第 1 期。

关，只有做好问卷设计的前期准备工作，才有可能设计出好的问卷和获得好的第一手资料。问卷设计程序通常是：探索性工作→提出课题→研究假设→概念界定→变项设计→指标设计→具体问题。①一般情况下，无论是经验方面还是理论方面，研究者都要对自己所研究的对象较为熟悉。确定了研究课题后，研究者对自己的研究任务以及想要获得的研究成果应该都要有一个清楚的认识。只有具备了上述条件，研究者才能提出相应研究假设，设计相应的调查问卷。应该指出的是，一个课题的所有指标并非都能通过问卷调查获得，有些资料必须通过其他辅助方法（如面对面的访谈）才能获得研究者想要获得的翔实资料。

从文体结构来看，问卷可分为前言、主体和结语共三大部分。在前言部分，应该对此次问卷调查的目的、意义、内容、回答要求等进行简单介绍，并做出匿名或保密保证，最后还要对回答者的配合予以感谢。主体部分是问卷的核心内容，一般把问卷的主体又分为被调查者的背景资料、调查的基本题项两大部分，前者是有关被调查者的性别、年龄、婚姻、教育、收入等基本问题，后者是调查的基本题项。结语部分通常包括调查时间、调查地点、调查员姓名、被调查者的联系方式等有关调查的一些基本信息。

在进行问卷设计前，研究者应明白本次调查的对象，因为问卷的问题是给被调查者看的，所以设计的问卷必须符合被调查者的阅读能力和阅读习惯。一方面问卷题项的表达应尽量符合调查区域的语言习惯，另一方面研究者要对调查区域以及被调查者的整体情况有大致了解。当然，问卷调查既可采用让被调查者自己填写的自填

---

① 陈小兰：《市场调查问卷设计与运用的常见误区探讨》，《经贸实践》2016年第10期。

式，也可以采用派专人带自带问卷向被调查者询问后自行填写答案的访问式调查。至于具体采取哪种问卷调查方式，研究者可根据被调查者文化程度、调查内容的难易度、问题设计复杂程度等经课题组讨论后决定。而且，问卷设计与问卷调查是一项实践性很强的课程，被调查者的参与是极其重要的。因此，在问卷设计与调查时，最好要进行预调查，并通过有关软件对问卷信度、效度进行检验，这样可以减少错误，发现研究者可能意想不到的某些问题，及时调整问卷。

在此次调查中，课题组在调查问卷的制作过程中，首先通过文献研读并结合 Delphi 法下的专家意见，确立了问卷的测量维度及其具体变量，形成了初始问卷。然后在湖南省长沙市芙蓉区、岳麓区范围内选择了 40 名建筑业、餐饮业、制造业、快递业等不同行业的农民工进行了初始问卷的试测，并就试测反映出的问题对初始问卷进行了修改，在此基础上形成了正式问卷，以保证本次正式调查的问卷具有较高的信度与效度。

（二）调查区域及调查方法选取

经课题组商议，此次调查最终确定了广东广州、湖南长沙、贵州贵阳三个城市作为调查区域。其原因主要有：第一，这三个城市在中国经济板块图中分别属于发达地区、中等水平地区和欠发达地区，在经济水平上呈现阶梯分布特征，对全中国而言，具有典型性和代表性；第二，这三个城市都是省会城市，在各行各业都集聚了大量的农民工，且这类农民工通常离家乡较远，可谓是背井离乡，更符合本书的"返乡"创业，因为那些就近务工的农民工，"返乡"的特征并不是非常显著；第三，课题组在其他研究中曾对上述地区进行过被征地农民社会保障的调查，对这些地区的人文环境较为熟悉，这有利于调查的顺利展开。

具体调查中，课题组随机抽取了长沙的芙蓉区、岳麓区、天心区，广州的海珠区、花都区、南沙区以及贵阳的小河区、花溪区、乌当区，共九个区为调查区域，同时为了保证覆盖面的广泛性，课题组有意识地选取了建筑、煤炭、冶金、化工、机械、纺织服装、餐饮、理发以及汽车修理等不同行业的农民工作为调查样本，尽量使调查样本在行业中具有广泛的代表性。此次调查的主要方式是深入各单位中通过逐一调查或将农民工集中召集起来统一发放问卷填写的方式来完成问卷的填写，如果农民工对某一个题项有疑问，均有课题组成员现场解答，对不识字的农民工，课题组成员面对面逐题讲解，听取其意见后由课题组成员代为填写。问卷调查主要是了解乡村振兴背景下返乡创业农民工最基本的社会保障需求，但这并不能深入了解这种需求背后的原因，为了弥补问卷调查这种不足，实际调查中课题组还通过座谈会以及一对一访谈的形式，对农民工的社会保障需求信息进行了进一步了解，并以录音和速记的方式对重要信息予以记载。

（三）调查实施过程

此次问卷调查中，课题组共分为三个大组，分赴湖南长沙、广东广州、贵州贵阳三个城市，每个大组共4名成员，又分为两个具体行动小组，两个具体行动小组各由2名成员组成。调查开始时间为2018年3月9日，完成时间为2018年3月31日，历时23天。调查对象为18周岁以上、60周岁以下的农民工，其原因是18周岁以上已经是成年人，基本具备判别事物的能力，60周岁以上的农民工一方面比较少，另一方面再返乡创业对本书的研究也不具有典型意义，因而被调查者的年龄被控制在60周岁以下。

三　调查内容及变量赋值

创业意愿是创业行为的最佳的预测指标，具有先导性[①]，因而要了解农民工的返乡创业行为决策，可以通过创业意愿对此进行洞察。应该说，Bird（1988）是国外较早对创业意愿展开研究的学者之一，他认为创业意愿是一种心理状态，是决定创业者是否愿意采取行为，耗费大量时间和资源完成特定目标的前提，为此他还构建了有关创业意愿的测量量表对创业意愿的影响因素进行了探究。[②]之后，国外不断有学者对该议题进行了富有拓展性的研究，相关结论表明，性别、文化程度、个体年龄、风险偏好、自我效能感、财富积累、父母所从事的职业等主客观因素都对创业决策具有重要影响。[③][④][⑤]张玉利等（2004）提出，创业意愿表达的是潜在创业者转变成实际创业者的可能性，或者说是期望程度，但创业意愿与实际创业行动之间必然存在一定差距。[⑥]朱明芬（2010）认为，性别、年龄、受教育程度、是否为共产党党员、是否参过军、是否有技能等个体素质对创业意愿具有直接影响，素质越高的个体，其创

① 张立新、林令臻、孙凯丽：《农民工返乡创业意愿影响因素研究》，《华南农业大学学报》（社会科学版）2016 年第 5 期。

② Bird B. , "Implementing Entrepreneurial Ideas: The Case for Intention", *Academy of Management Review*, Vol. 13, No. 3, 1988, pp. 442 – 453.

③ Matthews C. H. , Moser S. B. , "A Longitudinal Investigation of the Impact of Family Background and Gender on Interest in Small Firm", *Journal of Small Business Management*, Vol. 34, No. 2, 1996, pp. 29 – 43.

④ Barbosa S. D. , Gerhardt M. W. , Kickul J. R. , "The Role of Cognitive Style and Risk Preference on Entrepreneurial Self – Efficacy and Entrepreneurial Intentions", *Journal of Leadership & Organizational Studies*, Vol. 13, No. 4, 2007, pp. 86 – 104.

⑤ Thompson E. R. , "Individual Entrepreneurial Intent: Construct Clarification and Development of an Internationally Reliable Metric", *Entrepreneurship Theory & Practice*, Vol. 33, No. 3, 2009, pp. 669 – 694.

⑥ 张玉利、陈立新：《中小企业创业的核心要素与创业环境分析》，《经济界》2004 年第 3 期。

业意愿也就会越高。① 如果纳入其他外部因素后，这些个体因素的影响是否依然存在，该研究并没有给出明确的答案。但整体上看，农民工返乡创业是受诸多因素综合影响的结果，不是某一个因素或某一类因素所决定的。②

至于农民工返乡创业意愿影响因素的研究，朱红根等（2010）基于江西 1145 个返乡农民工的调查数据，利用二元 Logistic 模型的实证研究表明，年龄、性别、婚姻、文化、从业资格、技能获取、风险态度、家庭人均纯收入及外出务工收入等个体及家庭特征因素对农民工返乡创业意愿具有显著影响，每月话费支出、常联系的朋友个数、亲戚担任村干部或公务员状况等社会资本因素同样对农民工返乡创业意愿影响显著。③ 客观地看，该研究比较全面地分析了农民工返乡创业意愿的个体与家庭方面的影响因素，但对外部环境因素的分析显然有所欠缺。胡俊波（2015）运用来自四川省2009—2012 年连续四年的混合横截面数据和 Logit 模型检验了农民工外出务工职业经历、家乡区域环境对其返乡创业意愿的影响关系，其结论表明，农民工务工期间所处的行业、职务状况是影响其作出创业决定的重要因素。④ 总体上看，该研究具有一定的局限性，主要探讨了职业与家乡环境对农民工返乡创业意愿的影响，对农民工个体禀赋的影响缺乏深入分析。刘溢海等（2016）的实证

---

① 朱明芬：《农民创业行为影响因素分析——以浙江杭州为例》，《中国农村经济》2010 年第 3 期。

② 李敏：《大众创业背景下农民工返乡创业问题探究》，《中州学刊》2015 年第 10 期。

③ 朱红根、康兰媛、翁贞林等：《劳动力输出大省农民工返乡创业意愿影响因素的实证分析——基于江西省 1145 个返乡农民工的调查数据》，《中国农村观察》2010 年第 5 期。

④ 胡俊波：《职业经历、区域环境与农民工返乡创业意愿——基于四川省的混合横截面数据》，《农村经济》2015 年第 7 期。

研究表明，除年龄、性别 2 个个体禀赋因素之外，文化程度、打工年收入、交际能力、经营管理能力、风险承担能力、创业机会识别能力、是否具备相关创业经验技能、对农民工返乡创业政策环境的认知度 8 个因素显著地影响着农民工返乡创业的意愿。[①] 该研究结果实际上表明，农民工返乡创业是多种因素共同作用的结果，而不是某一个因素作用的结果。陈文超等（2014）对 2949 名农民工的调查结果则表明，相对其他年龄段或其他文化程度农民工来说，中年人和拥有中等文化水平的农民工，更具创业意愿，这说明年龄和文化水平是影响农民工创业的因素；相对政策刺激、市场利益以及地位获得等因素来说，农民工的家庭因素对其返乡创业的影响更为突出，这既表明了家庭对农民工的重要性，也说明了农民工社会交往的局限性；当扶助力度不是很大时，政策优惠对农民工返乡创业的激励作用并不明显，只有当扶助力度比较大的时候，政策优惠才会成为农民工作出返乡创业决策的重要影响因素。[②]

　　参照已有相关研究文献，在专家指导下，此次正式调查问卷的内容确定为六大部分，即农民工基本情况、农民工进城务工的基本情况、农民工家乡创业环境、基本社会保障情况、返乡创业保障情况以及农民工返乡创业意愿，具体有以下内容（见表 6 - 1）：第一，农民工基本情况，具体包括被调查农民工的性别、年龄、受教育年限、交际能力。第二，农民工进城务工基本情况，具体包括被调查农民工从事行业、城市务工收入、进城务工时间以及家属随迁情况。第三，农民工家乡创业环境，具体包括被调查农民工家乡经

　　① 刘溢海、来晓东：《"双创"背景下农民工返乡创业意愿研究——基于河南省 4 市 12 县的实证分析》，《调研世界》2016 年第 11 期。
　　② 陈文超、陈雯、江立华：《农民工返乡创业的影响因素分析》，《中国人口科学》2014 年第 2 期。

济发展情况、家乡地方政府对乡村振兴的重视度、家乡政府对农民工返乡创业重视度以及家乡农民工返乡创业情况。第四，农民工基本社会保障满意情况，具体包括养老保险满意度、医疗保险满意度、失业保险满意度、工伤保险满意度、生育保险满意度。第五，农民工返乡创业保障满意情况，具体包括创业金融支持保障满意度、创业财税支持保障满意度、创业培训保障满意度以及创业服务保障满意度。第六，农民工是否具有返乡创业意愿。实际上，前五部分是本书研究的解释变量，第六部分是本书研究的被解释变量。

表 6 - 1　　乡村振兴背景下农民工返乡创业意愿影响因素调查

维度	项目	维度	项目
农民工基本情况	性别	农民工基本社会保障满意情况	养老保险
	年龄		医疗保险
	受教育年限		失业保险
	交际能力		工伤保险
农民工进城务工基本情况	从事行业		生育保险
	城市务工收入	农民工返乡创业保障满意情况	创业金融支持保障
	进城务工时间		创业财税支持保障
	家属随迁情况		创业培训保障
农民工家乡创业环境	家乡经济发展情况		创业服务保障
	家乡地方政府对乡村振兴的重视度	是否有返乡创业意愿	是
	家乡政府对农民工返乡创业重视度		否
	家乡农民工返乡创业情况	—	—

作为一种测量工具，量表的作用主要在于试图确定主观的或者抽象的概念的定量化测量的程序。对事物的特性变量可以根据不同的规则采用数字符号进行表示，因而就形成了不同测量水平

的测量量表，或者又叫作测量尺度。通常所说的量表设计实际上就是设计被访问者的主观特性的一种度量表。一般情况下，量表通常包括描述性、比较性、程度以及起点共四个基本特征。其中，描述性是指用某一特定的词语或者标识来代表所划分的每个等级；比较性是指描述的相对规模，是相对概念；当比较了所有的不同点并且进行了分级表示后，量表就有了另一个特征，也就是程度；若某一个量表具有某一特定的起点或零点，那么就说它有起点这个特性。应该注意的是，量表的不同特征是依次递进的，后一个特征是建立在前一个特征的基础之上的，若一个量表有高一级的特性，那么，相应地它就一定会有低一级特性存在；反之，则不成立，也就是说，一个量表有低一级的特性，但它并不一定会有高一级的特性。

以对客观事物、现象测度的精确水平为判别标准，可将所采用的计量尺度从粗略到精确、从低级到高级划分为类别量表、顺序量表、等距量表和等比量表四个层次或者叫作四种类型。众所周知，采用不同的计量尺度可以对不同类型的市场调查数据进行测度。其中，类别量表的作用是将数据分成各种彼此排斥、互不相容的类别，如男性与女性、生与死、通过与不通过等；顺序量表不仅具有类别量表用数字代表特征的功能，同时也具有对数据进行排序的作用，如优秀、良好、较差以及满意、不满意等；等距量表也叫作"区间量表"，它在顺序量表所具有的功能的基础上，又增加了量表范围内各点之间的间距相等这一标志性的维度，等距量表中相邻数值之间的差距是完全一致的，1 和 2 之间的差距正好等于 2 和 3 之间的差距，也正好等于 7 和 8 之间的差距；等比量表又叫作"比率量表"，它综合了前三种量表的功能，并且增加了绝对零点或原点的概念。

　　测量实际上是一个按规则赋值的过程，要赋值就必须要有赋值的对象、规则、标记和符号，这些就构成了测量的基本要素。对象是指研究者所感兴趣、要研究的标的。标记是指被测量对象的某种特征记号，如文化程度、婚姻状况、消费水平、收入水平、消费水平等。符号是指代表对象具有某种特征的程度的符号，如考试获得的分数、产品品质的等级、年龄段等。规则则是指分派各种符号到各类事物上的标准及其方法，如考试成绩所采用的百分制、年度考核所采用的等级标准。

　　本书研究中，农民工家乡创业环境、农民工基本社会保障满意情况和农民工返乡创业保障满意情况三个维度采用的是李克特五分制量表（Likert scale）；农民工基本情况维度中的"交际能力"以"很少与外界交往""主要与同乡农民工交往""主要与农民工同事交往""交往非常广泛"分别进行衡量，并分别赋值1、2、3、4；农民工进城务工基本情况维度中的"家属随迁情况"以"无家属随迁""仅配偶随迁""配偶子女随迁""全家随迁"分别进行衡量，并分别赋值1、2、3、4；其他赋值方式与同类研究大体一致。

表 6 – 2　乡村振兴背景下农民工返乡创业意愿影响因素赋值表

维度	项目	赋值
农民工基本情况	性别	0 = 女；1 = 男
	年龄	1 = 30 岁以下；2 = 31—40 岁；3 = 41—50 岁；4 = 51—60 岁
	受教育年限	1 = 0 年；2 = 1—6 年；3 = 7—9 年；4 = 10—12 年；5 = 13 年及以上
	交际能力	1 = 很少与外界交往；2 = 主要与同乡农民工交往；3 = 主要与农民工同事交往；4 = 交往非常广泛

续表

维度	项目	赋值
农民工进城务工基本情况	从事行业	1 = 建筑业；2 = 采掘业；3 = 制造业；4 = 餐饮等服务业；5 = 快递等运输业；6 = 个体户
	城市务工收入	1 = 2000 元以下；2 = 2001—3000 元；3 = 3001—4000 元；4 = 4001—5000 元；5 = 5001 元以上
	进城务工时间	1 = 1 年以内；2 = 1—2 年；3 = 2—3 年；4 = 3—4 年；5 = 4 年以上
	家属随迁情况	1 = 无家属随迁；2 = 仅配偶随迁；3 = 配偶子女随迁；4 = 全家随迁
农民工家乡创业环境	家乡政府对农民工返乡创业重视度	1 = 很不重视；2 = 不重视；3 = 一般；4 = 比较重视；5 = 非常重视
	家乡地方政府对乡村振兴的重视度	1 = 很不重视；2 = 不重视；3 = 一般；4 = 比较重视；5 = 非常重视
	家乡经济发展情况	1 = 非常差；2 = 比较差；3 = 一般；4 = 比较好；5 = 非常好
	家乡农民工返乡创业情况	1 = 非常少；2 = 比较少；3 = 一般；4 = 比较多；5 = 非常多
农民工基本社会保障满意情况	养老保险	1 = 很不满意；2 = 不太满意；3 = 一般；4 = 比较满意；5 = 非常满意
	医疗保险	1 = 很不满意；2 = 不太满意；3 = 一般；4 = 比较满意；5 = 非常满意
	失业保险	1 = 很不满意；2 = 不太满意；3 = 一般；4 = 比较满意；5 = 非常满意
	工伤保险	1 = 很不满意；2 = 不太满意；3 = 一般；4 = 比较满意；5 = 非常满意
	生育保险	1 = 很不满意；2 = 不太满意；3 = 一般；4 = 比较满意；5 = 非常满意
农民工返乡创业保障满意情况	创业金融支持保障	1 = 很不满意；2 = 不太满意；3 = 一般；4 = 比较满意；5 = 非常满意
	创业财税支持保障	1 = 很不满意；2 = 不太满意；3 = 一般；4 = 比较满意；5 = 非常满意
	创业培训保障	1 = 很不满意；2 = 不太满意；3 = 一般；4 = 比较满意；5 = 非常满意
	创业服务保障	1 = 很不满意；2 = 不太满意；3 = 一般；4 = 比较满意；5 = 非常满意
因变量	是否有返乡创业意愿	0 = 否；1 = 是

第二节　调查结果的实证描述

一　调查概述

正式调查时，在湖南长沙、广东广州、贵州贵阳各发放了 250 份调查问卷，共计 750 份，其目的是为保持不同经济发展水平城市的样本的均衡性。其中，湖南长沙回收问卷 235 份，有效问卷为 232 份；广东广州回收问卷 240 份，有效问卷为 220 份；贵州贵阳回收问卷 228 份，有效问卷为 214 份，回收问卷共计 703 份，有效问卷共计 666 份；问卷回收率和有效率分别达到 93.73% 和 88.80%（见表 6-3），符合统计的基本要求。另外，此次调研中，共面对面访谈了 106 名农民工，获得了 1054 张相片以及 90 份录音资料。

表 6-3　　　　　　　　　正式调查问卷发放与回收情况

调查地区	发放问卷（份）	回收问卷（份）	回收率（%）	有效问卷（份）	有效率（%）
湖南长沙	250	235	94.00	232	92.80
广东广州	250	240	96.00	220	88.00
贵州贵阳	250	228	91.20	214	85.60
合计	750	703	93.73	666	88.80

资料来源：实地调查整理所得。

因本次调查涉及的变量比较多，接下来从各维度对调查结果进行统计描述。也就是分别从农民工基本情况、农民工进城务工基本情况、农民工家乡创业环境、基本社会保障情况、返乡创业保障情况以及农民工返乡创业意愿这六个维度对调查结果进行统计描述。

二　农民工基本情况维度的描述

性别方面，均值为1.27，标准差为0.445，男性农民工为485人，占总数的72.8%，女性农民工为181人，占总数的27.2%，这表明进城务工的男性农民工远多于女性农民工。年龄方面，均值为2.64，标准差为1.075，从18岁以上到60岁以内均有覆盖，占比顺序是"41—50岁""51—60岁""31—40岁"和"30岁以下"，这表明，尽管第一代农民依然是主力军，但新生代农民工占比越来越大。教育年限方面，均值为2.59，标准差为1.106，主要集中在"1—6年"和"7—9年"，其中"1—6年"有261人，占总样本数的39.2%，这也反映了乡村振兴背景下我国农民工文化层次偏低的整体状况。人际交往能力方面，均值为2.32，标准差为1.103，除"交往非常广泛"的占比低于20%以及"很少与外界交往"高于30%以外，其他两项的样本非常接近（见表6-4）。

表6-4　　　正式调查样本分布情况（农民工基本情况）

	样本分布	均值	标准差	样本数（人）	占比（%）
性别（X1）	男	1.27	0.445	485	72.8
	女			181	27.2
年龄（X2）	30岁以下	2.64	1.075	126	18.9
	31—40岁			167	25.1
	41—50岁			191	28.7
	51—60岁			182	27.3

续表

	样本分布	均值	标准差	样本数 （人）	占比 （%）
受教育年 限（X3）	0 年	2.59	1.106	99	14.9
	1—6 年			261	39.2
	7—9 年			163	24.5
	10—12 年			101	15.2
	13 年及以上			42	6.3
人际交往能 力（X4）	很少与外界交往	2.32	1.103	205	30.8
	主要与同乡农民工交往			170	25.5
	主要与农民工同事交往			164	24.6
	交往非常广泛			127	19.1

资料来源：实地调查整理所得。

三 农民工进城务工基本情况维度的描述

从事行业方面，均值为 3.14，标准差为 1.690，占比顺序是"建筑业""采掘业""快递等运输业""餐饮等服务业""制造业"和"个体户"，这表明，"建筑业""采掘业"依然是进城务工农民工最主要的就业行业，但"快递等运输业""餐饮等服务业"等行业吸纳的进城务工农民工也越来越多，特别是新生代农民工在这些行业中开始成为主力军。务工收入方面，均值为 2.89，标准差为 1.256，尽管各个收入区间均有一定数量的样本，但占比最大的是"3001—4000 元"这个区间，这与国家统计局公布的 2017 年农民工 3485 元的月平均收入大体一致。进城务工时间方面，均值为 3.11，标准差为 1.240，主要集中在"2—3 年"，占比为 29.9%，其次分别是"3—4 年""1—2 年"和"1 年以内"，占比分别为 22.2%、19.7% 和 12.0%。家属随迁情况方面，均值为 1.66，标准差为 0.918，其中"无家属随迁"的占比最多，为 59.3%，"全家随迁"的占比只有个位数，为 5.9%，这表明，从家庭角度看，绝大部分农民工都是一个人在城市闯荡，既没有配偶、子女在身边，也没有父母等长辈的陪伴（见表 6 - 5）。

表 6 - 5　正式调查样本分布情况（农民工进城务工基本情况）

	样本分布	均值	标准差	样本数（人）	占比（%）
从事行业（X5）	建筑业	3.14	1.690	152	22.8
	采掘业			135	20.3
	制造业			96	14.4
	餐饮等服务业			97	14.6
	快递等运输业			120	18.0
	个体户			66	9.9
务工收入（X6）	2000 元以下	2.89	1.256	104	15.6
	2001—3000 元			160	24.0
	3001—4000 元			203	30.5
	4001—5000 元			105	15.8
	5001 元以上			94	14.1
进城务工时间（X7）	1 年以内	3.11	1.240	80	12.0
	1—2 年			131	19.7
	2—3 年			199	29.9
	3—4 年			148	22.2
	4 年以上			108	16.2
家属随迁情况（X8）	无家属随迁	1.66	0.918	395	59.3
	仅配偶随迁			144	21.6
	配偶子女随迁			88	13.2
	全家随迁			39	5.9

资料来源：实地调查整理所得。

四　农民工家乡创业环境维度的描述

家乡政府对农民工返乡创业重视度方面，均值为 3.26，标准差为 1. 372，有 26.1% 的样本选择了"比较重视"，如果将"一般""比较重视"以及"非常重视"合并视为"重视"的话，那么家乡政府对农民工返乡创业的重视度已经达到 68.9%，接近70%，这说明近些年来地方政府在国家顶层大众创业、万众创新的号召下，对农民工返乡创业问题也给予了较大的重视和支持。家乡政府对乡村振兴重视度方面，"重视"的占比为 65.1%，稍低于家乡政府对农民工返乡创业的重视度，这可能与乡村振兴战略提出的时间相对较晚有关，顶层设计到基层实践毕竟具有一定的时滞性。家乡经济发展情况方面，选择"差"的占比为 34.9%，超过了 1/3 的比例，这说明相对城市而言，乡村经济的发展还存在较大的差距。家乡农民工返乡创业情况方面，选择"多"的样本为64.1%，这与本次调查 64.7% 的创业意愿具有大致的一致性，但远高于刘溢海等（2015）对河南省 4 市抽样调查得出的 47.1% 的比例，其主要原因应该是近些年来全国的创新创业热潮提升了农民工返乡创业的意愿（见表 6 - 6）。

表 6 - 6　　正式调查样本分布情况（农民工家乡创业环境）

	样本分布	均值	标准差	样本数（人）	占比（%）
家乡政府对农民工返乡创业重视度（X9）	很不重视	3. 26	1. 372	100	15. 0
	不重视			107	16. 1
	一般			131	19. 7
	比较重视			174	26. 1
	非常重视			154	23. 1
家乡政府对乡村振兴重视度（X10）	很不重视	2. 99	1. 271	108	16. 2
	不重视			124	18. 6
	一般			192	28. 8
	比较重视			150	22. 5
	非常重视			92	13. 8

续表

	样本分布	均值	标准差	样本数 （人）	占比 （%）
家乡经济发 展情况 （X11）	非常差	3.06	1.266	91	13.7
	比较差			141	21.2
	一般			171	25.7
	比较好			163	24.5
	非常好			100	15.0
家乡农民工 返乡创业 情况（X12）	非常少	3.01	1.271	94	14.1
	不太多			145	21.8
	一般			194	29.1
	比较多			126	18.9
	非常多			107	16.1

资料来源：实地调查整理所得。

五　农民工基本社会保障维度的描述

从表 6-7 可知，养老保险满意度方面，均值为 3.09，标准差为 1.252，有 30% 的样本选择"一般"，如果将"一般""比较满意"以及"非常满意"合并视为"满意"的话，那么农民工对养老保险的满意率已经达到 68%，超过了 2/3，这说明近些年来用人单位的责任意识有所加强，新农保的作用日益显现。医疗保险满意度方面，"满意"的占比为 71.5%，情况还要稍好于养老保险，这有一个不可忽视的原因，那就是农民工身体状况通常比较好，可能对医疗保险不太在意。失业保险满意度中"很不满意"的样本只占 9.9%，而工伤保险满意度和生育保险满意度的"非常满意"样本分别只有 9.6% 和 7.5%，这表明工伤保险和生育保险并没有得到用人单位的重视，而工伤保险对许多农民工，特别是建筑、采掘等行业的农民工来说，是极其重要的。

表 6 - 7　　　　正式调查样本分布情况（农民工基本社会
保障满意情况）

	样本分布	均值	标准差	样本数（人）	占比（%）
养老保险满意度（X13）	很不满意	3.09	1.252	88	13.2
	不太满意			125	18.8
	一般			200	30.0
	比较满意			147	22.1
	非常满意			106	15.9
医疗保险满意度（X14）	很不满意	3.17	1.264	93	14.0
	不太满意			97	14.6
	一般			190	28.5
	比较满意			177	26.6
	非常满意			109	16.4
失业保险满意度（X15）	很不满意	3.18	1.230	66	9.9
	不太满意			144	21.6
	一般			172	25.8
	比较满意			172	25.8
	非常满意			112	16.8
工伤保险满意度（X16）	很不满意	2.72	1.257	141	21.2
	不太满意			158	23.7
	一般			178	26.7
	比较满意			125	18.8
	非常满意			64	9.6
生育保险满意度（X17）	很不满意	2.55	1.189	144	21.6
	不太满意			205	30.8
	一般			173	26.0
	比较满意			94	14.1
	非常满意			50	7.5

资料来源：实地调查整理所得。

六　农民工返乡创业保障维度的描述

从表 6 - 8 可知，创业金融支持保障满意度方面，均值为 3.06，标准差为 1.175，其中有 34.2% 的样本选择"一般"，农民工对创业金融支持保障的满意率已经达到 71.1%，超过 2/3，这说明近些年来金融机构服务下沉已经取得了一定的效果，互联网金融也可能在农村金融服务方面发挥了一定的作用。创业财税支持保障方面，"满意"的占比为 64.1%，情况略逊于创业金融支持保障，这可能与地方政府有关农民工返乡创业的财政减免与税收优惠的诸多政策标准、执行流程等还没有落实到位有一定的关系。创业培训保障方面，"满意"的占比为 63.7%，尚不足总样本的 2/3，这说明一方面地方政府已经向返乡创业农民工提供了一定的创业培训以支持其创业行为，另一方面也说明可能有些培训并不符合返乡创业农民工的需求，脱离了实际。创业服务保障方面，选择"比较满意""非常满意"的样本均低于 10%，这说明地方政府在职能转变、为市场主体提供服务方面还要下大力气、下大工夫。

表 6 - 8　　　正式调查样本分布情况（农民工返乡创业保障满意情况）

	样本分布	均值	标准差	样本数（人）	占比（%）
创业金融支持保障（X18）	很不满意			87	13.1
	不太满意			105	15.8
	一般	3.06	1.175	228	34.2
	比较满意			172	25.8
	非常满意			74	11.1

续表

样本分布		均值	标准差	样本数 （人）	占比 （%）
创业财税 支持保障 （X19）	很不满意	3.02	1.345	117	17.6
	不太满意			122	18.3
	一般			176	26.4
	比较满意			130	19.5
	非常满意			121	18.2
创业培训 保障 （X20）	很不满意	3.05	1.227	75	11.3
	不太满意			167	25.1
	一般			171	25.7
	比较满意			159	23.9
	非常满意			94	14.1
创业服 务保障 （X21）	很不满意	2.41	1.107	143	21.5
	不太满意			252	37.8
	一般			167	25.1
	比较满意			64	9.6
	非常满意			40	6.0

资料来源：实地调查整理所得。

七 农民工返乡创业意愿维度的描述

从表6-9可知，此次调查的666个有效样本中，有431个样本具有返乡创业意愿，占比为64.7%，没有返乡创业意愿为235人，占比为35.3%。该结论与石智雷等（2010）对湖北省恩施自治州1019位返乡农民工调查的结论基本吻合，其调查表明，正在创业的返乡农民工占23%，有创业意愿的返乡农民工占43%，两者合计为66%。由此可见，农民工返乡创业的意愿是比较强烈的。

表 6 - 9　　正式调查样本分布情况（是否有返乡创业意愿）

	样本分布	样本数（人）	占比（%）
是否有返乡创业意愿（Y）	否	235	35.3
	是	431	64.7

资料来源：实地调查整理所得。

第三节　乡村振兴背景下社会保障对农民工返乡创业意愿影响的 Logit 回归分析

一　Logit 模型的基本原理

在经济社会生活之中，我们经常会碰到被解释变量是二分类的情况，如农民工的性别、病人是否痊愈、调查对象是否为学生，等等。有关分类资料的分析，通常并不陌生，当要分析的影响因素不多且也是分类变量的时候，分析者以往常用列联表（contingency Table）的形式对这种类型的资料进行整理，并利用 χ^2 检验来对其进行分析，当存在分类的混杂因素时，还可应用 Mantel - Haenszelχ^2 检验进行统计学检验，因为该方法可较好地控制混杂因素的影响。然而，这种经典分析方法并非完美无缺，也有其特定的局限性。第一，尽管它可以控制若干个因素的作用，但它却无法对其作用大小及其方向进行描述，更不能对各因素间是否存在交互作用进行考察。第二，该方法对样本含量的要求较大，当控制的分层因素比较多时，单元格被划分得越来越细，列联表的格子中频数可能很小甚至接近于 0，这必将会导致检验结果不稳定或者不可靠。第三，χ^2 检验无法对连续性解释变量的影响进行分析，正是因为该致命的不足，其应用范围被大幅限制。

那么，研究者就自然而然地产生了这样的疑问：能否建立类似于线性回归的模型，对这种数据加以分析呢？接下来，以最简单的二分类因变量为例对该问题加以探讨。为了便于分析，通常定义出现阳性结果时的被解释变量取值为 1；反之则取值为 0。还有，如令男性农民工、病人痊愈、具有学生身份时被解释变量 $y=1$，而女性农民工、病人未痊愈、不具有学生身份者时被解释变量 $y=0$，等等。那么，可以记出现阳性结果的频率为被解释变量 $P(y=1)$。

在此，有必要先对标准的线性回归模型进行回顾：

$$\hat{Y} = \alpha + \beta_1 x_1 + \cdots + \beta_m x_m$$

如果直接拟合分类变量，从本质上看，拟合的是发生概率，参照上述线性回归方程，非常自然会想到能否可以建立如下形式的回归模型：

$$\hat{P} = \alpha + \beta_1 x_1 + \cdots + \beta_m x_m$$

毫无疑问，该模型可以描述当各解释变量变化时，被解释变量的发生概率会有什么样的相应变化，这可以满足分析的基本要求。事实上，统计学家们最早也是朝该方向作的努力，并考虑到最小二乘法拟合时遇到的各种问题，而对计算方法进行了改进和尝试，并最终提出了加权最小二乘法来对该模型进行拟合，应该说，这种分析思路直到目前依然偶有应用。

然而，既然可以使用加权最小二乘法对模型加以估计，现在为什么又放弃了这种做法呢？其原因就在于有以下两个问题是这种分析思路所无法解决的：

第一，取值区间。上述模型右侧的取值范围，或者说应用上述模型进行预报的范围为整个实数集（$-\infty$，$+\infty$），而模型的左边的取值范围为 $0 \leqslant P \leqslant 1$，左右两侧的取值范围并不相符。模型本身不能保证在解释变量的各种组合下，被解释变量的估计值仍限制在0—1 的区间之内，在这种情况下，分析者可能会得出一些违背常理的荒唐结论。如男性 30 岁、高学历的农民工返乡创业的概率是200%！研究者尽管可以将该结果等同于 100% 的返乡创业，但是从数理统计的角度来说，这种模型显然缺乏足够的严谨性。

　　第二，曲线关联。根据大量的观察，在经济社会生活中，被解释变量与解释变量之间的关系通常不是直线型关系，而呈现出"S"形曲线关系。如收入水平和购车概率之间的关系，当收入水平非常低时，收入的增加通常会被用作基本必需品的消费，因而对购车概率的影响是非常非常小的；但是在收入达到某一阈值时，购车概率会随着收入的增加而同步提高；在购车概率达到一定水平、绝大部分在该收入水平的人都会购车时，收入增加的影响又会开始不断减弱，因为人们会追求其他奢侈品的消费。如果用图形来表示，则如图 6-1 所示。显然，线性关联是线性回归中至关重要的一个基本假设前提，而在上述模型中这一假设是明显无法满足的，因为许多被解释变量与解释变量之间是曲线关联。

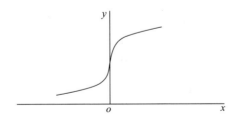

图 6-1　"S"形曲线

　　被解释变量与解释变量之间的曲线关联问题促使统计学家们不得不寻求新的解决思路，如在曲线回归中，通常采用变量变换，使曲线直线化，然后再进行直线回归方程的拟合。那么，能否可以通过对所预测的被解释变量加以变换，以使曲线关联问题得以解决呢？正是基于该逻辑，又有许多研究者，特别是统计学家们开始寻找合适的变换函数。经过无数人的努力，Cox 终于在 1970 年，引入了之前被常常用于人口学领域的 Logit 变换（Logit Transformation），成功地化解了长期困扰人们的曲线关联问题。

那么，新的疑问又产生了，究竟什么是 Logit 变换呢？人们有时把出现某种结果的概率与不出现的概率之比称为比值（Odds，又叫优势、比数），即 $Odds = \frac{\pi}{1-\pi}$，取其对数 $\lambda = \ln(Odds) = \ln \frac{\pi}{1-\pi}$。这其实就是所谓的 Logit 变换。接下来，看一下该变换是如何解决取值区间和曲线关联这两个问题的，首先是被解释变量取值区间的变化，概率是以 0.5 为对称点，分布在 0—1 的范围内，而相应的 Logit（P）的大小为：

$$\pi = 0 \qquad Logit(\pi) = \ln(0/1) = -\infty$$

$$\pi = 0.5 \qquad Logit(\pi) = \ln(0.5/0.5) = 0$$

$$\pi = 1 \qquad Logit(\pi) = \ln(1/0) = +\infty$$

显然，通过变换，Logit（π）的取值范围就被扩展为以 0 为对称点的整个实数域，这使在任何解释变量取值下，对 π 值的预测均具有实际意义。其次，大量实践证明，Logit（π）往往和解释变量呈线性关系，也就是说，概率和解释变量间关系的 S 形曲线往往就符合 Logit 函数关系，从而可以通过该变换将曲线直线化。因此，只需要以 Logit（π）为被解释变量，建立包含 p 个解释变量的 Logistic 回归模型，其表达式如下：

$$Logit(P) = \beta_0 + \beta_1 x_1 + \cdots + \beta_p x_p$$

以上即为 Logistic 回归模型。由上式可推得：

$$P = \frac{\exp(\beta_0 + \beta_1 x_1 + \cdots + \beta_p x_p)}{1 + \exp(\beta_0 + \beta_1 x_1 + \cdots + \beta_p x_p)}$$

$$1 - P = \frac{1}{1 + \exp(\beta_0 + \beta_1 x_1 + \cdots + \beta_p x_p)}$$

上面三个方程式是相互等价的。研究者通过大量的实践分析发现，Logistic 回归模型可以很好地满足对分类数据的建模需求，因此它目前已经成为二分类和多分类被解释变量的标准建模的首选方法。

通过以上探讨，自然能理解二分类 Logistic 回归模型对资料的具体要求：

第一，被解释变量为二分类的分类变量或者是某事件的发生率，如男和女、生和死等；

第二，解释变量与 Logit（π）之间呈现出线性关系；

第三，残差合计为 0，且服从二项分布；

第四，各观测值之间是相互独立的。

因为被解释变量是二分类型的变量，所以 Logistic 回归模型的误差理所当然要服从二项分布，而非正态分布。因此，二分类 Logistic 回归模型不应当使用以前的最小二乘法进行参数估计，而是要使用最大似然法来解决方程的估计和检验问题。

二　Logistic 回归系数的意义

因为使用了 Logit 变换，Logistic 模型中的参数含义就显得略微有点复杂，为此，有必要对其核心概念"优势比"加以说明。

如前文所述，人们常把出现某种结果的概率与不出现的概率之比称为比值（odds），即 $odds = \dfrac{P}{1-P}$。两个比值之比就被称作优势比（Odds Ratio，OR）。首先需要对 OR 的特性进行考察：

$$若 P_1 > P_2，则 odds_1 = \frac{P_1}{1 - P_1} > \frac{P_2}{1 - P_2} = odds_2$$

$$若 P_1 < P_2，则 odds_1 = \frac{P_1}{1 - P_1} < \frac{P_2}{1 - P_2} = odds_2$$

$$若 P_1 = P_2，则 odds_1 = \frac{P_1}{1 - P_1} = \frac{P_2}{1 - P_2} = odds_2$$

那么，OR 值是否大于 1，就可以用作两种情形下发生概率大小的比较。

从数学原理上讲，Logistic 模型中的 β 和多元回归中系数的解释是一致的，并没有区别。其含义是：解释变量 x 改变一个单位时被解释变量 $\text{Logit}(P)$ 的平均改变量。但是，因 $odds$ 的自然对数即为 Logit 变换，因此 Logistic 回归模型中的系数和 OR 有着直接的变换关系，使 Logistic 回归系数有更加贴近实际的解释，从而也使该模型得到了广泛的应用。下面用四格表资料为例对相关回归系数的意义进行具体说明。

表 6 - 10　　　　　　　　四格表资料

学习方法	考试结果（outcome）		合计	及格率
（treat）	及格（=1）	不及格（=0）		（%）
新方法（=1）	60（a）	21（c）	81	74.07
传统方法（=0）	42（b）	27（d）	69	60.87
合计	102	48	130	68.00

上述资料如果拟合 Logistic 回归模型，则其结果可用如下数学式进行表示：

$$\text{Logit}(P \mid outcome = 1) = \beta_0 + \beta_1 \times treat = -0.442 + 0.608 \times treat$$

第一，常数项。常数项表示自变量取值为 0 时，比数（Y = 1 与

$Y = 0$ 的概率之比）的自然对数值，该例中为 $\beta_0 = -0.442 = \ln[(42/69)/(27/69)] = \ln(42/27) = \ln(b/d)$，即传统方法学习方法组的及格率与不及格率之比的自然对数值。当然，在不同的研究设计中，常数项的具体含义可能是不相同的。

第二，各自变量的回归系数。回归系数 $\beta_i (i = 1, \cdots, p)$ 表示解释变量 x_i 每改变一个单位，优势比的自然对数值的相应改变量，而 $\exp(\beta_i)$ 即 OR 值，表示解释变量 x_i 每变化一个单位值，被解释变量出现概率与不出现概率的比值是变化前的相应比值的倍数，即优势比。

本例中解释变量学习方法的回归系数 $\beta_1 = 0.608$，为两组学习者的及格率与不及格率之比的对数值之差，即 $\ln[(60/81)/(21/81)] = \ln[(42/69)/(27/69)] = \ln(ad/bc)$。因此，对于四格表资料来说，所建立的 Logistic 回归模型也可以作如下改定：

$Logit(P|outcome = 1) = \ln(b/d) + \ln(ad/bc) \times treat = \ln(b/d) + \ln(OR) \times treat$

由以上关系可知，$\exp(\beta_0)$ 表示传统学习方法组的及格率与不及格之比值。$\exp(\beta_1)$ 则表示学习方法增加一个单位，即将学习方法从传统的方法改为新的方法时，新方法组学习者的及格率与不及格率之比值相对于传统学习方法组学习者的及格率与不及格率比值的倍数。而两组学习者的及格率之比 $= (60/81)/(42/69) = 1.217$，并不完全相同。但是，当研究结果出现的概率较小时（通常认为小于 0.1，反之当概率大于 0.9 时亦可），OR 值大小和发生概率之比非常接近，此时可以近似地说一组研究对象的结果发生率是另一组研究对象发生率的 OR 值倍，也就是说，OR 值的大小可用来表示相对危险度的大小。

三 社会保障对农民工返乡创业意愿影响的 Logit 回归分析

在研究回归问题时，解释变量可能是一组不同变量或某些组合变量，但这些变量对被解释变量的影响不尽相同，如果要保留与被解释变量存在显著关系的适度"好"的那部分解释变量，则可通过逐步回归方式来实现① （任启龙等，2017）。为更好地体现不同解释变量对乡村振兴背景下农民工返乡创业意愿的影响，本书采用逐步回归的方式。即首先探究返乡创业保障维度诸因素对农民工返乡创业意愿的影响，然后依次将基本社会保险维度诸因素、农民工家乡创业环境维度诸因素、农民工进城务工的基本情况维度诸因素、农民工基本情况维度诸因素引入计量模型中，进一步考察这些因素对农民工返乡创业意愿的影响以及返乡创业保障维度、基本社会保险维度诸因素对其影响的稳定性② （黄俊辉等，2013）。使用 SPSS22.0 统计软件进行估算，得到 Logistic 回归结果 （见表 6 – 11）。

由表 6 – 11 可知，随变量增加，也就是随着基本社会保险维度、农民工家乡创业环境维度、农民工进城务工的基本情况维度、农民工基本情况维度下各因素引入计量模型中，模型的 – 2 对数似然值从模型 I 中的 404.676[a] 到模型 V 中的 117.768[a]，明显在逐步变小，与此同时，Nagelkerke R^2 和 Cox&Snell R^2 则分别从模型 I 中的 0.499 和 0.686 增加到了模型 V 中的 0.674 和 0.927，明显在逐步变大，模型总卡方整体上也具有越来越小的趋势。这表明，随着变量的增加，模型解释力变得越来越强，拟合优度也变得越来越高。

---

① 任启龙、王利、韩增林等：《基于城市年轮模型的城市扩展研究——以沈阳市为例》，《地理研究》2017 年第 7 期。

② 黄俊辉、李放：《生活满意度与养老院需求意愿的影响研究——江苏农村老年人的调查》，《南方人口》2013 年第 1 期。

表6-11　社会保障对农民工返乡创业意愿影响的 Logit 回归结果

解释变量	模型I		模型II		模型III		模型IV		模型V	
	B	Exp（B）								
性别（男）	—	—	—	—	—	—	—	—	—	—
性别（女）	—	—	—	—	—	—	—	—	0.129	1.138
年龄	—	—	—	—	—	—	—	—	-0.079	0.924
受教育年限	—	—	—	—	—	—	—	—	-1.189***	0.305
人际交往能力	—	—	—	—	—	—	—	—	0.573*	1.773
从事行业（建筑业）	—	—	—	—	—	—	—	—	—	—
从事行业（1）	—	—	—	—	—	—	1.210	3.355	0.199	1.221
从事行业（2）	—	—	—	—	—	—	0.676	1.966	-0.529	0.589
从事行业（3）	—	—	—	—	—	—	1.869	6.484	0.281	1.324
从事行业（4）	—	—	—	—	—	—	-0.047	0.954	-1.349	0.259
从事行业（5）	—	—	—	—	—	—	0.265	1.304	-0.291	0.748
务工收入	—	—	—	—	—	—	-0.827	0.4371***	-0.757***	0.469
进城务工时间	—	—	—	—	—	—	0.314	1.368	0.360	1.433
家属随迁情况（无家属随迁）	—	—	—	—	—	—	—	—	—	—
家属随迁情况（1）	—	—	—	—	—	—	0.542	1.720	0.229	1.258
家属随迁情况（2）	—	—	—	—	—	—	0.949	2.582	0.563	1.756
家属随迁情况（3）	—	—	—	—	—	—	0.615	1.850	0.713	2.039
家乡政府对农民工返乡创业重视度	—	—	—	—	0.901***	2.463	0.9261***	2.524	1.096***	2.992

续表

解释变量	模型 I		模型 II		模型 III		模型 IV		模型 V	
	B	Exp（B）	B	Exp（B）						
家乡政府对乡村振兴重视度	—	—	—	—	0.508***	1.662	0.4881**	1.629	0.537***	1.711
家乡经济发展情况	—	—	—	—	0.172	1.188	0.018	1.018	-0.198	0.820
家乡农民工返乡创业情况	—	—	—	—	0.703***	2.020	0.7081***	2.030	0.866***	2.377
养老保险	—	—	1.028***	2.795	0.860***	2.362	0.8361***	2.308	1.050***	2.857
医疗保险	—	—	0.682***	1.977	0.614***	1.848	0.7281***	2.071	0.607***	1.835
失业保险	—	—	0.184	1.202	0.141	1.152	-0.005	0.995	-0.134	0.875
工伤保险	—	—	0.087	1.091	0.082	1.086	0.243	1.275	0.165	1.180
生育保险	—	—	-0.090	0.914	-0.218	0.804	-0.221	0.802	-0.246	0.782
创业金融支持保障	1.000***	2.720	0.940***	2.559	0.987***	2.682	1.0791***	2.942	1.129***	3.094
创业财税支持保障	1.289***	3.628	1.318***	3.738	1.284***	3.612	1.3611***	3.900	1.49***	4.446
创业培训保障	0.519***	1.680	0.470***	1.600	0.482***	1.619	0.5441**	1.723	0.61**	1.843
创业服务保障	0.061	1.063	-0.012	0.988	-0.198	0.820	0.007	1.007	0.171	1.187
常量	-7.454	0.001	-12.624	0.000	-17.878	0.000	-18.693	0.000	-16.902	0.000
模型总卡方	67.682		27.746		152.214		46.981		30.580	
Sig.	0.000		0.000		0.000		0.000		0.000	
-2 对数似然值	404.676ª		272.903ª		173.522ª		142.253ª		117.768ª	
Nagelkerke R^2	0.499		0.589		0.646		0.662		0.674	
Cox&SnellR²	0.686		0.810		0.888		0.911		0.927	

注：1. ***、**和*分别表示统计检验达到 0.01、0.05 和 0.1 的显著性水平（双尾）；

2. 解释变量列中括号内维度为参照组。

从回归模型 I 所报告的结果来看，创业金融支持保障、创业财税支持保障、创业培训保障这 3 个变量均通过了 0.01 的置信水平检验，其 B 值均为正，表明其对农民工返乡创业意愿具有显著的正向影响，而创业服务保障没有通过显著性水平检验，对农民工返乡创业意愿影响不显著。农民工对创业金融支持保障的满意度每增加 1 个单位值，其返乡创业的意愿就增加 1.72 个单位值。这比较容易理解，农民工资金积累大都比较有限，资金不足是制约农民工返乡创业的主要因素，如果农村金融市场进一步开放，准入门槛进一步降低，更多的金融机构进入农村市场，创新金融服务渠道，改进金融服务方式，并且在贷款额度、贷款期限、贷款利率以及评估咨询等方面给予支持，真正使农民工返乡创业的金融可获得性不断提高[1]，那么农民工创业资金不足的约束将变得越来越小，其返乡创业的意愿无疑会有较大幅度提升。实际上，我国改革开放初期，在沿海地区实行的有关开办工厂、创建企业的金融支持政策，无疑是激发广大农民群众创业的重要因素之一。农民工对创业财税支持保障的满意度每增加 1 个单位值，其返乡创业的意愿就增加 2.628 个单位值。如果地方政府能积极推进财税体制机制改革，向农民工充分释放政策红利，减征、免征部分政府性基金，减免诸如水利建设等基金，对专门经营农产品的批发市场、农贸市场和从事公共交通经营所使用的站、场等减免房产税、城镇土地使用税[2]，那么农民工返乡创业的成本将会有所减少，特别是农民工能看到政府的诚意，增强创业信心，其返乡创业的意愿必将大幅提升。农民工对创业培训保障的满意度每增加 1 个单位值，其返乡创业的意愿就增加

---

① 赵新浩：《农民工返乡创业调查与分析》，《学习论坛》2017 年第 12 期。

② 王佳宁、刘传江、梁季等：《农民工等人员返乡创业的政策匹配：改革传媒发行人、编辑总监王佳宁深度对话三位专家学者》，《改革》2016 年第 8 期。

0.68 个单位值。地方政府相关部门如果组织专家、创业成功者，面向有创业意愿和创业培训需求的农民工开展大规模的创业培训，并想方设法大幅度提高农民工创业培训的质量，使有创业意愿和创业培训需求的农民工都有机会获得创业培训服务①，以了解有关创业的基本知识，如创业评估、创业调研、项目选择、商务洽谈、创业开办、创业营销、人员管理以及日常管理等，这肯定有利于增加农民工返乡创业的信心和决心，消除其创业信心不足的弊端。

从回归模型Ⅱ所报告的结果来看，在引入基本社会保险维度中的养老保险、医疗保险、失业保险、工伤保险、生育保险共 5 个变量后，创业金融支持保障、创业财税支持保障、创业培训保障这 3 个变量依然通过了 0.01 的置信水平检验，依然对农民工返乡创业意愿具有显著的正向影响。而且，养老保险、医疗保险同样通过了 0.01 的置信水平检验，B 值为正。但失业保险、工伤保险、生育保险这 3 个变量均没有通过显著水平检验，在模型Ⅱ中没有对农民工返乡创业意愿产生显著影响。农民工对养老保险的满意度每增加 1 个单位值，其返乡创业的意愿就增加 1.795 个单位值。农民工如果有了完善的养老保险，在老了退休的时候能够获得稳定、可靠的收入，就不会在有劳动能力时拼命存款、尽量增加积蓄，以备变老时的不时之需。② 相反，农民工就可能在有劳动能力时尽量去追求和创造更大的财富，以实现人生价值。相应地，农民工返乡创业的意愿也将大幅提升，因为创业毕竟是实现人生价值的重要途径之一。农民工对医疗保险的满意度每增加 1 个单位值，其返乡创业的

---

① 李国和、曹宗平：《农民工返乡创业面临的多重风险与防控策略探究——基于适度鼓励与引导的视角》，《改革与战略》2018 年第 2 期。

② 陈文龙：《鼓励和扶持农民工返乡创业实证研究——以山西永济市栲栳镇为例》，《西北农林科技大学学报》（社会科学版）2010 年第 5 期。

意愿就增加0.977个单位值。健全的医疗保险一方面可以缓解农民工可能存在的生病后无钱医治的后顾之忧，使其安心工作并增加培训、学习等人力资本投资；另一方面有了医疗保障能有效促进农民工的身心健康，而身心健康是就业和创业的基本提前。[1] 可见，从理论上讲，医疗保障的完善，也有助于农民工返乡创业意愿的提升。

从回归模型Ⅲ所报告的结果来看，在引入农民工家乡创业环境维度的4个变量后，创业金融支持保障、创业财税支持保障、创业培训保障、养老保险、医疗保险这5个变量均通过了显著性水平检验，除创业培训保障通过0.05置信水平检验外，其他4个变量均通过了0.01置信水平检验。在新引入的4个变量中，家乡经济发展情况没有通过显著性水平检验，家乡政府对农民工返乡创业重视度、家乡政府对乡村振兴重视度、家乡农民工返乡创业情况均通过了0.01置信水平检验，且B值为正。家乡经济发展情况没有通过显著性水平检验的原因可能是，无论家乡经济发展状况如何，创业机会总是有的，因此该变量就没有对农民工返乡创业意愿产生显著影响。农民工对家乡政府对农民工返乡创业重视度的满意度每增加1个单位值，其返乡创业的意愿就增加1.463个单位值。家乡政府对农民工返乡创业越重视，就越有可能将农民工返乡创业纳入现行各项创业扶持政策范围内，加大扶持力度，并促进有关部门密切协作、相互配合，如合力加大资金扶持以及合力解决创业场地审批、创业门槛降低、税费减免等问题，以积极优化创业环境，加大对"凤还巢"的扶持力度，使越来越多的农民工回乡投入创业浪潮，

---

① 韩宁、黄伦平：《民族地区第一代农民工返乡后面临的问题及对策》，《内蒙古民族大学学报》（社会科学版）2016年第6期。

推动"归雁经济"发展。① 那么，在此背景下，农民工返乡创业将会在绿色通道中进行，其意愿无疑会更加强烈。农民工对家乡政府对乡村振兴重视度的满意度每增加 1 个单位值，其返乡创业的意愿就会增加 0.662 个单位值。如果地方政府能有极强的机遇意识、紧迫感和责任感，因势利导，顺势而为，及时响应，动作快捷，强力推进乡村振兴战略，加大对农村投入、政策以及人才的倾斜力度，做好基础设施建设、产业发展规划、环境建设等工作，营造出良好的乡村发展环境，农民工返乡创业的意愿无疑会有所增加。② 家乡农民工返乡创业情况每变好 1 个单位值，被调查农民工返乡创业的意愿就增加 1.02 个单位值。榜样是一面旗帜，能引领某个特定群体的努力方向；榜样也是一种资源，激发了特定群体的前进力量。家乡农民工返乡创业情况越好，对尚在城市务工或在城市滞留的农民工无疑是一种激励，返乡创业农民工的示范效应会促使一些犹豫不决的农民工下定决心，这实际上就是增加了其返乡创业意愿。至于为什么家乡政府对乡村振兴重视度是农民工家乡创业环境维度 3 个具有显著影响因素中影响系数最小的，其原因可能是"乡村振兴才开始，不知道家乡会有哪些新的变化""近些年的新农村建设、美丽乡村建设、城乡统筹发展等战略已经实施了较长的时间，家乡变化已经很大了"。

从回归模型Ⅳ所报告的结果来看，在引入农民工进城务工的基本情况维度的从事行业、务工收入、进城务工时间、家属随迁情况 4 个变量后，创业金融支持保障、创业财税支持保障、创业培训保

① 黄迈、徐雪高、王宏等：《农民工等人员返乡创业的政策匹配》，《改革》2016 年第 10 期。

② 牛永辉：《乡村振兴视阈下农民工返乡创业的动因、困境及对策探究》，《内蒙古农业大学学报》（社会科学版）2018 年第 1 期。

障、养老保险、医疗保险、家乡政府对农民工返乡创业重视度、家乡政府对乡村振兴重视度、家乡农民工返乡创业情况这 8 个变量均通过了显著性水平检验，其中除创业培训保障、家乡政府对乡村振兴重视度通过了 0.05 置信水平检验外，其他 6 个变量均通过了 0.01 置信水平检验。在新引入的 4 个变量中，只有务工收入一个因素通过了 0.01 置信水平检验，且 B 值为负。在模型Ⅳ中，农民工务工收入从较低组增加到相邻较高组，其返乡创业的意愿就减少 56.29%。其可能的解释是：农民工务工收入越高，其收入所得已经让其有了一定的满足感、安全感甚至是事业成就感，通常就不会有强烈的创业意愿以获得更多的收入[1]；农民工务工收入越高，也就越不想失去这份收入比较高的工作，毕竟农民工曾经都是比较穷的群体，因而其返乡创业的意愿也就会相应降低；而且，收入越高的农民工，实际上对城市生活也越习惯，已经基本上融入城市体系。"尽管家乡有很多熟人、亲戚，但我在这里已经比较稳定，何况创业还有很多难以预测的风险，我们家里也没有人当过老板。"这是收入比较高的农民工对返乡创业所持的普遍性态度。

从回归模型Ⅴ所报告的结果来看，在引入农民工基本情况维度的性别、年龄、受教育年限、人际交往能力 4 个变量后，创业金融支持保障、创业财税支持保障、创业培训保障、养老保险、医疗保险、家乡政府对农民工返乡创业重视度、家乡政府对乡村振兴重视度、家乡农民工返乡创业情况、务工收入这 9 个变量均通过了显著性水平检验。其中，除创业培训保障、医疗保险、家乡政府对乡村振兴重视度通过了 0.05 置信水平检验外，其他 6 个变量均通过了

---

① 董杰、梁志民：《中部欠发达地区新生代农民工返乡创业意愿影响因素分析——以江西省为例》，《新疆农垦经济》2015 年第 4 期。

0.01 置信水平检验；除务工收入的 B 值依然为负，其他均为正。在新引入的 4 个变量中，受教育年限和人际交往能力分别通过了 0.01 和 0.1 的置信水平检验，受教育年限的 B 值为负，人际交往能力 B 值为正。在模型 V 中，农民工受教育年限从较低组增加到相邻较高组，其返乡创业的意愿就减少 69.05%。该结论与王冬等（2015）"新生代农民工的文化程度越高，创业意愿就会越强烈"[①]的结论截然相反，当然他们的结论主要是针对新生代农民工而言的，且创业的地点也并非特指"返乡"。本书认为，农民工文化程度越高，认识和接受新鲜事物的能力相应地越强，越可能在城市实现稳定就业，获得较高收入，也越容易适应城市环境，融入城市体系；何况我国的农村义务教育普遍与农村社会"离心离德"，具有明显的城市取向，实际上是在教育农村学生如何离开农村和农业，转变为非农业人口。课题组曾与一个二本院校毕业、在长沙某制衣工厂任车间主管的农民工进行了约 70 分钟面对面的交流，在谈到"返乡创业"时，他说了一句意味深长的话，"读了这么多年的书，父母就指望我毕业后能在长沙工作和发展，如果返乡创业，我不知道如何向父母交代，也不知道如何面对亲戚熟人。"可见，农民工接受教育年限越长，其返乡创业的意愿可能会越低。农民工受教育年限从较低组增加到相邻较高组，其返乡创业的意愿就减少 69.05%。农民工人际交往能力从较差组增加到相邻较强组，其返乡创业的意愿就增加 77.3%。人际交往是思想、情感、态度、价值观、人生取向、信息和学习的交往[②]，人际交往能力越强，越能

---

① 王冬、刘养卉：《新生代农民工创业行为影响因素分析——基于兰州市的调查》，《中国农学通报》2015 年第 5 期。

② 何垚：《当代中国人人际责任感的结构与特点》，博士学位论文，西南大学，2017 年，第 65 页。

获得外界信息，听取他人意见，得到朋友支持。而且，据统计资料表明：良好的人际关系，可使工作成功率与个人幸福达成率达85%以上，一个人获得成功的因素中，85%决定于人际关系，而知识、技术、经验等因素加起来仅占15%。因此，无论从理论还是实践来看，人际交往能力越强的农民工，就越可能具有返乡创业的意愿。

四　Logit 回归分析的主要结论

第一，返乡创业保障和基本社会保险均对农民工返乡创业具有稳定且显著的影响。从模型Ⅰ到模型Ⅴ，创业金融支持保障、创业财税支持保障、创业培训保障、养老保险、医疗保险这5个来自返乡创业保障和基本社会保险维度的变量均对农民工返乡创业具有稳定且显著的影响。这表明，返乡创业保障和基本社会保险能从创业支持环境、个体收入与健康等方面增加农民工返乡创业信心，减少后顾之忧，强化其创业意愿。毕竟，金融、财税与培训是农民工返乡创业最缺乏、也是最需要获得支持的元素，这些方面的支持和保障，无疑能为农民工返乡创业"保驾护航"。而养老、医疗保险则是农民工群体最为关注的基本保险，对农民工返乡创业而言，这两个基本保险具有"放心丸"的作用。

第二，家乡创业环境同样是影响农民工返乡创业意愿的重要因素。从模型Ⅲ到模型Ⅴ，家乡政府对农民工返乡创业重视度、家乡政府对乡村振兴重视度、家乡农民工返乡创业情况这3个变量均对农民工返乡创业具有稳定且显著的影响。特别是家乡政府对农民工返乡创业重视度这个变量，其影响力度仅次于创业财税支持保障变量和创业金融支持保障变量。可见，地方政府对农民工返乡创业的重视度，能在很大程度上会影响农民工返乡创业的意愿。事实上，地方政府如果非常重视"归雁经济"，大力扶持"凤还巢"行为，那么农民工就有可能在政府的引导和支持下，掀起一波返乡创业的浪潮。

第三，尽管务工收入和受教育年限负向影响农民工返乡创业意愿，但其真正返乡创业后的成功率可能会更高。务工收入高的农民工，可能拥有一定的技术特长，也可能是受过高等教育者，还可能在较高的职位上就业，无论是具有技术特长、受过高等教育还是拥有较高职位的就业经验，这对个体来说，都是一笔重要而宝贵的人力资本积累，而这种人力资本积累无疑能为农民工返乡创业提供重要的保障。如，拥有较高职位就业经验的农民工，如果返乡创业，必然具有一定的管理经验，这对初创的小微实体来说，是一笔极其稀缺、宝贵的财富，无疑加大创业的成功性。

第四，农民工的城市融入并不会影响其返乡创业意愿。在模型V中，人际交往能力这个变量对农民工返乡创业意愿具有正向显著影响。这说明，农民工的城市融入并不会影响其返乡创业意愿。在城市务工过程中，能较快、较好融入城市体系的农民工，大多是人际关系能力较强者。而人际关系能力较强的农民工，通常思维活跃、富有想法，不满足于现实，返乡创业也比较符合这类农民工的性格。

第四节 本章小结

本章在介绍了问卷制作、调查区域选定、调查方法确定、调查实施过程以及人、财、物的配置等前期准备工作后，首先对调查量表、变量赋值进行了说明。调查量表共分为 6 个维度，即农民工基本情况、农民工进城务工基本情况、农民工家乡创业环境、农民工基本社会保障、农民工返乡创业保障以及农民工返乡创业意愿。其次，在对实证调查进行概述后，从上述 6 个维度对调查数据进行了统计描述。最后，介绍了 Logit 模型基本原理、Logistic 回归系数的意义等基本知识后，对乡村振兴背景下社会保障对农民工返乡创业意愿的影响进行了 Logit 回归分析，并对其主要结论进行了简要阐述。

第七章　乡村振兴背景下农民工
社会保障制度的完善

农民工返乡创业是其参与乡村振兴最有效、最具有可行性的行动。农民工返乡创业行为是发生在特定的家乡经济社会环境、国家政策环境之中，因而无法摆脱此类结构性因素的影响。创业是由不同要素组成且具有连续互动性的一个过程，是多部门、多主体相互综合作用的结果。从更深层次来看，创业是国家、市场与社会关系互动作用的结果。农民工返乡创业能否取得预期效果，需要政策的保障、社会合力支持以及农民工自身人力资本的提升。

第一节　完善农民工返乡创业保障制度

尽管农民工返乡创业已经在我国出现了近40年的时间，但直到2008年国家层面才正式将农民工返乡创业纳入政府创业政策的扶持体系之内。目前，全国各地所实施的农民工返乡创业保障政策整体上还比较零散、缺乏系统性，尽管其对农民工返乡创业起到了一定的促进和保障作用，但政策本身应有的功能尚没有充分释放，政策预期目标也没有完全达到。因而，在乡村振兴战略全面铺开的背景下，有必要进一步完善农民工返乡创业的金融支持保障、财税支持保障以及培训保障等相关支持政策，促进农民工以返乡创业、参与乡村振兴。

一　金融支持保障的完善

（一）引导小额贷款业务健康发展

随着改革开放的纵深推进，国家层面对城乡统筹发展的决心越发强烈，无论是中央政府还是地方政府都陆续出台了一系列的金融支持政策以扶持返乡农民工的创业行动。2013 年的中央一号文件曾强调，要鼓励和扶持家庭农场的建设发展，并以此为基础为返乡农民工的创业行动构筑坚实的平台。国务院办公厅印发的《关于支持农民工等人员返乡创业的意见》（国发〔2015〕23 号）也曾指出，要建立健全返乡农民工创业管理机制，健全相关扶持政策，全面优化农民工返乡创业环境。在这种国家政策的支持与导向下，很多散落在外地的农民工陆续回到自己的家乡寻求发展，"凤还巢"现象日益增多。这无疑是一个可喜的局面，农民工返乡，无疑能为乡村注入发展活力，促进乡村振兴。

当然，有关扶持返乡农民工创业政策的制定，无疑需要积极贯彻落实十八届三中全会、十九大报告中提出的规定和精神，从而在保证政策科学性、连续性、稳定性的同时，以不断促进农民工返乡创业健康发展。政策的保证，尤其是金融支持政策的保证，是返乡农民工创业的推动力和支持力。为此，需要相关部门进一步建立健全农民工返乡创业的金融保障政策，并依托相关法律制度、政治制度、经济制度等的全面协调互动，以确保金融支持政策的有效实施。金融政策的保证是从宏观层面对返乡农民工创业行动所做出的支持，而金融扶持则是对返乡农民工创业行动的微观层面支持。金融扶持政策的制定与实施需要坚持市场法则与国家干预相结合的原则，在这种原则下，既能充分发挥市场机制的内在调节作用，也充分发挥国家宏观调控的职能，这也是社会主义市场经济的基本特征。

因个人和家庭资金积累有限，农民工返乡创业面临的最严峻的现实问题就是资金不足。如果在资金方面得不到必要的支持，农民工返乡创业的信贷需求就无法得到满足，这显然不利于创业行动的具体展开以及后续的发展。为了实现资金对返乡农民工创业的有效支持，无疑需要有关部门加强对农村金融体系培育的重视，积极拓展农村金融服务渠道，加大各种金融信贷公司、村镇银行、农村信用社等对返乡农民工创业的支持力度，并吸引更多的金融机构参与到农民工返乡创业的支持行列之中。同时，小额信贷作为一种有效金融手段，因其手续简便，符合农民工返乡创业资金需求特征，得到了返乡农民工的青睐。因此，地方政府要在发挥政府金融监管职能的基础上，注重发挥民间资本的优势，加强对小额信贷的扶持，加快发展社区金融机构，使其更好地为农民工返乡创业服务。

（二）增加农村金融服务网点

2014 年 4 月 22 日，国务院办公厅发布的《国务院办公厅关于金融服务"三农"发展的若干意见》（国办发〔2014〕17 号）要求，要大力发展普惠金融，促进金融机构网点不断下沉，以不断优化农村金融机构网点布局，特别是要在具备条件的行政村，尽快实施金融服务的"村村通"。然而，2008 年金融危机以来，在资本逐利本性的驱使下，涉农金融机构大量撤并，部分机构甚至彻底退出了农村金融市场。目前，坚守在乡镇地区的主要是农村信用社、邮政储蓄以及少量的农业银行网点，有些乡镇甚至根本就没有金融网点的存在，这显然不利于农民工返乡创业资金需求的满足。因此，地方政府要利用近些年来银行业监管部门放宽农村金融市场准入门槛的时机，积极引导各类商业银行在风险评估的基础上稳步推进农村金融机构的设置和网点布局的优化，在经济较为发达的行政村设立营业网点，以便缩短农民工返乡创业金融服务的距离与空间，降低贷款的时间成本和通勤成本。同时，要通过利息补贴等具体措施，激励政策性银行、商业银行机构开设或增加农村金融服务网点，加大农民工返乡创业资金支持力度。

（三）强化农村金融产品创新

目前，尽管我国广大农村地区仍然是以农户经济为主的微观经济形态，但近些年来不少农户，特别是返乡创业农民工正朝着现代新型职业农民转型，部分传统的种养加农户已经发展成为种养大户、家庭农场主、小型加工户等新型农业经营主体。这些新型农业经营主体的经营范围已经覆盖了农产品种植、加工、运输、储存、包装以及其他产业化的领域。那么，相应地，农村金融市场的资金需求也开始呈现出多元化特征。因此，金融机构要从新型职业农民培养、农民工返乡创业以及乡村振兴等多维角度考量市场的需求变化，以市场需求为导向，积极创新金融产品与金融服务。地方政府要在继续推行农村小额贷款和联户担保贷款的同时，积极引导农村金融机构不断创新贷款方式，尽快开发出多种多样、更为灵活、更加适应返乡农民工创业的贷款品种。比如：为促进农民工返乡创业，可拓展培训类、创业类贷款，帮助其返乡创业；可围绕通过创业先富裕起来的返乡农民工，尝试开办农户投资型贷款，以满足返乡农民工不同层次的资金需求；对资金需求比较大的从事农业产业化经营的返乡农民工，可尝试推出大额联保农业贷款，以支持优势农产品基地建设和农业企业发展，培育一批优秀的农村民营企业，带动农村第一、第二、第三产业融合发展，为乡村振兴的产业兴旺提供更加优质的金融服务。

（四）改善农村金融生态环境

乡村振兴无疑需要巨大的资金投入以及更加全面的金融服务，这当然是金融机构当仁不让的责任。通过为农民工返乡创业和乡村振兴提供金融支持，不断改善农村金融生态体系，使金融业自身谋求更大发展空间，这既是攸关农民工返乡创业、乡村振兴的大事，也是金融服务打通服务乡村"最后一公里"的关键举措。第一，地方政府要高度重视农村金融生态环境的优化，要积极转变职能，努力营造廉洁、高效的政务环境以及公正、公正、透明的司法环境，切实为金融机构提供更为优质的公共服务。第二，要强化农村信用环境建设，要利用大数据技术建立健全返乡农民工信用信息库，为农村信贷风险的防控提供参考依据。同时要建立健全守信的激励机制以及失信的惩罚机制，以激励和惩罚相结合的方式营造出良好的信用环境。第三，要尽快将农村保险体系纳入农村金融体系建设的整体框架之内，积极鼓励商业性保险公司网点下沉，在农村设立业务网点，为返乡农民工创业提供保险服务，完善创业保险补偿机制。第四，要建立健全多主体、多形式的担保机构和担保机制，要针对返乡农民工创设实体的实际情况，实施多种担保方式，切实解决其贷款担保难的现实问题。

（五）金融支持保障促进返乡农民工创业的成功案例

贵州省铜仁市思南县孙家坝镇村民张某曾长期在外务工，属于典型的农民工，但张某在多年来的务工生涯里积累了较为丰富的农作物种植经验。2011 年，有了一定技术和资金积累的张某开始返乡创业，在当地信用社的大力支持下，张某在其家乡租赁了 327 亩土地，创办了一个西洋果蔬种植基地。当时，张某主要种植、销售桃子等时令果蔬。6 年的时间里，张某凭借自己良好的信用品质和不错的经营能力，不断与当地信用社展开合作，逐渐建立起了彼此信任的关系。张某不仅自己先后从当地信用社借款 16 笔，获得支持贷款的金额累计达 196.5 万元，使其资金周转短缺的困难得以有效解决，也为基地规模的不断扩张提供了强力支持。正是因为有了这种信贷的支持，张某在基地栽下桃树 17985 株，规模逐年不断扩大。据悉，张某的种植基地 2017 年的产量大约在 12 万斤，能实现销售收入约 46 万元，直接带动了 30 名农民工返乡再就业。现在，经过 7 年的努力，张某已成为本地名副其实的返乡农民工"致富带头人"。从上述案例不难看出，金融支持保障对返乡农民工创业是何等重要。

二　财税支持保障的完善

顾名思义，财税支持保障是指财政政策和税收政策对农民工返乡创业的支持和保障。财政政策是一个国家或地区基于经济稳定发展的需要，通过财政支出与收入来调节总需求的宏观经济政策。①一般情况下，增加政府的公共财政支出，可以刺激社会总需求、增加国民总收入，减少政府的公共财政支出则会抑制社会总需求、减少国民总收入。②财政支出偏好于对国民经济基础产业或关键产业的支持，但通常也比较注重通过加大对实力较弱的"幼稚"产业及其市场经济主体的财政投资与补贴力度，促进弱势产业与需要受保护的市场主体的健康发展，从而实现国民经济的稳定与协调发展。税收优惠政策通常是指税法对某些特定纳税人或者征税对象给予鼓励和照顾的一种特殊规定。③如免除某些纳税人应缴的部分或者全部税款，或者按照纳税人所缴纳税款的某一比例给予返还等。

---

① 郑荣翠、李玉娟：《经济学基础》，清华大学出版社 2016 年版，第 244 页。
② 张小军：《财政学原理及应用》，华南理工大学出版社 2016 年版，第 54 页。
③ 孙莹：《税收激励政策对企业创新绩效的影响研究》，上海人民出版社 2016 年版，第 331 页。

税收优惠政策的目的是减轻某些纳税人的税收负担。税收优惠政策可以扶持某些特殊地区、某些特殊行业的发展，进而促进产业结构优化升级和社会经济协调发展。①

（一）加大财政资金支持力度

第一，促进农民工返乡创业，就要不断改善乡村地区的创业环境，让有意愿返乡创业的农民工真正享受到与城市一致的硬件基础设施。因此，地方政府要进一步加大财政投入力度，重点搞好乡村道路交通设施的建设，有条件的乡镇要积极创建诸如"农民工返乡创业工业园""农民工返乡创基地""返乡创业一条街"等富有影响力的创业基地，扩大农民工返乡创业的影响力。② 第二，与农民工创业行动及其成功息息相关的外部设施，如仓储物流、网络信息等的建设也应尽快提上议事日程，地方政府要有计划地逐步完善这些外部设施，因为滞后的配套设施，必将影响农民工返乡创业的意愿及其创业的成功率。第三，除了加大对基础设施的公共财政投入外，地方政府还要设立农民工返乡创业综合服务信息平台，根据各地区的实际情况，定期发布有关项目投资的最新信息、政府产业发展支持信息，引导返乡创业农民工结合家乡的资源优势与自身的禀赋，理性地选择创业项目以及投资规模。③ 第四，地方政府也可以通过公共财政支出，有偿聘请创业经验比较丰富的农民工、返乡创业成功者或者其他创业带头人，组成创业专家指导团队，为农民工返乡创业提供创业咨询服务。第五，对农民工返乡创办的新型农业经营主体，符合条件的，地方政府要按相关规定让其同等享受补

---

① 庞金伟：《我国企业所得税负担研究》，上海财经大学出版社 2015 年版，第 26 页。

② 吴易雄：《农民工返乡创业调查》，湖南人民出版社 2013 年版，第 43 页。

③ 檀学文、胡拥军、伍振军等：《农民工等人员返乡创业形式发凡》，《改革》2016 年第 11 期。

贴政策。

(二)丰富财政补贴形式

目前，全国各地对农民工返乡创业的财政补贴主要有培训补贴、贷款贴息等形式，尽管这些财政补贴形式对农民工返乡创业支持已经取得了一定的效果，但尚存在进一步丰富的空间。当然，补贴形式的丰富，应该在已有补贴形式的基础上，结合各地区的实际情况以及农民工返乡创业的特征予以安排。第一，对于农民工返乡创业，尤其是创办那些资源节约、环境友好，符合绿色、协调发展理念，对于当地生态环境改善具有显著示范效应、有利于乡村振兴之生态宜居实现的实体，地方政府可以在水电、物业、用地等方面给予适当补贴。① 第二，对于在解决当地就业压力方面做出了较大贡献，以及对当地慈善事业有比较突出贡献的农民工返乡创设的实体，地方政府可在公共品的使用方面对其给予适当的政策倾斜。第三，农民工返乡创设的项目应当享受与外地客商同等优惠政策，对于引进资金和技术的创设项目，应按当地招商引资相关政策给予奖励。② 第四，地方政府可设立现代服务业发展基金，引导社会资本支持农民工返乡创业，对返乡农民工创办的物流、健康、乡村旅游等服务业项目予以择优支持。第五，丰富财政补贴形式可以有很多办法，可以不断创新，但一定要符合农民工返乡创设项目的本质特征，如对符合条件农民工创办的项目可以给予一定额度的社会保险补贴、就业岗位补贴以及其他物质补贴等；对从事规模化、专业化生产经营且有一定技术含量的农民工返乡创业项目，可给予技术、

---

① 徐杨文：《全面建成小康社会视域下农民工返乡创业研究》，硕士学位论文，西南石油大学，2017年，第34页。

② 杜海琴：《农民工返乡创业政策优化路径研究》，硕士学位论文，南昌大学，2015年，第35页。

信息服务等方面的补贴，以鼓励其加大创新投入。

（三）加大税收优惠力度

许多调查结果均表明，农民工返乡创办的实体，其规模普遍比较小、市场竞争力也不是特别强，风险抵御的能力自然也不突出。因而，要更好地促进农民工返乡创设实体的发展，地方政府有必要对其加大税收优惠力度，以减轻返乡农民工创业及经营负担，真正为乡村振兴培育内生力量。

第一，有针对性地实行税费减免政策。税费减免政策无疑要具有针对性，才能取得最大化的政策效果，因而要结合不同行业、不同性质实体的特征，制定差异化的税费减免政策，规定程度有所不同的税费减免力度。例如，对于农民工创办的小微企业，在其初创时期可给予适度的税费减免，对于缴纳土地使用税确实存在困难的返乡农民工创办的小微企业，可以根据实际情况，加大减免力度，实行减半征收①；对于按正常期限缴纳税款难度比较大的返乡农民工创办的小微企业，可依法适当延长其缴纳期限；对返乡农民工创办企业符合国家产业政策、环保要求以及本地区重点优先发展产业规划的，可在前 3 年地方留成部分免除征税，在第 4—5 年地方留成部分实行减半征收，或者先征收后再返还。当然，地方政府相关部门还要为有办理税务需求的返乡农民工开通绿色通道，尽量简化办理流程，缩短办理时间，以优化创业环境，提高返乡农民工创业的效率。

第二，适当延长税收优惠年限与增加优惠种类。因农民工返乡创业是一个持续、动态的过程，而且农民工所创办的企业通常规模

---

① 谢勇才、张雅燕：《新生代农民工返乡创业的战略设计：动力、制约因素与发展策略》，《江西农业大学学报》（社会科学版）2013 年第 2 期。

都比较小，市场竞争力不强，风险抵御能力也比较差，因而在税收优惠的年限方面可以适当延长。不少地区都曾出台过农民工返乡创业在登记注册后可享受 3 年税收优惠的政策，地方政府可根据实际情况，在 3 年的基础上适当延长优惠年限至 5 年。否则，返乡农民工创办的企业在刚刚起步时就要承担较为繁重的税负，这难免会影响其健康发展，这也不利于大众创业氛围的培育；如果等到返乡农民工创办的企业做大做强后，再缴纳或补交之前的税费，无疑既能保障企业的正常运转，也能保障政府财政收入的稳定性。另外，地方政府还可适当增加免征税的种类，不要仅仅局限于农林牧渔四个服务业，对那些为当地精准脱贫做出贡献的返乡农民工创办的企业，可以参照扶贫优惠政策给予税收优惠。① 如对农民工从事个体经营且带动深度贫困户脱贫的小微企业，可按每年 8000—10000 元的限额依次减免营业税、城市维护建设税、教育费附加以及个人所得税，如果纳税主体年度应缴纳税款小于上述扣减限额的以其实际应缴纳的税款为限，大于上述扣减限额的应以上述扣减限额为限；再如，可将返乡农民工创办的实体纳入增值税转型的范围之内，对接轻纺、食品、汽车摩托车、船舶工业制造装备业等国家产业振兴计划的项目，按规定享受相应的税收优惠。

（四）财税支持保障促进返乡农民工创业的成功案例

2015 年 6 月，外出务工长达 22 年的贵州毕节市织金县龙场镇钟某带着多年的积蓄和创业的希望回到了久别的家乡，正式创办了福源特种野猪养殖场。创业初期，养殖场占地 3500 平方米，共养殖了野猪 120 余头。后来，钟某利用养殖场的地理优势，开始套养

---

① 刘志阳、李斌：《乡村振兴视野下的农民工返乡创业模式研究》，《福建论坛》（人文社会科学版）2017 年第 12 期。

野鸡、贵妃鸡，目前共计养殖野鸡 80 余只、贵妃鸡 120 余只。钟某还充分利用循环经济效应，配套栽种了 5000 余株红芯猕猴桃，以实现种、养业一起发展。据估算，钟某的养殖场一年可创收约 200 万元，这比其整个家庭在贵阳务工的总收入还要高出一大截。

正式回到家乡创业之前，钟某一家三口均在贵阳某工地务工。钟某在建筑工地上开挖机，儿子在工地上搞土石方运输，妻子则负责自家挖机的照管以及整个家庭的起居。这样的日子倒是衣食无忧、安稳平静。但当钟某听说农民工返乡创业的政策好、机遇好、前景好时，其内心开始变得不再平静。加上家乡镇党委班子成员多次给钟某做思想工作，真诚地劝其返乡创业。之后，在家人的支持下，钟某终于做出艰难而又正确的决定，回到家乡，正式办起了养殖场。

在创业前期，像其他创业者一样，面对诸多从未遇到过的困难和从未面临过的棘手难题，钟某感受到了巨大的压力：养殖场土石方的开挖，就要 300 元/小时的费用，同时还要运材料，加上现在人工工资高，养殖场的资金周转很快就出现了困难。了解到钟某的实际困难后，地方政府主要领导多次亲自上门给其鼓劲，并积极为其寻找经济支持、项目帮扶等解决方案，以加大财税支持力度。正是在当地镇政府和镇党委的大力帮助下，钟某的养殖场规模得以不断扩大，养殖场的收入得以不断提高。目前，钟某甚至成了周边群众学习的榜样。可见，钟某返乡创业成功的示范效应正在日益显现。

三 创业培训保障的完善

培训保障同样是返乡创业农民工创业保障体系的重要内容，目前全国各地已经探索出了一些较为成功的返乡创业农民工培训机制。总体上来看，不少地方政府采取的"政府牵头、部门协作、费用全免"方式受到了广大返乡创业农民工的欢迎。① 这些模式的主要特征有：以"部门＋职校（高等院校）"为基本平台，以产业发展和创业项目需求为导向，以国家和地方相关法规政策、文化知识、营销技能、管理技能等为主要内容，以课堂授课和现场指导相结合，最终形成政府统筹，部门配合，职校（高等院校）承接的返乡农民工创业培训长效机制。

（一）创业培训范围

应以返乡创业农民工为主，兼顾其他普通农民工、毕业返乡的大学生以及创业主体所招聘的其他管理岗位的员工。

（二）创业培训内容

第一，政策与法规。政策应主要包括国家与地方扶持农民工返乡创业的财政政策、税收政策，国家与地方的产业发展政策、招商引资政策，等等；法规应主要包括《民法通则》《合同法》《民事诉讼法》《劳动法》以及《劳动合同法》等相关法律法规知识。掌握了各级政府的政策要义与相关法律精神，有利于增加农民工返乡创业行动的成功率。②

第二，创业基础知识。应包括信息收集与信息处理、生产技术、互联网应用、现代经营管理知识、项目选择与营运、生产组织与产品开发、人员招聘与管理、市场动态和需求、市场开拓与营销、经营风险防范与规避以及其他经济学、管理学、社会学、心理学、法学等综合性的知识。创业基础知识的掌握是农民工返乡创业者开创新事业的重要前提和基本保障。

---

① 莫鸣：《新型农民培养模式研究》，博士学位论文，湖南农业大学，2009 年，第132 页。

② 吕莉敏、马建富：《农业现代化背景下新型职业农民培训的问题及策略研究》，《中国职业技术教育》2015 年第 12 期。

第三，创业人格品质。应包括创业者的使命、社会责任、坚韧执着信念、正直诚信品质、创新与冒险精神等人格品质，以保证农民工返乡创业者具有坚定的信念与创业激情，毕竟创业是开创性的事业，在社会经济变幻莫测的市场语境下，面对困难和挫折，需要创业者具有优秀的人格品质。[①]

第四，综合素养。应包括判断能力、决策能力、沟通能力、协调能力、组织执行能力以及团队组建能力，等等。敏锐的判断能力是及时做出正确决策的关键，正确决策是保证创业活动顺利开展的前提，良好的沟通、协调能力是企业形成共同愿景的重要保证，优秀的组织执行能力是率领全体员工围绕总体目标坚定前进的必备条件，而创业者的团队组建与掌控能力在企业迈向成功的道路上具有举足轻重的作用。[②]

第五，专业技能素养。应包括种植技术（经济作物）、养殖技术（家禽、水产等）、栽培育苗技术、加工技术、病虫害防治技术、节水技术，等等。农民工返乡创业者专业技能素养的提升，无疑能提高其市场驾驭能力，进而提升其创业成功率。

（三）创业培训形式

培训形式可选择定期脱产培训、专题讲座、组织交流、考察学习、专家指导以及创业实训等形式。定期脱产培训可采用在固定地点，以集中的形式，以 1—2 个月为周期，每年开办 4—5 次专门培训的方式进行。专题讲座可采用邀请相关专家学者、当地著名企业家，特别是返乡创业的成功典型以专题报告的形式进行，每年 12

---

① 马红玉：《社会资本、心理资本与新生代农民工创业绩效研究》，博士学位论文，东北师范大学，2016 年，第 87 页。

② 熊唯伊：《三因子理论框架下中小企业成长规律研究》，博士学位论文，湘潭大学，2016 年，第 132 页。

人次左右为宜。组织交流可采用小班次、互动式、一对一的创业培训与指导以及跟踪服务一体化的形式进行。考察学习可采用组织有意创业或正在创业的返乡农民工到当地农业龙头企业、经营状况良好的新型农业经营主体等实体以观摩、学习的形式进行，帮助其拓展创业思路，开阔视野。专家指导需要组建以具有创业实践经验的知名人士、具有某一技术特长的专业人员、熟悉本地产业发展政策和创业政策的政府工作人员为主的农民工返乡创业指导专家小组，通过集中服务、上门服务、面谈服务等多种形式，为返乡创业农民工提供个性化和专业化的指导。[①] 创业实训则与大学生的毕业实习方式大体一致，首先由地方政府遴选一批信誉较好、实力较强、用工规范的创业成功企业，以此为基础建立农民工返乡创业的实训基地和孵化基地，为有创业意愿的农民工提供为期2—3个月的免费创业实训机会，使其在真正创业前能积累一定的创业经验，为日后的稳步创业、成功创业夯实基础。

（四）创业培训模式

地方政府劳动保障部门、农业部门、教育部门、科技部门、建设部门、财政部门、扶贫办等有关机构要按照各自职责，与其他部门协同对返乡农民工进行专题讲座、组织交流、考察学习、专家指导等形式的培训；地方政府相关部门要利用现有的职业教育和教育基础设施，整合社会资源，由职校（高等院校）承办，定期对返乡农民工进行技能技术以及创业等知识的培训（1—2个月）；还要鼓励与农民工返乡创业有关的金融机构、行业组织、公益组织以及其他社会中介机构，形成多方参与的农民工返乡创业培训模式。

---

① 黄晓勇：《基于结构化视角的农民工返乡创业研究——以重庆为例》，博士学位论文，重庆大学，2012年，第65页。

（五）创业培训机制

地方政府应该根据当地产业特色、交通区位等实际情况，编制符合农民工返乡创业的实用教材，并形成地方政府统筹安排，职能部门牵头配合，职校（高等院校）承接，长期与短期、收费与免费相结合的培训机制。

（六）创业培训保障促进返乡农民工创业的成功案例

在湖北省武汉市东西湖区东山办事处蒿口村的土地上，有2200多栋温室大棚整齐排列，一眼望去，一栋挨着一栋，绵延数里，煞是壮观。在这些温室大棚内，更是草莓飘香，瓜果茂盛，生机盎然。这片占地2000多亩的温室大棚，正是一位"80后"返乡农民工的创业成果。面对当前的创业成就，王某2015年4月22日在蒿口村的草莓大棚里对前来采访的记者发出这样的感慨："我能有今天的成就，多亏了阳光工程的创业培训！""培训让我懂得做农业创业也要进行风险评估""培训同时也鼓励了我大胆地去做想做的事"。

27岁的王某是土生土长的东西湖区东山办事处蒿门村村民，曾经当过兵，贩卖过菜，也在外地打过工。2009年，王某参加了由武汉市东西湖区农广校组织的阳光工程培训，正是此次培训，使王某萌发了创业念头。2010年，在又接受了15天的更加系统的创业培训后，王某的创业念头日益强烈、创业热情被彻底激发，很快就正式开始了自主创业。

难能可贵的是，与有些创业成功的人不同，王某创业建大棚基地，首先考虑的是如何把周边的散户有效组织起来，教他们掌握大棚种植技术，带领他们一起致富。"我出生在农村，对农村有着深厚的情感，我创业，就一定要带着老乡们一起干，让大家一起致富；我搞规模生产，必须要有周边农民的大力支持，尽管这有可能会存在一定的难度，但也值得去试一试。"王某是这样说的，同时也是这样做的。

2010 年，王某以 1000 元/亩的价格流转了周边农民的 52 亩承包地，正式开始投资修建温室大棚。刚创业时，王某就雇用了周边老乡到大棚里打工、学习种植技术，并且支付 1800 元/月的工资。如果蔬果丰收，大棚效益好，农民还能按照事先约定的比例拿到土地流转分红。王某创业的第一年，周边农民看到了大棚种植的发展前景，主动要求将土地流转给王某，然后到王某的基地里打工、学技术，大棚的面积因此快速扩张，2015 年已经达到 2000 多亩。为了更好地传授技术、管理大棚、销售产品，基地内的 180 户农民都加入了王某的专业合作社，2014 年户均年收入达 10 万元左右。真可谓是一人创业，众人致富。

王某也坦言，与父辈们相比，他的种地经验远不如他们，但自己敢闯敢做，有想法同时也有激情，更有一支专业科技团队的长期指导与支持。在这支队伍里，不光有基地内聘请的 18 名技术人员，更有他在参加创业培训时认识的专家与教授。正是这支专业科技团队的专业指导，保证了大棚蔬果的质量与产量。"与其给我创业的扶持政策和资金，倒不如给我一支专业的指导团队，因为只要有专家在，我的创业就肯定会成功。"王某发自内心地做出了以上感慨。一直关注王某创业的东西湖区农广校校长刘某同样指出，尽管阳光工程创业培训的课程只有很短的 15 天，然而，课堂培训虽然已经结束了，但后续的专业指导与专门服务却才刚刚开始，培训授课的专家们会经常到学员们的创业基地现场指导、跟踪服务，并为其牵线搭桥聘请外地专家，为学员们解决"疑难杂症"。

第二节　完善农民工基本社会保障制度

从调查数据的分析来看，尽管只有养老保障、医疗保障这两个基本社会保障对农民工返乡创业、参与乡村振兴具有显著的正向影响，但这并不说明工伤、生育等其他基本社会保障对农民工不重要。因此，本书依然对农民工所有基本社会保障制度的完善进行分析，但侧重点主要放在养老保障和医疗保障方面。

一　养老保障的完善

（一）建立健全农民工养老保障法律法规

"社会保障，立法先行"，其意是：社会保障制度要依法建立，即现代社会保障制度的建立与发展要遵循立法先行的原则，法律法规是社会保障制度体系得以正常运转的基础。① 综观发达国家社会保险的建立与发展，不难发现，大多数国家都将相关法律法规的建立放在首位，然后再对相关政策措施做出相应调整与规范。但是，反观中国社会保险的建立与发展，在其创建之初就缺少完善的法律法规作保障，许多有关社会保险政策的颁布、执行、调整并不一定能找到相应的法律法规依据。从中华人民共和国成立之初到现在的新时代，不管是劳动保险、企业保险，抑或是当下统账结合的保险模式，其演化过程主要是靠各种规范和条例所推动的，缺少法律法规保障的我国社会保险始终在不断探索中成长、完善，期间不可避免地走了很多弯路。虽然 2010 年 10 月正式通过了《中华人民共和

---

① 郑功成、郭林：《中国社会保障推进国家治理现代化的基本思路与主要方向》，《社会保障评论》2017 年第 3 期。

国社会保险法》，但《社会保险法》只是制定了一个具有宏观性、指导性和方向性的法律框架。而且，当前有关社会保险的规定主要是针对城市居民，覆盖面窄，横向不公非常明显，各地方政府出于地方利益的考虑，对把农民工群体纳入社会保险制度体系之中也大多不积极作为。可喜的是，不少地区城镇职工养老保险制度试点改革和农民工养老保险在各地的试点运行，为出台完善可行的养老保险法律创造了基本条件。所以，立法机关要尽快颁布完善、具有可操作性、适应农民工特点的养老保险法律法规，以尽快打破农民工养老保险地方政府各自为政的尴尬局面。①

（二）完善农民工养老保险与城乡养老保险对接机制

因为有不少进城务工农民工终究会融入城市，因此，其养老保险与城镇居民养老保险体系的融合必将不可避免，是大势所趋。这种融合首先要考虑到农民工群体内部不同群体所呈现出的不同特征，也就是要根据农民工群体分化的实现，将其作不同的区分，并在条件日益成熟时逐渐将农民工融入城镇养老保险体系。对于那些有固定用人单位并且在城市已经有固定住所的农民工群体，地方政府应允许和鼓励用人单位以城镇职工标准为雇用的农民工群体缴纳养老保险费，这样就直接将其纳入了城镇职工基本养老保险体系。② 至于缴费基数，因农民工群体的特殊性，应根据其工资水平做出适度的调整，不能像城镇职工一样搞"一刀切"。这样的话，这部分农民工群体在退休后就可以正常享受养老保险待遇。对于虽长期在城市务工，但工作经常变动的那部分农民工，起缴费基数和

---

① 夏锋、甘露：《让农民工成为历史：进程、挑战与对策》，《农业经济问题》2014 年第 6 期。

② 林宝：《中国农民工养老保险：历史路径与前景展望》，《劳动经济研究》2015 年第 3 期。

缴费方式应采用灵活的方式进行处理，可以依据其工资收入的变动而做出相应的变化，特别是如果他们以后有了固定的单位，也要将其纳入城镇养老保险体系。对于流动性很大、工作不稳定，或者是季节性、间歇性很强的农民工群体，地方政府可根据实际情况对其养老保险的统筹部分给予适当的补贴，当然其个人的缴费费率也不应定得过高，毕竟他们不太可能会在城市定居、不太可能市民化，因此在其返乡后，要从制度方面确保这部分农民工的养老保险关系能无障碍地转入农村社会养老保险，以保证其能享受农村养老保险待遇。

目前，我国农村养老保险的基金主要来源于个人缴费，国家从公共财政支出中进行了一定补贴，但相对城镇养老保险来说，缺少用人单位的缴费。具体操作办法是，个人在收入中拿出一部分缴入个人账户，国家财政和集体予以适当补贴，多方一起负担养老压力。同时，制度也充分考虑到了农村人口不同的经济基础与收入水平，在缴纳保险费的时候农民可根据个人具体承受能力选择不同的缴纳档次。尽管按照制度规则，村集体在农村养老保险事业发展中应承担相应责任，但因许多地区的集体经济名存实亡，村集体实际上已经成为农村养老保险事业发展的短板。至于国家在农村养老保险事业发展中的责任，主要应包括政策责任、财政责任以及立法责任。① 第一，政策责任，国家要在法律框架内，建立健全农村养老保险体系，并要制定相应的政策，以促进其健康发展。第二，财政责任，目前，农村人口依然占全国总人口一半左右，对于关系到近一半人口的切身利益的养老保险问题，政府理所当然有责

---

① 张晓彤、肖洪安：《农民工养老保险转移接续政策支持意愿研究——基于四川省省外务工农民工的调查》，《农村经济》2015 年第 10 期。

任、有义务对其相应的制度建设给予财政支持，以保障该制度能够长期、稳定运行。第三，立法责任，国家的法律责任就是为农村养老保险事业的建设构建完善的法律体系，对相关主体的权利与义务进行法律法规的规范。目前来看，加强立法，依然是农村养老保险事业建设与发展的重中之重。农民工尽管身处不同的城市且也许较长时期内都在城市中奋斗，但其中一定有较大比例的人退休后无法继续生活在城市，也会有部分人在完成资本积累后返乡创业。那么，回到农村后，这部分农民工就迫切需要把在城市中所建立的养老保险关系转回农村，以融入农村养老保险体系之中，正常享受养老保险待遇。中国政府是全体公民的政府，而不是只为城市居民提供服务的政府，当前中国面临着城乡养老保险待遇的巨大差别，因而建立全国统一的养老保险体系无疑是未来养老保险制度改革的总体目标和大方向，也是促进乡村振兴之治理有效、生活富裕的必然要求。

（三）建立账户转续机制

诚如前文所析，解决农民工养老保险的一个关键问题，就是要能够实现农民工养老保险账户和保险关系的异地转移与接续，尽管这也许只是一个技术性问题，但它却是阻碍农民工参加养老保险的重要因素之一。

第一，建立全国联网的农民工养老保险关系数据库。通过强化信息建设和大数据的使用，建立全国联网的农民工养老保险关系数据库，让农民工无论是在城市务工还是返回了乡村创业，只要其加入了养老保险体系，其养老保险关系就能在社保机构的专有系统中查询，为其养老保险关系的跨地区转移、城乡转移创造基础性的条件。① 而且，信息化建设也有利于促进农民工养老保险经办过程的公开化、透明化，便于各方的监督与管理，这无疑有助于该事业的健康发展。

第二，改革农民工个人账户形式。农民工的身份证信息与其社会保险信息应该统一起来，因为身份证号码具有唯一性和确定性，身份证号完全可以直接用作农民工个人账户的账号。只要身份证不被盗用，那么社保信息就必然真实可靠。目前，这个办法已经在不少地区开始试点，效果很不错。而且，该办法既有利于社会保险的统一管理、提高管理效率，也有利于简单便捷管理机制的形成。

第三，设立养老保险转移接续部门。在政府职能不断转变的背景下，社保机构应设置专职负责养老保险转移接续的部门或者在政务中心开辟专门的窗口，为农民工等特殊群体在办理养老保险关系转移接续时提供周到的服务，保障农民工养老保险关系在转移接续过程中的通畅。② 同时，社保机构要尽量简化办理程序，为农民工转移养老保险关系提供最大可能性的便利。

第四，养老保险基金统筹部分应能转移。农民工养老保险的转移和接续，实际上包括了个人账户的转移和统筹部分的转移。个人账户的转移在很多地方也已经实现，关键在于养老保险基金统筹部分在很多地方还不能进行转移，因此改革的目标就在于实现个人账户和统筹基金的同步转移。③ 同时，针对农民工的退保问题，地方政府尽管具有说服和教育的责任与义务，但也不能人为设置障碍，

---

① 袁金勇：《基于流动视角的农民工社会保障管理模式探究》，《农业经济》2015年第 11 期。

② 王爱华：《农民工养老保险转续分析及对策探讨》，《社科纵横》2015 年第 1 期。

③ 任兰兰、王春蕊、姜伟：《新型城镇化背景下农民工社会保障待遇确定机制研究》，《河北师范大学学报》（哲学社会科学版）2015 年第 3 期。

特别是一些侵害农民工合法权益的行为更是要杜绝，不能发生。地方政府要树立信心，只要为农民工建立了完善的养老保险制度并能提供周到的服务，农民工一定会逐步了解并接受养老保险制度，不会在参保之后随意选择退保，农民工养老保险所覆盖的人数才会不断增加，乡村崛起和城乡融合发展时代才可能真正到来。

（四）提高用人单位养老保险责任意识

理论上讲，规范的企业用工行为有利于劳资双方关系的融洽，有利于维护劳动者的正当权利，防止违法用工行为发生。但在实践中，多数农民工仍是不规范用工行为的受害者，相关调查数据显示，超过60%的农民工未能与用人单位签订劳动合同。作为确立劳动关系的关键凭证，劳动合同具有法律效力，它的签订有利于避免劳资双方发生争议、引发矛盾。因为劳动合同对劳资双方的权力与义务进行了明确规定，而许多事实已经反复证明，没有签订劳动合同的农民工，在劳动关系中自然处于不利的地位，有可能会面临工资被拖欠、与城市职工"同工、同岗不同酬"以及强制性加班等不利局面。

地方政府及相关职能部门要对雇用农民工的用人单位强调用工的合法性与规范性，要对其广泛宣传《劳动法》《劳动合同法》等相关法律法规，提高其守法意识。[1] 同时，地方劳动监察部门要建立起农民工用工管理监察长效机制，要求用人单位与农民工签订劳动合同，并对用工要求不同的用人单位实行分类管理，尤其是要对建筑业企业、劳动密集型工厂、采掘类企业等这些农民工集聚的单位加强管理监察。政府与第三方组织应对大量雇用农民工的用人单

---

[1] 郭菲、张展新：《农民工新政下的流动人口社会保险：来自中国四大城市的证据》，《人口研究》2013 年第 3 期。

位通过定期监察、定期巡查、专项检查等方式实施动态化的管理，保证用人单位履行法律规定的义务。应督促雇用农民工的用人单位严格执行最低工资制度，用人单位不得以绩效工资、计件工资制度等为理由拒不执行最低工资制度，更不得以最低工资制度为由压低农民工报酬，保证用人单位中的农民工都能获得公平、公正的劳动报酬，杜绝"同工、同岗不同酬"情况的出现。而且，对一些经济效益不好的用人单位，政府要采取扶持政策，并从企业管理、企业创新、企业活动等多个方面展开有针对性的培训，以从根本上提高雇用农民工的素质，从而改善用人单位的效益。更为重要的是，要让用人单位意识到为农民工雇员缴纳养老保险费用不仅是义务，也是自身未来可持续发展的关键，包括养老保险在内的工作福利有利于用人单位招揽人才、留住人才，而人才才是企业发展的关键。

（五）实行差异化的养老保险制度

作为一个规模庞大的社会阶层，农民工群体在其内部在价值取向、思维方式、经济基础等方面随着进城时间的推移出现了不同程度的分化，这也就导致了不同农民工个体对养老保险的需求差异的出现。而当前国内不少地区试点创设的农民工养老保险模式，在设计的逻辑起点上普遍将农民工视为一个同质化的社会群体，并没有考虑其内部成员分化后的异质性，因此建立的模式不仅不能满足农民工的养老保险需求，有些方面甚至与农民工的实际需求严重偏离。因此，农民工养老保险模式要能灵活适应不同农民工的不同需求，尽管经济发展和城市化的推进是不可逆转的趋势，但也应看到确实有部分农民工希望退休后回到农村生活，或者经过一段时间的打工后返乡创业情况的存在，因此对农民工群体有必要实行差异化的养老保险制度。

二　医疗保障的完善

改革开放以来，我国经济稳定、快速发展，城镇化率也同步攀升，在这个举世瞩目的历史进程中，背井离乡的农民工群体的贡献无疑是巨大的。乡村振兴战略的持续推进，同样需要农民工群体的全方位参与。而医疗保险等相关问题的妥善解决，既能有效保护农民工群体的合法权益，也能促进社会和谐发展、推进乡村振兴。尽管从中央到地方，多年来一直在不断完善农民工医疗保险相关政策，试图维护该群体的合法权益，增强其健康保障，以提高其身体素质和生活质量，但尚有以下几个重点工作要特别注意，急需尽快推进。

（一）加强医疗保险立法

尽管有关农民工医疗保险等问题被日益重视，有效解决农民工在医疗保险方面存在的不足，真正维护其合法权益，不仅要有这样的态度，更需要有完善的法律法规来保证这种重视能在实践中取得效果，这无疑就要求通过医疗保险立法的加强，以进行法制化的管理。在法制化的当今年代，法律武器无疑是农民工权益有效维护最有效的途径。然而，目前，我国有关农民工医疗保险的立法还处在不断摸索、积累经验的过程中。[①] 针对农民工医疗保险参保办法、医保转移衔接问题方面的相关法律法规也不够明确，甚至缺乏可操作性。

第一，国家层面的专项立法。近些年，中央政府加大了对农民工社会保障问题的关注力度，制定了不少暂行办法和暂行规定，对农民工社会保障问题的解决起到了一定的作用，但是法律规范的缺

---

① 秦立建、王学文：《农民工基本医疗保险的异地转接：欧盟经验与中国借鉴》，《学术月刊》2015 年第 11 期。

乏，特别是有关农民工医疗保险专项立法的空白，使该问题始终难以彻底解决。因此，国家立法机构有必要顺应法制社会建设的要求，从国家高度尽快制定一套关于农民工医疗保险的专项立法，使农民工群体能够在法律武器的保护下，实现医疗保险方面的应有权益。① 实际上，我国不少地区出现的有关农民工医疗保险问题，根本原因就是缺少法律规范。具体来说，国家层面的专项立法应对农民工参加医疗保险的标准、农民工医疗保险关系的转移、农民工医疗保险的衔续、相关配套服务的提供以及用人单位的责任、地方政府的责任等诸多问题作出明确规定，使农民工医疗保险中存在问题的解决能有法可依。

第二，地方层面的专项立法。我国地大物博，不同地区经济基础差异巨大，地方立法机构应在国家层面专项立法的框架内，结合当地的实际情况，并考虑农民工群体的特殊性，以制定地方性的农民工医疗保险法规。总体上来说，地方立法机构要深入调查，充分考虑农民工群体社会地位的弱势性、工作的流动性、收入的低水平性以及在医疗保险待遇方面处于不利地位的实际情况，结合地方经济社会发展实际和社会保障事业建设目标，尽快为其医疗保险合法权益的获得提供地方性的法律保障。②

第三，规范用人单位用工行为的立法。作为独立的市场主体，用人单位的经营行为除要遵循市场规律之外，也需要法律的规范与约束。作为为农民工缴纳医疗保险费用的责任主体，缺乏企业家精神和社会责任感的用人单位往往从自身的经济效益出发，想方设法

① 成志刚、公衍勇：《我国农民工医疗救助制度之构建研究》，《湖南大学学报》（社会科学版）2010 年第 2 期。
② 易嘉宁：《我国农民工医疗保险法律制度研究》，硕士学位论文，中南林业科技大学，2017 年，第 42 页。

降低经营成本，不替农民工办理医疗保险手续、缴纳保险费用。对于此类行为，地方政府相关部门一方面要明确告知用人单位，法律规定其有责任替农民工办理医疗保险手续、缴纳保险费用，否则将会受到法律处罚；另一方面，地方劳动行政部门也要通过定期检查和不定期抽查的方式，加大对聘用农民工用人单位的劳动合同签订情况以及劳动合同执行情况的监督，对于违反相关法律法规的聘用农民工的用人单位，必须以法律手段及时、果断地对其予以惩罚，让其承担相应的违法成本，让其意识到漠视农民工医疗保险合法权益而产生的严重后果。①

（二）统筹城乡医疗保险层次和制度

目前，城乡统筹发展已经成为我国一项主要的重大发展战略，但医疗保险在城乡间的政策差距巨大，显然不符合城乡统筹发展的战略导向。在我国城镇化进程中，农民工作为城镇化的重要力量之一，也可能是中国乡村振兴重要的内在力量，他们不仅规模庞大，地位弱势，其在医疗保险方面的需求同样被无情漠视。整体上看，我国农民工还没有真正融入城市壁垒森严的结构体系中去，农民工的医疗保险与城市居民的医疗保险在层次和制度安排上都存在显著的差异，这就造成了农民工医疗保险的中断甚至退保以及社会的不公平。毫无疑问，医疗卫生服务体系的健全与农民工医疗保险权益的维护具有直接关系。然而，目前我国城乡间医疗卫生服务体系的资源配置失衡严重，城乡间差异非常大。设备先进的医疗机构和优秀的医护人员都集中在城市，而基层的卫生医疗资源分配相对较为稀少、设备落后、人才流失严重。城乡间医疗保险制度安排差异和

---

① 王杰力：《中国农民工就业歧视问题研究》，博士学位论文，辽宁大学，2013年，第89页。

实际待遇水平差异的事实存在，进一步加大了农民工的合法权益维护难度，因此需要中央政府加强顶层设计，从国家高度统一制定标准，实现城乡间医疗保险政策目标的同一性，特别是要尽快实现农民工医疗保险与城市居民医疗保险的相互转移和彼此衔接。① 统一的制度安排和政策制定以及通畅的转移与衔接，能切实维护农民工的合法权益，进而提高其参保率，使其能够更好地享受医疗保险待遇。

（三）提高用人单位为农民工参保的动力

用人单位为农民工办理医疗保险手续、缴纳保险费用，其动力来源大致可以分为内在动力和外在动力，因而提高用人单位为农民工参保的积极性，也就可以从提高用人单位的内在动力和外在动力两个方面入手。

第一，用人单位为农民工参保内在动力的提升。市场经济语境下，用人单位是否雇用员工以及雇用多少员工的决策往往源于其经济效益的考量，用人单位雇用农民工的主要原因就是因为农民工大量且廉价。尽管《劳动法》《劳动合同法》等相关法律规定，用人单位必须与农民工签订劳动合同并缴纳医疗等保险费用，但在缴纳费用上完全可以更为灵活、更加合理。具体来说，用人单位可根据农民工的不同情况缴纳不同额度的费用，对长期在用人单位工作的农民工，用人单位可为其缴纳缴费比例较高的医疗保险费用，以便留住农民工。用人单位招聘一个新的农民工，需要对其进行培训，新员工也需要一定的时间在岗位上适应，因而用人单位付出的成本也是很大的。如果通过为老员工缴纳较高的医疗保险费用的办法以

---

① 张丽、姚俊：《农民工医疗保险制度政策适应性研究——基于需求和制度运行环境的视角》，《卫生经济研究》2010 年第 11 期。

留住一位技能熟练的农民工，就可以节约再招工、再培训以及雇员试错等方面的成本。对流动比较频繁、低技能的农民工，用人单位可根据实际情况适度减少医疗保险费用的支付，这一方面可以减小用人单位用工成本，另一方面对农民工也是一种激励，让其为了争取得到更高医疗保险待遇而努力工作，想方设法提高自身的技能，争取能长期在用人单位就业，进而也就能为用人单位创造更多利润。这样灵活的参保办法与缴费方式，无论对农民工来说还是对用人单位来说，都是一种"1＋1＞2"的选择。

第二，用人单位为农民工参保外在动力的提升。用人单位是否为农民工参保，除受自身的经济利益目标影响外，政府外在政策的影响也是很大的。因此，对有不与农民工签订劳动合同、不为农民工办理医疗保险、不为农民工缴纳医疗保险费用，或者隐瞒农民工雇员数量以减少参保人数，或者为农民工参保设定苛刻条件等不良行为的用人单位，政府相关部门应严格管理，根据问题严重程度进行不同等级的处罚甚至吊销其营业执照。对于表现良好，按照国家规定给农民工办理医疗保险手续，按时缴纳医疗保险费用并对农民工医疗保险转移与衔接难题合理妥善解决的，应给予一定的经济补助，以扶持这类用人单位的发展。政府利用公共财政对表现良好的用人单位给予一定的补贴，对表现较差的用人单位进行严厉惩罚，无疑能促进用人单位为农民工参保外在动力的提升。

（四）建立农民工医疗保险账户联网机制

农民工就业状态不稳定，经常被迫流动到不同城市、不同地区工作和寻求工作，使其医疗保险经常面临关系中断、转移、接续等问题。在信息技术高度发达、大数据广泛使用的今天，农民工医疗保险账户信息完全可以通过专用数据库与互联网连接，并与劳动合同等用工信息对接，这样就可以及时对其参保情况进行监督与管理，也能大幅提升政府对农民工医疗保险问题的解决效率，节约行政成本。

关于农民工医疗保险账户联网机制的建立，可以借鉴国外的相关经验，再结合中国在实际操作中遇到的问题，先在小范围内先试先行，等时机成熟、系统稳定后再加以推广、复制。尽管这样对医疗保险的网络化经管与治理提出了更高的要求，但联网机制对全国统一的社会统筹保障目标无疑具有突破性的意义。对中央政府来说，要建立健全农民工医疗保险管理信息系统，设计好具有唯一识别代码的农民工医疗保险卡，并保证医疗保险卡能在全国范围内使用。这样，农民工无论流动到哪里、在哪个行业就业，都可以使用医疗保险卡，使其真正享受到医疗保险方面的相关待遇与服务。[①]

同时，农民工医疗保险账户联网机制建成后还要做到以下两点。一是当农民工从一个工作单位转移到另一个工作单位或者从一个工作地点转移到另一个地点，在面临医疗保险转移与续接问题时，应该保证农民工只需出示医疗保险卡或者身份证就可以办理好相关业务。二是应该保证在联网机制下，可以准确、快速地查询到农民工的医疗费用、就医、缴费等信息，农民工也可以刷卡付费。

三 其他基本社会保障的完善

（一）工伤保险的完善

关于农民工工伤保险的完善主要应做好以下几个方面的工作。第一，尽快对2011年修订的《工伤保险条例》做进一步的修订，修订的方向主要是要针对农民工社会地位、工作性质等特殊性以及以人为本的时代要求，制定出具体的参保标准、实施规则，从法律

---

① 吴碧珠：《可行能力理论视角下农民工医疗保险问题研究——以沈阳市为例》，硕士学位论文，辽宁大学，2014年，第24页。

层面解决好农民工的工伤保险问题。第二，要强化政府责任意识，强化监督与管理，只要发现用人单位不与农民工签订劳动合同或者不替农民工缴纳工伤保险费用等违法情况，地方政府应果断采取有效措施及时对其给予严厉的处罚；同时，地方政府相关部门也要加强农民工工会组织的建设，依靠用人单位工会组织力量来维护农民工工伤保险权益。① 第三，从目前不少的案例来看，农民工工伤事故发生后，往往会因为工伤认定和鉴定时间较长、程序繁杂，最终导致农民工权益受损，因此，有必要组建高效、便捷的工伤鉴定和工伤认定机构，具体可由地方社会保险行政部门成立劳动关系和工伤认定的综合管理部门，以提高工伤鉴定和工伤认定的效率。第四，要通过专门实施细则的制定，工作人员工作技能的培训等途径，尽快落实农民工工伤保险待遇的先行支付政策。

（二）失业保险的完善

关于农民工失业保险的完善，本书主要有以下建议。第一，农民工群体失业风险极高的主要原因在于其自身文化教育和技能水平的不足，因此，对农民工的教育培训就显得极为重要。尽管随着我国教育事业的不断发展，农民工文化教育水平有所提高，特别是新生代农民工更是如此。但是，依然非常有必要加强农民工的职业技能培训：地方政府要高度重视并积极组织农民工群体的文化教育与技能培训；用人单位应积极配合地方政府的有关政策与要求，有组织地在企业内部开展农民工的教育培训；社会有关教育培训机构应结合到农民工群体的特殊性，开展一些有针对性的公益培训项目。第二，提高农民工失业保险统筹层次。目前，我国农民工失业保险

---

① 朱明利：《我国农民工工伤预防机制研究——以湖州市为例》，硕士学位论文，云南大学，2013年，第32页。

主要由地市一级进行统筹，统筹层次显然是比较低的，这种低层次的统筹方式无疑加大了农民工失业保险跨地区统筹的维度。[①] 因此，今后有必要逐步将农民工失业保险制度的统筹层次提高至省市级。第三，健全农民工失业保险制度。农民工失业保险制度的健全主要有两种思路：一是将其纳入城乡居民失业保险范围，该方法在部分省市正在实行，有一定的成效，也有一定的教训；二是根据农民工群体本身的特殊性，因人而异建立专门的农民工失业保险制度，尽管目前国内还没有试点，但这应该是农民工失业保险完善的未来方向。

（三）子女教育保障的完善

关于农民工子女教育保障的完善，主要有以下四个方面的建议。第一，从政府角度来看，要继续加大农村教育经费投入，逐步消除城乡教育差异，要为留守儿童、流动儿童等弱势群体专门制定入学政策，保障其受教育权利；要尽快健全教育监督机制，监督政策的具体落实。第二，从学校角度来看，老师们要花更多的时间与留守儿童、流动儿童交流，对其从生活和学习两个方面予以更多的关心，让这些特殊儿童能感受到爱与温暖；学校也要想办法配备专门的心理辅导老师（或者派现有教师通过进修的方式学习心理辅导），对留守儿童、流动儿童进行心理辅导，及时疏导这些孩子已经出现或可能出现的心理问题，引导其与同学们和睦相处，特别是要避免老师和同学对这类孩子标签化。[②] 第三，从社会角度来看，要加大宣传、教育力度，消除歧视与偏见，倡导人人平等的价值

---

① 杨祯容、高向东：《农民工失业保险的风险分析与对策研究》，《社会保障研究》2017 年第 6 期。

② 谭千保、肖倩怡：《返乡农民工子女学校适应不良的影响及其应对》，《当代教育理论与实践》2016 年第 7 期。

观；要多关爱农民工，给予其客观公正的评价；要搭建社会合作平台，广泛吸纳有意愿、有能力的社会组织与个人，积极开展留守儿童、流动儿童的关爱与保护活动；要建立农民工子女安全保护预警与应急机制，确保一旦有异常情况出现，有关方能快速介入并妥善处理。第四，从家庭角度来看，父母及其他监护人首先要多与孩子沟通，多关注孩子们的心理变化与学习状态，农民工要尽可能地把孩子带在自己身边，特别是不要让其在没有监护的情况下单独居住；要在乡规民约以及法律法规等方面强化农民工父母对子女的法定监护职责，切实从家庭角度强化留守儿童、流动儿童的福祉。

第三节　其他保障机制的进一步完善

实证调查结果表明，地方政府对农民工返乡创业的重视度、对乡村振兴的重视度以及家乡农民工返乡创业的情况同样对农民工返乡创业参与乡村振兴具有重要的影响，因此，这些保障机制同样不容忽视。

一　高度重视农民工返乡创业

作为大众创业、万众创新的重要组成部分，农民工返乡创业是我国实现就近城镇化的重要途径，同时也是推进乡村振兴战略的重要突破口和切入点。当前，农民工返乡创业再出发，出现了一股可喜的新潮流。如何顺应这股热潮，推动农业供给侧结构性改革、激活农村经济，进而推进乡村振兴，无疑是地方政府面临的一个重要课题。

农民工返乡创业既有利于将现代科技、生产方式和经营理念引入农业，提高农业质量、效益和竞争力，还有利于发展新产业、新业态、新模式，推动农村第一、第二、第三产业融合发展，更有利于激活各类城乡生产资源要素，促进农民就业增收。近年来，国家高度重视农民工返乡创业，先后出台了《关于支持农民工等人员返乡创业的意见》和《关于支持返乡下乡人员创业创新促进农村一二三产业融合发展的意见》等政策文件，这些政策文件为农民工返乡创业营造了良好环境。但要真正推动农民工返乡创业这项系统而复杂的工程，使其成为乡村振兴战略推进的突破口，除前文所述的金融、财政、税收等政策保障外，地方政府还要高度重视农民工返乡创业引导、基础设施平台打造以及创业信息的引导。

（一）强化创业引导，降低农民工创业风险

总体上看，强化创业引导，降低农民工创业风险，需要做好以下工作。

第一，加强引导政策的针对性。对政策实施对象和实施主体的正确认识与政策作用的发挥及政策预期效果的取得有着直接的关系，因此制定政策时，首要关注的应当是怎样使引导政策更具有针对性。可见，地方政府政策研究室只有准确把握农民工返乡创业的基本情况后，方能制定针对性强的政策。农民工为什么会返乡？返乡农民工原来做的是什么？返乡后能做什么？是否具备创业的能力？适合于在哪种行业创业？其创业的优势和劣势是什么？当地的特色产业有哪些？政府能在哪些方面对农民工创业给予支持？农民工返乡创业在本地乡村振兴中的定位如何？等等。政策研究室对上述问题都应该有一个清晰的了解。

第二，将返乡创业农民工确定为扶持对象。首先，地方政府要遵循"突出重点、由点及面、稳步推开"的原则，切忌全面铺开，把创业意愿强和创业潜力大的农民工列为重点对象进行扶持，然后利用其带动和辐射作用，促进全面开花。其次，地方政府要发挥政策激励导向作用，具体可采取"先发展先扶持、发展快多扶持"的方法，扶持创业贡献较突出者。最后，地方政府可及时给予贡献突出的返乡农民工的成功者一定的表彰，发挥好政府的外部推动作用。

第三，不断完善农民工返乡创业的优惠政策。金融机构要进一步健全农村地区的小额信誉贷款制度，在有条件比较成熟的地区，金融机构可视具体情况适当提高农民工创业贷款额度；对参加了地方政府或地方政府委托机构组织的创业培训且完成创业计划书并经专家论证通过的农民工，在其申请小额担保贷款时，金融机构要视具体情况进一步降低反担保门槛①；要根据具体情况不断完善农民工创业担保机制，要逐步完善农民工返乡创业种养大户、家庭农场、个体工商户等的联户担保制度；地方政府要简化手续，及时、足额地将农民工的税费优惠和政策奖励发放到位，尽可能地减轻其创业压力；在返乡创业工业园内，要构筑、健全园区土地、水电等能源供给、人力资源、信息共享等创业平台，鼓励农民创业；要不限投资领域、经营范围，把农民工返乡创业项目纳入招商引资范围，使其能享受相关扶持政策。

总之，各地方政府要因地制宜，根据本地优势资源和特色产业，制定出适合自己的政策，加强对农民工返乡创业的引导，降低其创业风险。

（二）加强信息引导，拓宽农民工返乡创业信息渠道

在信息高度发达的当今时代，信息的重要性谁都清楚。尽管我国整体上已经进入信息社会，但与城市相比，信息在农村的覆盖及

---

① 王娜：《信贷支持返乡农民工创业存在的问题及对策研究——基于山东省商河县特困村返乡农民工创业贷款调查》，《鲁东大学学报》（哲学社会科学版）2018 年第 3 期。

利用率依然存在巨大差距。农民工返乡创业，无疑需要了解法律法规、优惠政策、产业发展规划等创业相关的信息。有部分返乡农民工具有强烈的创业意愿，却因为信息传递不通畅而找不到所需要的产业、技术等信息，这种情况即使创业后也往往面临产品升级难，销售难等困境，这其实都是吃了信息利用能力不强、信息利用不够的亏。因此，地方政府有必要从以下几个方面加强努力，强化对创业农民工的信息引导，拓宽农民工返乡创业的信息渠道并做好其创业后的相关信息服务。

第一，成立信息收集发布的官方机构。该机构的主要职能就是帮助返乡农民工获得创业急需的信息。首先，该机构可向返乡创业农民工提供咨询服务，方便其熟悉工商、行政、税务和劳动保障等各项创业政策以及城市管理、园区管理等创业基础知识。其次，该机构还要及时、准确地向返乡创业农民工提供与创业相关的场地出租信息、市场需求信息、用工信息、政策信息等各种经营过程的必需信息。[1] 最后，地方政府可利用辖区内的电视、广播、报纸等新闻媒体，开辟针对农民工的创业专门栏目，及时报道并宣传当地农民工创业的成功案例，进而培育出良好的创业文化与创业精神，形成并推动全社会尊重和支持创业的良好环境，为乡村振兴提供动力源泉。

第二，做好信息共享工作。首先，地方政府应通过官方的信息收集发布机构，公开本地经济发展规划、区域资源信息、能源需求、产业发展以及各行各业的市场需求等信息，使创业者了解当地的创业大环境并结合自身实际情况找准切入点，使创业行为能有的

---

① 李丹丹：《江西省农民工创业政策绩效评价及政策体系优化》，硕士学位论文，东华理工大学，2017 年，第 21 页。

放矢。其次，要根据本地区资源及区位等优、劣势，对农业、能源、建材、轻纺等做好产业规划与布局，引导返乡农民工创业者围绕产业发展规划和产业延伸进行创业。①

第三，要结合当地产业发展规划，明晰产业发展思路，有针对性地招商引资，尽量引进行业内的支柱企业，利用其技术和市场优势，带动返乡农民工创业，进而形成地方产业集群。

(三) 确保信息渠道畅通，为农民工返乡创业保驾护航

信息收集发布官方机构的成立，能确保信息有效和真实，但这些真实和有效的信息要及时传递给返乡农民工，还必须通过一定的渠道，因而确保信息渠道畅通，才能为农民工返乡创业保驾护航。第一，信息收集发布官方机构要在乡镇公交站牌设立市场信息专栏，及时提供创业相关的各种信息，让返乡创业农民工可据此做出正确的选择。第二，网络已经无处不在，信息收集发布官方机构要利用网络的渗透性，开辟农民工返乡创业各种政策、服务指导、产品信息的网站以及开设手机浏览的版面，方便其随时随地查阅相关信息。第三，信息收集发布官方机构要通过地方政府以指示的形式要求各乡镇、村开辟创业信息宣传栏，或者以广播的形式传递创业相关信息。

二　切实推进乡村振兴战略

在党的十九大报告中，正式做出了"实施乡村振兴战略"重大部署，这标志着我国"三农"工作新时代的开启。那么，如何响应顶层设计，切实推进乡村振兴战略，并使之成为当下农民工返乡创业浪潮的有效保障机制之一，地方政府需要做好以下几项

---

① 翟浩然：《农民工返乡创业对农村经济发展的作用——以桓台县为例》，硕士学位论文，河北工程大学，2018 年，第 41 页。

工作。

（一）领导高度重视

地方政府和有关部门要把实施乡村振兴战略尽快纳入工作议事日程，要成立以地方党政一把手挂帅、各职能部门负责人组成的乡村振兴战略实施小组。战略实施小组要尽快制定出有关乡村振兴推进的实施方案、保障措施。农委、农技、金融、劳动与社会保障等部门要深入农村和镇村干部、群众一起了解乡村实际情况，结合实施方案，因地制宜，制订切实可行的具体推进方案。总之，只有地方党政"一把手"，职能部门主要负责人高度重视乡村振兴战略的推进，乡村才有可能摆脱凋零趋势，走上振兴之路，农民工返乡创业之路才会越走越顺。

（二）吸引和留住人才

乡村振兴，关键在人。具体来说，就是要有一批既懂得如何经营，又知道如何搞好管理的致富带头人；就是要有一批既在业务方面精干，又在技能方面突出的实用型人才；就是要有一批既在政治方面过硬，又甘于奉献的乡村基层干部。[①] 然而，近年来农村人才流失问题日益严重，甚至有学者用"386199 部队"来形容农村留守人员的特征。在这种局面下，村"两委"班子、党员队伍、技术骨干后继乏人问题在农村也显得更加突出。可见，人才缺失实际上已经成为制约乡村振兴战略实施的一大"短板"。为此，各级政府要高度重视农村人才流失和缺失问题，并采取具体措施，以吸引和留住人才。要继续实行"大学生村干部""三支一扶""千岗计划"等效果较为显著的政策，大力支持和积极鼓励有理想、有抱负的大学毕业生到农村工作，从人力资源方面为乡村振兴注入持久

---

① 徐成华：《乡村振兴亟须优秀"领头雁"》，《苏州日报》2018 年 5 月 8 日。

的生机和活力；要从政策导向、体制机制上进行引导和倾斜，真正让农村成为有奔头的地方，通过乡村振兴激发乡村发展活力，进而吸引和留住人才。

（三）激发农村人才队伍活力

关于激发农村人才队伍活力，主要有以下工作需要尽快落实。第一，要采取灵活的引才方式，鼓励和支持机关单位的有志青年投身到乡村振兴工作中去，并完善相应的激励、保障机制，切实落实到村工作人员的补贴和待遇。第二，加大落实绩效工资、艰苦边远地区津贴、乡镇工作补贴力度，确保同等情况下基层同志的收入比市县水平略高，通过利益引导机制鼓励人才向农村基层流动。第三，要健全正常的人才队伍上下交流机制，既要有计划地安排上级机关的年轻优秀同志到基层挂职、任职，把基层一线作为培养干部的练兵场，也要有计划地选拔、遴选基层优秀人才到上级机关任职，畅通人才上升渠道。

（四）加大新型农业主体培育力度

农民工返乡创业是当前劳动密集型产业区域转移的载体，能在一定程度上延伸和承接发达地区的产业链，强化新型城镇化的产业支撑能力。这种产业转移有利于承接地产业绩效的改变以及产业结构提档升级。因此，地方政府有必要加大新型农业经营主体和新型职业农民的培育和培训力度，这个队伍的素质提高了，这类主体的规模壮大了，乡村振兴才能跑出"加速度"。[1] 新型农业主体都是扎根于当地乡村，能带动特色种植养殖、农产品精深加工、餐饮服务、乡村旅游等产业蓬勃发展，形成高效特色农业、农旅一体化、

---

① 蒋永穆：《基于社会主要矛盾变化的乡村振兴战略：内涵及路径》，《社会科学辑刊》2018 年第 2 期。

农产品精深加工等为主导的现代农业产业集群。而现代农业产业集群的形成，无疑是乡村振兴之产业兴旺的题中之义。

三 强化农民工返乡创业的示范作用

近些年来，类似于《感动中国人物》的节目在全国各地的电视台热播，收视率很高，先进典型引起了极大的社会反响，这种正能量传递所产生的示范作用是极其明显的。对于农民工来说，因为其自身信息收集和处理能力有限，很容易受到周边典型人物、典型事件的影响，并付诸行动努力效仿践行。因此，对于农民工返乡创业而言，典型示范是一种非常好的教育方法。

第一，地方政府要充分利用本地的电视、广播、报纸、门户网站以及村镇与社区的宣传栏等各种宣传工具与宣传平台，积极、大力开展有关农民工返乡创业的各类宣传活动，特别是要大力宣传农民工返乡创业的现实意义、可行性、政策优惠与成功案例，从大的环境方面大声吹响"凤还巢"的号角①，以宣传的力量提高全社会对农民工返乡创业的认识，让政府、社会、非政府组织以及每一个人都来关心、支持农民工返乡创业，真正营造良好的农民工返乡创业环境。同时，这种宣传也有利于激发农民工内心深处返乡创业的激情。四川省德阳市在 2015 年曾以市政府名义对全市 30 名农民工和农民企业家返乡"创业明星"和"创业新星"进行了通报表扬，并录制了"返乡的创客"上、下集，通过德阳电视台、《德阳日报》进行系列宣传报道，社会反响非常良好，值得各地方政府借鉴。

第二，地方政府要加大对创业政策、法律法规等的宣传，让农民工了解必要的创业知识与基本权利。相关职能部门可以通过乡情

---

① 白少波：《"引凤还巢"振兴乡村》，《经济参考报》2018 年 1 月 22 日。

恳谈会、老乡联谊会、创业项目博览会、创业典型推介会等形式，加强情感联络，用亲情、友情、乡情让返乡农民工感受到浓浓的关怀，使其真切体会到"返乡有干头、创业有奔头"。2016 年 9 月，贵州贵阳金岭社区联合区就业局曾开展过"创业项目推介会暨返乡农民工创业交流座谈会"，为有志创业的农民工等劳动者提供创业项目推介、创业政策咨询、创业技术支持、创业投融资服务等一站式的创业服务，会议取得了良好的效果。

第三，地方政府要通过开展农民工创业活动大赛，及时表彰优秀创业者，组织返乡创办企业的典型人物现身说法，增强返乡创业农民工的光荣感、责任感和自信心，激发其强烈的返乡创业热情，营造出"返乡创业光荣""家乡建设我有责任""乡村振兴我有份"的良好氛围，吸引更多的外出务工人员返回家乡创业，促进乡村土地上的创业活动蓬勃发展，凝聚乡村振兴的内生力量。

第四节　本章小结

本章首先从金融支持保障、财税支持保障、创业培训保障三个维度阐述了农民工返乡创业保障制度的完善。其次，从养老保障、医疗保障以及其他基本社会保障的视角，阐述了农民工基本社会保障制度的完善。最后，从高度重视农民工返乡创业、切实推进乡村振兴战略、强化农民工返乡创业的示范作用三个方面剖析了其他保障机制的进一步完善。

第八章　研究结论与展望

本书遵循"提出问题—分析问题—解决问题"的一般思路，综合运用管理学、法学、社会学、统计学、人口学等学科知识，在城乡统筹发展、城乡公共服务均等化、社会主要矛盾转变、乡村振兴等重大战略思想以及国外社会保障理论、劳动力转移理论、马斯洛需求层次理论、政府职能理论、福利经济学理论、公平效率理论以及马克思主义社会保障思想等的指导下，综合运用文献研究法、社会调查法、案例分析方法、理论借鉴法、模型构建法、数理统计法等研究方法，围绕"中国乡村振兴战略：农民工社会保障制度及其完善研究"这一核心议题展开了实证与规范相结合的研究，得出了如下主要结论和研究展望。

第一节　研究结论

我国正处于加快推进城市化、工业化和现代化的全面建成小康社会的关键阶段，也正处于乡村振兴战略全面实施的关键起步时期。农民工社会保障问题也随着这一进程的加快而日益成为社会关注的热点和焦点。本书的结论主要有以下几点。

第一，中国农民工群体逐渐演变成为一个被边缘化的弱势群体，这与其社会保障制度不完善具有一定的内在关系。但无论从哪个角度看，农民工群体的边缘化都是违背社会公平与正义的基本规则的。因而，如何健全制度体系，逐步完善农民工群体社会保障制度、吸纳其进入城乡一体化的社会保障网络体系之中，进而使其享受到应有的待遇已经超越了这个群体本身的利益诉求，上升为了当前我国社会发展的焦点问题之一。

第二，西方社会保障理论、马克思主义社会保障思想、马斯洛需求层次理论、福利经济学理论、社会公正理论等国外相关经典理论启示我们：在中国全面乡村振兴战略的新时代，在进行农民工社会保障制度及其完善的研究时，要特别注重拓展中国特色社会保障制度理论研究视野、要注重中国特色社会主义社会保障经济学的创建、要重视商业保险对基本社会保险补充作用的研究、要重视基本社会保障建设的法制化研究、还要重视对农民工多层次社会保障供给的研究。

第三，从社会优抚、社会福利、社会救济、仓廪制度、荒政建设、日常社会福利与救助以及民间慈善事业等的发展可知，从先秦时期、两汉时期、唐宋时期到明清时期，我国古代有关农民的社会保障思想与实践一直在不断丰富和发展。中华人民共和国成立以后，我国农民的社会保障大致经历了"五保供养"和集体依托、家庭生产保障和社会化发展三个阶段，每个阶段的制度内容都与其特定的经济社会发展水平密切相关。截至目前，我国农民工社会保障同样经历了萌芽、初始建立、日益完善三个阶段，总体上来看，农民工保障的内容变得日益完善，制度设计也日益科学化，农民工的权益保障日益强化。

第四，农民工进城务工可能会面临职业安全风险、身体健康风险、居住环境风险、公共卫生风险、失业风险、收入风险、家庭失和风险以及子女教育风险。这些风险的产生，既与农民工自身的素质有关，也与其从事的工作以及工作的环境和用人单位责任缺失有关。

第五，中国乡村振兴战略是马克思主义中国化的新实践，标志着中国村镇化与城镇化双轮驱动模式的开启以及乡村全面现代化对农业产业现代化的替代。中国乡村振兴的主要任务为振兴乡村产业、振兴乡村文化、振兴村容村貌、振兴乡村治理。农民工返乡创业对乡村振兴之人力资源集聚、产业兴旺、治理有效、乡风文明、生态宜居以及生活富裕具有重大促进作用。社会保障制度的完善能消除农民工返乡创业的后顾之忧、增厚农民工返乡创业的人力资本、增加农民工返乡创业的流动投资以及提高农民工返乡创业的风险抵御力。

第六，地方政府对农民工返乡创业的重视度，能在很大程度上会影响农民工返乡创业的意愿。创业金融支持保障、创业财税支持保障、创业培训保障、养老保险、医疗保险等返乡创业保障和基本社会保障均对农民工返乡创业具有稳定且显著的影响。农民工的人力资本积累能为农民工返乡创业提供重要的保障，农民工的城市融入并不会影响其返乡创业意愿。

第七，乡村振兴背景下农民工社会保障制度的完善，首先需要完善金融支持保障、财税支持保障以及创业培训保障。其次，需要完善养老保障、医疗保障以及其他基本社会保障。同时，也要高度重视农民工返乡创业、切实推进乡村振兴战略、强化农民工返乡创业的示范作用，这实际上也是农民工返乡创业的重要保障机制。

第二节　研究展望

本书对中国乡村振兴背景下农民工社会保障制度及其完善进行了有一定深度的探讨，得出了一些有价值的结论，也提出了相应完善建议。然而，该课题涉及多方面的内容，加上水平局限，本书不可能穷尽所有研究内容，因而尚有以下问题需要在未来的工作中深入探究。

第一，完善建议的实践检验。本书重点探讨了乡村振兴背景下农民工社会保障问题，并多角度提出了相应的完善建议，但对这些完善建议在实际中的具体实施效果及可能遇到的问题没有进行深入探讨和实践检验，而这又恰恰是对本书非常重要的研究内容，因而这是今后笔者需要进一步深入探究的领域。

第二，样本的代表性。实证研究方面，本书仅选取了湖南长沙、广东广州、贵州贵阳共计 750 名农民工进行调查，样本的代表性如何，结果是否与全国其他地区接近或一致，有待进一步探索。

第三，本书假设农民工返乡创业的意愿等同于农民工参与乡村振兴的意愿，而两者之间是否具有这种关系，尚需要以后进一步从理论和实证双重角度加以检验。

参考文献

[1] Arrow, Kenneth, "Uncertainty and the Welfare Economics of Medical Care", *American Economic Review*, Vol. 53, No. 5, 1963, pp. 941 –973.

[2] Asadul Islam, "The Substitutability of Labor between Immigrants and Natives in the Canadian Labor Marker", *Journal of Population Economics*, Vol. 22, No. 1, 2009, p. 200.

[3] Banerjee&Piketty, "Top Indian incomes, 1922 – 2000", *The world Bank Economic Review*, Vol. 19, No. 12, 2005, pp. 1 – 20.

[4] Benoit Dostie and Pierre Thomas Leger, "Self – Selection in Migration and Returns to Unobservables", *Journal of Population Economics*, Vol. 22, No. 4, 2009, pp. 1005 – 1024.

[5] Oyelere U. R, Oylola M. , "Do Immigrant Groups Differ in Welfare Usage? Evidence from US", *Atlantic Economics Journal*, Vol. 39, No. 3, 2011, pp. 231 –247.

[6] Myerson R. B. , "Perspectives on mechanism design in economic theory", *American Economic Review*, Vol. 98, No. 3, 2008, pp. 586 – 603.

[7] Dell, F. , "Top incomes in Germany and Switzerland over the twentieth century", *Journal of the European Economic Association*, Vol.

3, No. 3, 2005, pp. 412 – 421.

[8] Joop Hartog, Asian Zorlu, "How Important Is Homeland Education for Refugees' Economic Position in the Netherlands?", *Journal of Population Economics*, Vol. 22, No. 1, 2009, pp. 219 – 246.

[9] Jorgen, Hansen&Magnus, Lofstrom, "The dynamics of immigrant welfare and labor market behavior", *Journal of Population Economics*, Vol. 22, No. 4, 2009, pp. 941 – 970.

[10] EHRLICH I., KIM J., "Social Security and Demographic Trends: Theory And Evidence from the International Experience", *Review of Economic Dynamics*, 2007, Vol. 10, No. 1, 2007, pp. 55 – 77.

[11] Futoshi, Yamauchi, Sakiko, Tanabe, "Nonmarket networks among migrants: evidence from metropolitan Bangkok, Thailand", *Journal of Population Economics*, Vol. 21, No. 3, 2008, pp. 649 – 664.

[12] Maphosa France, "Remittances and development: the impact of migration to South Africa on rural livelihoods in Southern Zimbabwe", *Development Southern Africa*, Vol. 24, No. 1, 2007, pp. 123 – 136.

[13] Anna, Damm, "Determinants of recent immigrants location choices: quasi – experimental evidence", *Journal of Population Economics*, Vol. 22, No. 1, 2009, pp. 145 – 174.

[14] Joni Hersch, "Profiling the New Immigrant Worker: The Effects of Skin Color and Height", *Journal of Labor Economics*, Vol. 21, No. 2, 2008, pp. 345 – 386.

[15] Leah Platt Boustan, Price V. Fishback, Shawn Kantor, "The Effect of Internal Migration on Local Labor Markets: American Cit-

ies during the Great Depression", *Journal of Labor Economics*, Vol. 23, No. 4, 2010, pp. 719 – 746.

[16] Leif Husted, Eskill Heinesen and Signe Hald Andersen, "Labor Market Integration of Immigrants: Estimating Local Authority Effects", *Journal of Population Economics*, Vol. 22, No. 4, 2009, pp. 909 – 939.

[17] Keeton William R. and Newton Geoffrey B. , "Migration in the tenth district: long – term trends and developments", *Economic Review*, Vol. 91, No. 3, 2006, pp. 33 – 74.

[18] Murphy, Zabojnik, "CEO pay and turnover", *American Economic Review*, Vol. 94, No. 2, 2004, pp. 192 – 196.

[19] Olof, slund, Oskar, Nordstr m Skans, "How to measure segregation conditional on the distribution of covariates", *Journal of Population Economics*, Vol. 22, No. 4, 2009, pp. 971 – 981.

[20] Panu, Poutvaara, "On human capital formation with exit options: comment and new results", *Journal of Population Economics*, Vol. 21, No. 3, 2008, pp. 679 – 684.

[21] Piketty, T. , "Income inequality in France, 1901 – 1998", *Journal of Political Economy*, Vol. 111, No. 5, 2003, pp. 1004 – 1042.

[22] Roine, Vlachos, Waldenstrom, "The long – run determinants of inequality" *Journal of Public Economics*, Vol. 93, No. 3, 2009, p. 974 – 988.

[23] Scheve&Stasavage, "Institutions, partisanship, and inequality in the long run", *World Politics*, Vol. 61, No. 2, 2009, pp. 215 – 253.

［24］韩福国、孙颖、许小丹:《人口流动视野下的现代城市公共安全建构——基于"新兴产业工人"对开放式城市治理结构的需求分析》,《甘肃行政学院学报》2013 年第 1 期。

［25］郑杭生:《农民市民化:当代中国社会学的重要研究主题》,《甘肃社会科学》2005 年第 8 期。

［26］曾祥华:《对迁徙自由的宪法学思考》,《政法论坛》2003 年第 6 期。

［27］郑月琴:《农民工市民化进程中的地理形态和社会文化环境分析》,《经济与管理》2005 年第 9 期。

［28］王個利、刘保军、楼苏萍:《新生代农民工的城市融入——框架建构与调研分析》,《中国行政管理》2011 年第 2 期。

［29］徐锡广、申鹏:《经济新常态下农民工"半城镇化"困境及其应对》,《贵州社会科学》2017 年第 4 期。

［30］杨仁浩、王金:《农民工市民化的制度性问题研究》,《湖北社会科学》2016 年第 10 期。

［31］沈君彬:《社会政策视域下的新生代农民工城市融入:一个分析的框架》,《中共福建省委党校学报》2012 年第 10 期。

［32］沈君彬:《促进新生代农民工城市融入的积极社会政策体系:理念、特征、实践》,《中共福建省委觉校学报》2011 年第 11 期。

［33］赵耀辉:《中国农村劳动力流动及教育在其中的作用——以四川省为基础的研究》,《经济研究》1997 年第 2 期。

［34］赵立新:《城市农民工市民化问题研究》,《人口学刊》2006 年第 4 期。

［35］王桂新、胡健:《城市农民工社会保障与市民化意愿》,《人口学刊》2015 年第 6 期。

［36］韩淑娟：《农民工社会保障缺失的制度因素研究》，《山西师范大学学报》（社会科学版）2009 年第 5 期。

［37］曹信邦：《我国地区间社会保障利益冲突及其协调》，《中国行政管理》2009 年第 9 期。

［38］张世伟、张娟：《劳动合同对农民工劳动报酬的影响》，《吉林大学社会科学学报》2017 年第 1 期。

［39］刘艳：《财政助力乡村振兴战略的路径研究》，《现代管理科学》2018 年第 9 期。

［40］陈海威：《中国基本公共服务体系研究》，《科学社会主义》2007 年第 3 期。

［41］贺雪峰：《城乡二元结构视野下的乡村振兴》，《北京工业大学学报》（社会科学版）2018 年第 5 期。

［42］杨宜勇、魏义方：《农民工融入城市社会的政策机制研究》，《人民论坛·学术前沿》2017 年第 3 期。

［43］欧阳薇：《国外风险沟通研究概述》，《东南传播》2009 年第 8 期。

［44］陈玉阳、郑燕娜：《浙江省建立新农合筹资与管理长效机制的探索》，《中国农村卫生事业管理》2006 年第 1 期。

［45］胡务、张伟：《成都农民工综合社会保险研究》，《农村经济》2005 年第 2 期。

［46］李梅香：《基本公共服务均等化水平评估——基于新生代农民工城市融合的视角》，《财政研究》2011 年第 2 期。

［47］秦立建、童莹、王震：《农地收益、社会保障与农民工市民化意愿》，《农村经济》2017 年第 1 期。

［48］丛志杰、吴松化：《基本公共服务均等化视野下的新生代农民工问题研究》，《内蒙古大学学报》（哲学社会科学版）

2012 年第 3 期。

[49] 李楠、覃志威：《乡村振兴视野下完善我国农村社会保障体系探析》，《学校党建与思想教育》2018 年第 15 期。

[50] 邢成举、罗重谱：《乡村振兴：历史源流、当下讨论与实施路径——基于相关文献的综述》，《北京工业大学学报（社会科学版）》，2018 年第 5 期。

[51] 杨宜勇、张强：《农民工融入城市社会的机制与政策研究》，《辽宁大学学报》（哲学社会科学版）2017 年第 1 期。

[52] 冯虹、张玉玺：《特大城市农民工社会保障研究——基于户籍制度改革的视角》，《山西大学学报》（哲学社会科学版）2016 年第 4 期。

[53] 严强：《社会转型历程与政策范式转变》，《南京社会科学》2007 年第 5 期。

[54] 华迎放：《农民工社会保障模式选择》，《中国劳动》2005 年第 5 期。

[55] 贾康：《公共财政与社会和谐》，《经济研究参考》2006 年第 45 期。

[56] 党国英：《编制乡村振兴规划须注意的几个问题》，《中国土地》2018 年第 8 期。

[57] 陆益龙：《乡村振兴中的农业农村现代化问题》，《中国农业大学学报》（社会科学版）2018 年第 3 期。

[58] 石智雷、朱明宝：《农民工社会保护与市民化研究》，《农业经济问题》2017 年第 11 期。

[59] 陈涛、徐其龙：《社会工作介入乡村振兴模式研究——以北京市 Z 村为例》，《国家行政学院学报》2018 年第 4 期。

[60] 卜玉梅：《风险的社会放大：框架与经验研究启示》，《南方

人口》2008 年第 3 期。

［61］许信胜、张芬构：《户籍制度与我国农民工问题》，《开发研究》2006 年第 10 期。

［62］赖泽栋、曹佛宝：《专家角色与风险传播渠道对公众食品风险认知和风险传播行为影响》，《科学与社会》2016 年第 12 期。

［63］杨晓军：《农民工对经济增长贡献与成果分享》，《中国人口科学》2012 年第 6 期。

［64］操家齐：《农民工社会保障权均等化推进迟滞的深层逻辑》，《社会科学战线》2017 年第 7 期。

［65］王欢、黄健元：《公平视野下农民工养老保险的困境与出路》，《西北人口》2018 年第 1 期。

［66］郭珍、刘法威：《内部资源整合、外部注意力竞争与乡村振兴》，《吉首大学学报》（社会科学版）2018 年第 5 期。

［67］姚德超、刘彼红：《农业女性化视野下农村妇女发展的困境与路径》，《兰州学刊》2012 年第 8 期。

［68］刘丽萍：《金融危机形势下安徽农村剩余劳动力转移问题探析》，《农村经济与科技》，2009 年第 7 期。

［69］黄进：《略论农民工政策范式的转移》，《中共四川省委省级机关党校学报》2009 年第 2 期。

［70］杨英强：《农民工市民化实证研究》，《经济体制改革》2011 年第 6 期。

［71］刘俊红、姚德超：《农业女性化现象及其形成机制》，《湖南科技大学学报》2012 年第 4 期。

［72］江维国、李立清：《顶层设计与基层实践响应：乡村振兴下的乡村治理创新研究》，《马克思主义与现实》2018 年第

4 期。

［73］曾繁旭、戴佳：《中国式风险传播：语境、脉络与问题》，《西南民族大学学报》2015 年第 4 期。

［74］刘迎君：《农民工务工地公共服务感知状况测度》，《华南农业大学学报》（社会科学版）2017 年第 5 期。

［75］康鸿：《农民工应对社会风险的对策分析》，《社会纵横》2013 年第 1 期。

［76］刘祖云、张诚：《重构乡村共同体：乡村振兴的现实路径》，《甘肃社会科学》2018 年第 4 期。

［77］冯伟：《农民工的风险与风险应对策略》，《农业经济》2009 年第 5 期。

［78］刘玉侠、陈柯依：《乡村振兴视域下回流农民工就业的差异性分析——基于浙江、贵州农村的调研》，《探索》2018 年第 4 期。

［79］丁元竹：《促进我国基本公共服务均等化的战略思路和基本对策》，《经济研究参考》2008 年第 48 期。

［80］费景汉、拉尼斯：《增长和发展：演进观点》，商务印书馆 2004 年版。

［81］李昌平：《乡村振兴最核心的任务是增加农民收入》，《人民论坛》2018 年第 21 期。

［82］王为东：《保障农民工权益该从哪些方面做起》，《人民论坛》2017 年第 27 期。

［83］顾昕、方黎明：《自愿性与强制性之间——中国农村合作医疗的制度嵌入性与可持续性发展分析》，《社会学研究》2004 年第 5 期。

［84］顾燕新：《论农民工社会保障的路径选择和政策建议》，《湖

北广播电视大学学报》2013 年第 10 期。

[85] 唐钧：《改善低收入群体收入的社会政策》，《中国劳动》2006 年第 9 期。

[86] 赵丽娜、马涛：《乡村振兴从哪里来到哪里去？——基于资本逻辑反思和美好生活创造的思考》，《求是学刊》2018 年第 4 期。

[87] 徐文新、肖称萍、张学兰：《乡村振兴战略背景下农业劳动力精准培训策略研究》，《职教论坛》2018 年第 7 期。

[88] 李迎生：《以城乡整合为目标推进我国社会保障体系的改革》，《社会科学研究》2002 年第 1 期。

[89] 国福丽：《就业质量及其影响因素研究：来自中国中小企业的证据》，黑龙江大学出版社 2011 年版。

[90] 刘博：《农民工生活方式的转变与社会身份的缺失》，《重庆社会科学》2008 年第 10 期。

[91] 章雪：《农民工弱势群体社会资本的缺失与重构》，《理论导刊》2017 年第 12 期。

[92] 胡晓红：《社会记忆中的新生代农民工自我身份认同困境》，《中国青年研究》2008 年第 9 期。

[93] 刘洪斌：《社会转型中农民工社会保障问题探析》，《河南工业大学学报》（社会科学版）2005 年第 3 期。

[94] 郭金丰、杨翠迎：《农民工社会保障制度建立过程中的政府责任探析》，《江西行政学院学报》2004 年第 4 期。

[95] 郑欣：《新生代农民工城市适应研究述评：基于传播学的视角》，《南京社会科学》2011 年第 3 期。

[96] 李雪萍、刘志昌：《基本公共服务均等化的区域对比与城乡比较——以社会保障为例》，《华中师范大学学报》（人文社

会科学版）2008 年第 3 期。

[97] 姜长云：《关于编制和实施乡村振兴战略规划的思考》，《中州学刊》2018 年第 7 期。

[98] 李迎生、袁小平：《新型城镇化进程中社会保障制度的因应——以农民工为例》，《社会科学》2013 年第 11 期。

[99] 徐广路：《养老保障满意度对农民工社会冲突意识的影响》，《西南大学学报》（社会科学版）2018 年第 2 期。

[100] 许静：《社会化媒体对政府危机传播与风险沟通的机遇与挑战》，《南京社会科学》2013 年第 10 期。

[101] 张燕、卢东宁：《乡村振兴视域下新型职业农民培育方向与路径研究》，《农业现代化研究》2018 年第 4 期。

[102] 刘丽敏：《我国青年农民工群体的社会保障观及其实践——对小时工生活世界现象的社会学分析》，《中国青年政治学院学报》2010 年第 3 期。

[103] 刘尚希：《基本公共服务均等化：现实要求和政策路径》，《浙江经济》2007 年第 13 期。

[104] 田丰：《城市工人与农民工的收入差距研究》，《社会学研究》2010 年第 2 期。

[105] 涂玉华：《不同群体社保权益公平性问题研究》，《经济问题探索》2009 年第 2 期。

[106] 张艺颉：《乡村振兴背景下村民自治制度建设与转型路径研究》，《南京农业大学学报》（社会科学版）2018 年第 4 期。

[107] 王成艳、薛兴利：《新型农村合作医疗的筹资机制》，《中国卫生资源》2005 年第 8 期。

[108] 夏杰长：《提高基本公共服务供给水平的政策思路：基于公共财政视角下的分析》，《经济与管理》2007 年第 1 期。

［109］项继权：《基本公共服务均等化：政策目标与制度保障》，《华中师范大学学报》（人文社会科学版）2008 年第 1 期。

［110］刘祖云、王丹：《"乡村振兴"战略落地的技术支持》，《南京农业大学学报》（社会科学版）2018 年第 4 期。

［111］姜莉：《文化认同与社会发展——基于农民工市民化转型的实例研究》，《哈尔滨商业大学学报》（社会科学版）2018 年第 2 期。

［112］肖建华、刘学之：《有限政府与财政服务均等化》，《中央财经大学学报》2005 年第 6 期。

［113］肖云、杜毅：《农民工社会保障十大矛盾分析》，《南京社会科学》2008 年第 5 期。

［114］杨斌、汪洋、殷建华、马力等：《农民工社会保障制度的反思与重构》，《贵州农业科学》2008 年第 1 期。

［115］蒲实、袁威：《政府信任对农地流转意愿影响及其机制研究——以乡村振兴为背景》，《北京行政学院学报》2018 年第 4 期。

［116］杨端：《农民工社会保障缺失的原因分析》，《中国劳动》2004 年第 6 期。

［117］蒋卓晔：《乡村振兴，人才是关键》，《人民论坛》2018 年第 19 期。

［118］程娟：《新型农村社会保障体系的目标及构建路径分析》，《农业经济》2018 年第 4 期。

［119］杨桂宏：《农民工社会保障缺失的深层原因分析》，《中国农业大学学报》（社会科学版）2005 年第 3 期。

［120］陈静、柳颖：《新型城镇化进程中的农民工社会保障满意度及其影响因素分析——基于江苏省 13 地市的实证调查》，

《农村经济》2018 年第 4 期。

［121］袁国敏、曹信邦：《就业歧视对农民工社会保障制度构建的
影响》，《云南社会科学》2007 年第 4 期。

［122］翟振武、段成荣、毕秋灵：《北京市流动人口的最新状况与
分析》，《人口研究》2007 年第 2 期。

后　记

　　《2017 年农民工监测调查报告》显示，2017 年中国农民工总量达到 28652 万人，比 2016 年增加 481 万人。带着美好的期望，离开乡村来到城市谋生、谋求出路，农民工在获得一定报酬的同时，也面临着比城镇职工高出很多的生活、职业风险。然而，现有的社会保障机制却难以帮助农民工这个特殊的群体有效化解现实和潜在风险。这种局面的存在与延续，将不但损害了农民工群体的切身利益，也违背了以人为本新型城镇化的初衷。可见，农民工社会保障问题是否能够有效解决不仅直接影响到城镇化、工业化的历史进程，也事关中国共产党"让人民共享发展成果"执政理念的实现。因此，对农民工社会保障问题展开理论与实证相结合的综合性研究，无疑是战略意义和现实意义兼具。

　　湖南农业大学以"农"为特色，立足乡村，建设农业，关注农民。湖南农业大学公共管理与法学学院拥有公共管理一级学科博士点，社会保障专业是学院重点建设的学科之一。农民工社会保障是重要的民生问题，为其发展献计献策是我们责无旁贷的任务。在写作过程中，我们深深感受到神圣的使命感和强烈的责任感，希望能够为农民工的幸福生活以及乡村的振兴与繁荣奉献绵薄之力。

　　全书的完成要感谢湖南农业大学公共管理一级学科博士点建设基金的资助，特别是院长李燕凌教授，他为本书提出了诸多宝贵的建议，为本书的成稿付出良多心血，离开他的大力支持本书也就难以顺利出版。感谢国家社科基金"社会主要矛盾转变背景下被征地农民社会保障供给优化研究"（18BGL196）、"M－health导向下农村公共卫生服务供给侧创新研究"（16BGL179），"基于双层效率评价的农村公共产品与服务供给模式研究"（13CGL084）的资助。感谢湖南农业大学李立清教授，她带领社会保障学术团队努力奋斗，辛勤笔耕，按时按质地完成书籍撰写工作。三位作者在她的领导下通力合作，团结互助，多次对文章的结构进行深入细致的探讨，对文章内容进行了全面详细的设计，在写作过程中相互鼓励，常常共同工作到深夜，充分体现了团队的力量。感谢湖南农业大学李晚莲、贺林波、吴松江、王薇、刘远风、刘玮、刘冰等各位教授、老师，他们给予本书许多真知灼见，提升了本书的撰写质量。感谢我的妻子、儿子对我工作的理解，由于忙于写作，减少了陪伴他们的时间，但他们依然毫无怨言地支持我，做好后勤工作，是我坚强的后盾。最后对中国社会科学出版社的大力支持和编辑的热情帮助，在此一并致谢。

江维国

2018年8月

2